海洋渔业职工
健康体适能锻炼手册

张向东　刘　粤　　编　著

北京体育大学出版社

策划编辑　邓梓维
责任编辑　魏国旺
责任校对　吴苗苗
审稿编辑　李　飞
封面设计　张　勍
版式设计　李宇霞

图书在版编目（CIP）数据

海洋渔业职工健康体适能锻炼手册 / 张向东，刘粤编著．— 北京：北京体育大学出版社，2018.3
ISBN 978-7-5644-2866-2

Ⅰ．①海… Ⅱ．①张… ②刘… Ⅲ．①海洋渔业－职工－体育锻炼－手册
Ⅳ．① G806-62

中国版本图书馆 CIP 数据核字（2018）第 055309 号

海洋渔业职工健康体适能锻炼手册

出版发行　北京体育大学出版社
地　　址　北京市海淀区信息路 48 号
邮　　编　100084
电　　话　010-62963531　62963530
印　　刷　北京京华虎彩印刷有限公司
规　　格　185mm × 260mm　16 开本
印　　张　15
字　　数　346 千字

2018 年 4 月第 1 版第 1 次印刷
ISBN 978-7-5644-2866-2
定　价　30.00 元

作者简介

张向东：

男，汉族，1990 年毕业于广州体育学院。从事职教体育教学与全民健身推广工作 27 年。现为广东省海洋工程职业技术学校体育学科带头教师，体育高级讲师，国家级社会体育指导员，中国职业技术教育学会职业院校体育工作委员会教学研究部副主任、广东省职业技术教育学会体育工作指导委员会副秘书长。公开出版的教材有《中职体育文化与运动教程》（担任主编）和《广东职教体育研究》（担任副主编）。

刘　粤：

1991 年毕业于华东师范大学体育教育专业；体育高级讲师，着重体育教育及大众健身研究方向，具有国家级健身指导员证书、公共营养师证书和一级社会体育指导员证书。

序

健康促进与教育工作是卫生与健康事业的重要组成部分，对于提升全民健康素养和健康水平、促进全民健身和社会经济的可持续发展具有重要意义。为促进海洋渔业系统职工及学生进行科学健身，应根据《“健康中国2030”规划纲要》《关于加强健康促进与教育的指导意见》《“十三五”全国健康促进与教育工作规划》《关于加快发展体育产业促进体育消费的若干意见》，营造重视体育、支持体育、参与体育的社会氛围，促进全民健身。

海洋渔业系统职工及学生体育健身是“全民健身计划”的重要内容，因此，要积极建设职工及学生所需的健身场地，健全体育组织，组织体育活动，调动职工及学生关心、支持、参与体育运动的积极性，提高体育意识，普及群众性体育，增强职工及学生的身体素质，通过科学、合理的运动促进身心健康的全面发展。

20世纪50年代，时任清华大学校长的蒋南翔先生曾提出“为祖国健康工作五十年”的口号，号召清华学生加强体育锻炼，而今“为祖国健康工作五十年”不仅成为清华的教育传统，而且作为时代的口号历久弥新。本书的作者寓教于心、寓教于行，心系海洋渔业系统职工及学生身心健康的发展，积极致力于健康素质教育，通过多年的习教总结，编写了本书，旨在为海洋渔业系统职工及学生科学健身提供指导与帮助。

借本书出版之际作此序，以表示对作者的敬意，并衷心希望《海洋渔业职工健康体适能锻炼手册》这本书能进一步推动职业教育和体育教育的发展，促进职工和学生身体素质水平的提高。

广东省海洋工程职业技术学校校长、高级讲师

前　言

《中共中央国务院关于深化教育改革全面推进素质教育的决定》中指出："健康体魄是青少年为祖国和人民服务的基本前提，是中华民族旺盛生命力的体现。学校教育要树立'健康第一'的指导思想，切实加强体育工作。"

本书编写组根据教育部颁布的《中等职业学校体育与健康教学指导纲要》的精神，牢牢把握"健康第一"的指导思想，结合本校学生的兴趣特点和职业特征编写了本书，旨在全面提高海洋渔业系统职工和学生的身心健康，激发他们的运动兴趣，使其掌握科学的健身方法和基本的运动技能，增强身体素质。

本书内容丰富，针对性和实用性强，图文并茂，表达深入浅出，语言简洁明了，知识性和趣味性较强，有利于提高海洋渔业系统职工和学生的综合素质。本书紧紧围绕海洋渔业的职业特点，从多个角度对海洋渔业职工健康体适能作了详细介绍。本书共六章内容，包括体适能概述、体育锻炼与健康、海洋渔业系统特殊体适能、职业工作损伤的预防与处理、健康体适能训练项目和技能体适能训练项目。第五章健康体适能训练项目分为三个主题，即心肺耐力训练项目、肌力与肌耐力训练项目和柔韧性训练项目，主要包括的项目有：定向运动、徒步、跑步、划船、游泳、哑铃杠铃阻力训练、俯卧撑、引体向上、攀岩、瑜伽、太极拳和八段锦；第六章技能体适能训练项目又分为四个主题，即灵敏、反应时间训练项目，平衡训练项目，协调训练项目和爆发力、速度训练项目，主要包括的项目有：跆拳道、乒乓球、网球、排球、华尔兹、毽球、跳绳、羽毛球、武术、踏板操、篮球和足球。

本书在出版过程中得到了北京体育大学出版社的大力支持和帮助，同时，我们在编写过程中参阅了前人大量的文献资料，在此一并致以最真诚的谢意。

由于编者水平有限，书中若有不妥或错误之处，敬请各位同仁和读者给予批评与指正，以便今后进一步完善和提高。

目　录

第一章　体适能概述……1
第一节　体适能的概念与分类……1
一、体适能的概念……1
二、体适能的分类……1
第二节　体适能检测……4
一、体适能检测的内容……4
二、体适能检测的方法……4
第二章　体育锻炼与健康……15
第一节　健康概述……15
一、健康的概念……15
二、影响健康的因素……17
三、亚健康……18
第二节　体育锻炼与身体健康……18
一、体育锻炼对身体健康的影响·18
二、体育锻炼时应注意的问题……20
第三节　体育锻炼与心理健康……21
一、心理健康的概念与标准……21
二、体育锻炼对心理健康的促进作用……22
第三章　海洋渔业系统特殊体适能……25
第一节　海洋渔业特殊体适能……25
一、航运、船舶、捕捞类……25
二、养殖、饲养、水产品加工类·25
三、饲料、鱼药、教师、生物技术类……26
四、轮机、机械、建船、维修类·26
五、海洋渔业职业队体适能的要求与影响……26
第二节　海洋渔业职业特点与锻炼方法……27
一、坐姿类职业特点与方法……27
二、站姿类职业特点与方法……41
三、变姿类职业特点与方法……45
第四章　职业工作损伤的预防与处理……49
第一节　职业工作损伤的处理方法……49
一、常见劳动损伤的处理方法……49
二、机械伤害事故的处理方法……51
三、脚踝扭伤的处理方法……51
第二节　劳动性生理反应……53
一、疲劳的概念……53
二、疲劳的分类……53
三、疲劳的规律……54
四、疲劳的表现……55
五、疲劳的处理……56
第五章　健康体适能训练项目……57
主题一　心肺耐力训练项目……57
第一节　定向运动……57
一、定向运动的概念……57
二、定向运动的起源与发展……58
三、定向运动的分类与器材设备·58
第二节　徒　步……62
一、徒步的概念……62
二、徒步行走的基本原理及要领·62
三、徒步行走中的技巧……63
四、徒步的益处……66

第三节 跑 步 …………………………67
一、跑步的概念 …………………………67
二、跑步的类型 …………………………67
三、跑步的技术 …………………………68
四、跑步的技巧 …………………………69
五、跑步的注意事项 ……………………72
六、跑步的原则 …………………………75
七、跑步的禁忌 …………………………76
八、跑步的运动损伤 ……………………77
第四节 划 船 …………………………78
一、划船的概念 …………………………78
二、划船的技术 …………………………78
三、摆渡的方法 …………………………79
四、漂流的技术 …………………………79
第五节 游 泳 …………………………81
一、游泳概述 ……………………………81
二、水上救护 ……………………………89
主题二 肌力与肌耐力训练项目 ………90
第六节 哑铃杠铃阻力训练 ……………90
一、哑铃阻力训练 ………………………90
二、杠铃阻力训练 ………………………92
第七节 俯卧撑 …………………………93
一、俯卧撑的概念 ………………………93
二、俯卧撑的练习 ………………………93
三、俯卧撑锻炼数据与意义 ……………96
第八节 引体向上 ………………………97
一、引体向上的概念 ……………………97
二、引体向上的分类 ……………………97
三、引体向上的标准动作 ………………98
四、引体向上的动作技巧 ………………99
五、引体向上的益处 ……………………100
第九节 攀 岩 …………………………100
一、攀岩的概念 …………………………100
二、攀岩的发展 …………………………101
三、攀岩的装备 …………………………101
四、攀岩的种类 …………………………102
五、攀岩的要领与技术 …………………103
六、攀岩的益处 …………………………105
主题三 柔韧性训练项目 ……………106
第十节 瑜 伽 …………………………106
一、瑜伽概述 ……………………………106
二、瑜伽练习方法 ………………………107
第十一节 太极拳 ………………………110
一、太极拳概述 …………………………110
二、太极拳功法要领 ……………………111
三、24式太极拳动作图解………………112
第十二节 八段锦 ………………………120
一、八段锦概述 …………………………120
二、坐势和立势 …………………………120
三、八段锦功法基本知识 ………………121
四、动作说明 ……………………………123
第六章 技能体适能训练项目 …………130
主题一 灵敏、反应时间训练项目 ……130
第一节 跆拳道 …………………………130
一、跆拳道概述 …………………………130
二、跆拳道基本技术 ……………………131
第二节 乒乓球 …………………………145
一、乒乓球概述 …………………………145
二、乒乓球基本技术 ……………………146
三、乒乓球基本战术 ……………………152
第三节 网 球 …………………………153
一、网球概述 ……………………………153
二、网球基本技术 ………………………155
三、网球基本战术 ………………………160
第四节 排 球 …………………………163
一、排球概述 ……………………………163
二、排球基本技术 ………………………165
三、排球基本战术 ………………………170
主题二 平衡训练项目 ………………172
第五节 华尔兹 …………………………172
一、华尔兹概述 …………………………172
二、华尔兹舞步 …………………………173
三、华尔兹自娱跳法 ……………………179
四、华尔兹花样组合 ……………………183
第六节 毽 球 …………………………184
一、毽球概述 ……………………………184

二、毽球主要技术和花毽四种踢法 …… 184
第七节 跳 绳 …… 186
一、跳绳概述 …… 186
二、跳绳类别和动作技巧 …… 186
主题三 协调训练项目 …… 192
第八节 羽毛球 …… 192
一、羽毛球概述 …… 192
二、羽毛球基本技术 …… 194
三、羽毛球基本战术 …… 200
第九节 武 术 …… 201
一、武术的概念 …… 201
二、武术的价值 …… 202
三、五步拳 …… 202
第十节 踏板操 …… 204
一、踏板操的概念 …… 204
二、踏板操的器材 …… 204
三、踏板操的分段 …… 204
四、踏板操的基本动作 …… 205
主题四 爆发力、速度训练项目 …… 206
第十一节 篮 球 …… 206
一、篮球概述 …… 206
二、篮球基本技术 …… 208
三、篮球基本战术 …… 215
第十二节 足 球 …… 219
一、足球概述 …… 219
二、足球基本技术 …… 220
三、足球基本战术 …… 224
参考文献 …… 227

第一章　体适能概述

第一节　体适能的概念与分类

一、体适能的概念

体适能源自美国体育界的健康、体育和舞蹈组织的健康体适能教育计划。这一体育健康新概念于20世纪90年代被引入中国，并逐步融入了中国体育健康教育领域，极大地影响了中国的体育教育和健康观念，促进了人们体育观念的快速转变。在中国不同的专家和学者对体适能的定义不同，但大多数专家将“Physical Fitness”翻译成“体适能”。

体适能的定义为身体对生活、活动与环境的综合适应能力，是一种满足生活需要和有足够的能量完成各种活动任务的能力。

二、体适能的分类

体适能一般分为三类：与健康有关的体适能，称之为健康体适能，包括心肺耐力（心肺适能）、柔韧性、肌肉力量和肌肉耐力（肌肉适能）以及身体成分；而与动作技能有关的体适能，称之为技能体适能，包括灵敏性、平衡性、协调性、速度、肌肉爆发力和反应时间等；与代谢相关的体适能，称之为代谢体适能。（图1–1–1）

体适能是以体适能数值的高低评价的。体适能数值是健康体适能和技能体适能的综合反映，体适能数值的得分是两者之和，即健康体适能和技能体适能各占50%为记分依据，也就是身体成分、肌力和肌肉耐力、心肺耐力和柔韧性总共占50分，而灵敏、平衡、协调、速度、爆发力和反应时间共占50分。体适能数值越高就代表身体机能越好。

据《美国医学会杂志》报告，一项由南卡罗来纳州立大学布莱尔教授牵头的研究显示，体适能数值高者比体适能数值低者更为长寿，体适能数值高者的死亡率还未到体适能数值低者的一半，且他们伴发高血压病、高甘油三酯或糖尿病等心血管疾病的危险因素的概率也少得多。

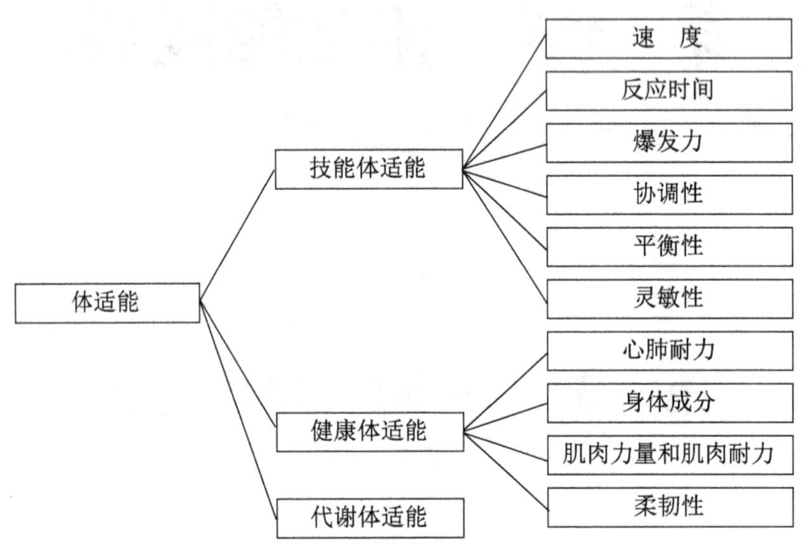

图 1-1-1　体适能分类及要素构成

（一）健康体适能

与健康有关的体适能，主要包括4个方面。

1. 心肺适能

心肺适能是指身体摄取氧和利用氧的能力。心肺适能越强，完成学习、工作、走、跑、跳和劳动时就会越轻松，并能够胜任强度较大的工作，而对较为激烈的运动能够逐步适应。

2. 肌肉适能

肌肉适能包括肌肉力量与肌肉耐力。肌肉的力量是竭尽全力从事抗阻力的活动能力。肌肉强壮有助于预防关节的扭伤、肌肉的疼痛和身体的疲劳。肌肉耐力是肌肉承受某种适当负荷时运动的重复次数的多少，持续运动时间的长短的能力。肌肉适能的重要性在于避免肌肉萎缩、松弛，维持较匀称的身材，有利于防止身体疲劳，减少运动伤害的发生，提升身体活动能力，提高生活质量。

3. 柔韧性

柔韧性是指用力做动作时扩大动作幅度的能力，包括身体各个关节的活动幅度以及跨过关节的肌肉、肌腱、韧带、皮肤和其他组织的弹性和伸展能力。柔韧性对于提高身体活动水平，维持正确的体姿，减少运动器官损伤，改善动作效果都有重要意义。

4. **身体成分**

身体成分指组成人体各组织器官的总成分。总重量为体重，含脂肪成分和非脂肪成分。体适能与体内脂肪比例的关系最为密切。脂肪过多，心肺功能的负担就越重，要维持适宜的体内脂肪，就必须注意能量的吸收与消耗的平衡。人体的脂肪重量占体重的百分比称体脂百分比；除去脂肪的重量，包括骨、水分和肌肉等被称为去脂体重。体适能的强弱与合理地控制体重和体脂百分比关系密切。体重得当，身体成分适宜是健康的标志。肥胖给健康带来威胁，体重过轻也不利于健康，对脑力、体力均有负面影响，会出现体质虚弱、骨密质较差的现象。因此，衡量健康体适能状况的五大要素为：心肺适能、肌肉适能（包括肌肉力量与肌肉耐力）、柔韧性和身体成分。

（二）技能体适能

技能体适能包括灵敏性、平衡性、协调性、速度、肌肉爆发力和反应时间等6个要素。

1. **灵敏性**

灵敏性指身体或身体某部位迅速移动，并快速改变方向的能力。

2. **平衡性**

平衡性指人体在静止站立或运动时能够维持身体稳定性的能力。

3. **协调性**

协调性指肌肉系统表现的正确、和谐优雅的活动动作，这主要反映一个人的视觉、听觉和平衡感觉与熟练的动作技能相结合的能力。

4. **速　度**

速度指人体进行快速移动的能力或最短时间完成某种运动的能力。

5. **肌肉爆发力**

肌肉爆发力指肌肉在最短时间收缩时所产生的最大张力，通常用肌肉单位时间的做功量来表示。

6. **反应时间**

反应时间指对某些外部信号刺激做出生理反应的时间。体适能较好的人，动作协调、轻巧、灵活、敏捷，在活动中动作准确，变换迅速。

（三）代谢体适能

代谢体适能主要包括血糖、血脂、血胰岛素和骨密度等。其反映的是一种机能状态。它同许多慢性疾病的发生、发展直接相关，而且与体育锻炼的效果直接相关。通过体育锻炼降低血脂水平、控制血糖、提高骨密度等都能增强机体代谢体适能，减少各种运动不足性疾病的发生，并影响机体整体的体适能水平。

第二节　体适能检测

一、体适能检测的内容

体适能是以体适能商的高低来进行评价。体适能商是健康体适能和技能体适能的综合反映，体适能商的得分是两者之和，即健康体适能和技能体适能各占50%为记分依据，也就是身体成分、肌力和肌肉耐力、心肺耐力和柔韧性总共占50分，而灵敏、平衡、协调、速度、爆发力和反应时间亦共占50分。体适能商越高就代表身体机能越好。

据《美国医学会杂志》（Journal of the American Medical Association）报告，一项由哥伦比亚南卡罗莱纳州立大学Steven Blair 教授牵头的研究显示，体适能商高者比体适能商低者更为长寿，体适能商高者的死亡率还未到体适能商低者的一半，且他们伴发高血压病、高甘油三酯或糖尿病等心血管疾病的危险因素的概率也少得多。

在测量上，体适能分为心肺适能、肌肉适能、柔韧性、身体成分与爆发力5个方面。

1. 身体成分：即人体内各种组成成分的百分比，身体成分保持在一个正常百分比范围，对预防某些慢性病如糖尿病、高血压病、动脉硬化等有重要意义。

2. 肌力和肌肉耐力：肌力是肌肉所能产生的最大力量，肌肉耐力是肌肉持续收缩的能力，是机体正常工作的基础。

3. 心肺耐力：又称有氧耐力，是机体持久工作的基础，被认为是健康体适能中最重要的素质。

4. 柔韧性：是指在无疼痛的情况下，关节所能活动的最大范围。它对于保持人体运动能力、防止运动损伤具有重要意义。

5. 爆发力：指反应时间，是其他体能（速度、反应时间、肌力、灵敏性、协调性）的综合表现。若反应时间快，则危机处理的能力较佳。

二、体适能检测的方法

（一）身体质量指数

BMI（身体质量指数，简称体质指数又称体重指数，英文为Body Mass Index，简称BMI）是用体重千克数除以身高米数平方得出的数字，是目前国际上常用的衡量人体胖瘦程度以及是否健康的一个标准。主要用于统计用途，当我们需要比较及分析一个人的体重对于不同高

度的人所带来的健康影响时，BMI值是一个中立而可靠的指标。

1. BMI的测试

体重指数这个概念，是由19世纪中期的比利时通才凯特勒最先提出。它的定义如下。

体重指数（BMI）=体重（千克）÷身高（米^2）

例如：70÷（1.75×1.75）=22.86

BMI原来的设计是一个用于公众健康研究的统计工具。当我们需要知道肥胖是否为对某一疾病的致病原因时，我们可以把病人的身高及体重换算成BMI，再找出其数值及病发率是否有线性关联。不过，随着科技的进步，现在BMI只是一个参考值，要真正量度病人是否肥胖，还需要利用微电力量度病人的阻抗，以推断病者的脂肪厚度。因此，BMI的角色也慢慢改变，从医学上的用途，变为一般大众的纤体指标。

2. BMI的标准

BMI数值并不单单适用于成年人，对于成长中的儿童，我们亦可利用他们的BMI值来推算他们是否超重。以上的BMI计算式亦适用于2～20岁的人，但他们的过重及过轻指标，并非由一个固定的BMI值决定。这是因为不同地区的儿童有不同的成长速度，若使用一个固定数值，容易做出错误判断。

很多国家及地区每年都会为当地的儿童做身高和体重的统计。这些统计数据，都可以转化成为BMI值，从而再统计出当地儿童的BMI值分布。根据这个分布，可以推算出当地儿童的过重及过轻指标。一般来说，都会采用统计出来的平均BMI值及其标准差值，再计算出其常态分布的最高5%及最低5%作为过重及过轻指标。另一方面，其BMI值位于常态分布的85%～95%区段的儿童，他们都有超重的可能性。

根据世界卫生组织定下的标准，亚洲人的BMI若高于22.9便属于过重。亚洲人和欧美人属于不同人种，WHO的标准不是非常适合中国人的情况，为此制定了中国参考标准。（表1–2–1）

表 1–2–1　BMI 参考标准

	WHO标准	亚洲标准	中国标准	相关疾病发病危险性
偏　瘦	<18.5			低（但其他疾病危险性增加）
正　常	18.5～24.9	18.5～22.9	18.5～23.9	平均水平
超　重	≥25	≥23	≥24	少量增加
偏　胖	25.0～29.9	23～24.9	24～27.9	增　加
肥　胖	30.0～34.9	25～29.9	≥28	中度增加
重度肥胖	35.0～39.9	≥30	——	严重增加
极重度肥胖	≥40.0			非常严重增加

世界卫生组织虽然有规定肥胖的标准，但这是以西方人群的研究数据为基础制定的，不适合亚洲人群。中国医学科学院阜外心血管病医院流行病学研究室周北凡教授在刚出版的

《大众医学》A7期上撰文介绍说，中国肥胖问题工作组根据20世纪90年代中国人群有关数据的汇总分析报告，首次提出了适合中国成年人的肥胖标准如下。

体重指数大于等于24为超重，大于等于28为肥胖；男性腰围大于等于85厘米，女性腰围大于等于80厘米为腰部肥胖标准。

腰围是衡量腹部肥胖的一个重要指标，它反映了腹部脂肪蓄积的程度，而腹部脂肪的蓄积与一系列代谢异常有关。

中国肥胖问题工作组的这项汇总分析报告表明：体重指数增高，冠心病和脑卒中发病率也会随之上升，超重和肥胖是冠心病和脑卒中发病的独立危险因素。体重指数每增加2，冠心病、脑卒中、缺血性脑卒中的相对危险分别增加15.4%、6.1%和18.8%。一旦体重指数达到或超过24时，患高血压病、糖尿病、冠心病和血脂异常等严重危害健康的疾病的概率会显著增加。

对于不同的人种，同样的BMI可能代表的肥胖程度不一样。包括中国在内的亚洲地区的BMI水平在整体上低于欧洲国家，但据多项研究表明，亚洲人在较低的BMI水平时已经存在心血管疾病发病率高的危险。也就是说，中国人在BMI低于25时，患高血压病的危险性就开始增加。

3. BMI的不适用范围

（1）未满18周岁。

（2）运动员。

（3）正在做重量训练。

（4）怀孕或哺乳中。

（5）身体虚弱或久坐不动的老人。

如果认为BMI算出来的结果不能正确反映体重问题，建议带着结果与医师讨论，并要求做体脂肪测试。

（二）坐位体前屈

1. 坐位体前屈概述

坐位体前屈可以用来测试柔韧性，评估关节的活动范围以及肌腱与韧带的伸展性。

坐位体前屈是大中小学体质健康测试项目，它的测试目的是测量在静止状态下的躯干、腰、髋等关节可能达到的活动幅度，主要反映这些部位的关节、韧带和肌肉的伸展性和弹性及身体柔韧素质的发展水平。

过去在对测试者进行体质健康调查时一般采用立位体前屈的方法测试柔韧性。进行立位体前屈测试时，受试者站在离地至少40厘米的测试台上，恐惧感和潜意识的自我保护等多种因素限制了受试者能力的发挥。当人体姿势处于膝关节伸直为180° 角、身体躯干向前屈180° 角站立时，小腿、大腿以及躯干部后群肌肉须保持一定张力，以维持身体重心位于两脚的支撑面内，因而限制了手臂和躯干前伸的幅度。发达国家普遍采用坐位体前屈来评价柔韧性。国民体质监测系统在对幼儿、成年人及老年人等年龄段的柔韧性也已经采用了坐位体前

屈测试。从安全性、准确性、真实性和国民体质监测接轨以及利于进行国内外对比等方面来讲，坐位体前屈均优于立位体前屈。

2. 坐位体前屈的测试目的

坐位体前屈是用于反映人体柔韧性的测试项目。柔韧性是指人体完成动作时，关节、肌肉、肌腱和韧带的伸展能力。柔韧素质的好坏，取决于关节的解剖结构和关节周围软组织的体积大小及韧带、肌腱、肌肉及皮肤的伸展性。通过体育锻炼能提高关节的灵活性，改善关节周围软组织的功能以及肌肉、韧带、肌腱的伸展性。而当人们缺乏体育锻炼，体质下降时，很多都是从柔韧素质的下降开始的。

一个人的柔韧性程度越好，表示其关节的活动幅度越大，关节灵活性越强。柔韧素质与健康的关系极为密切，柔韧性的提高，对增强身体的协调能力，更好地发挥力量、速度等素质，提高技能和技术，防止运动损伤等都有积极的作用。

3. 坐位体前屈的锻炼方法

在进行柔韧性练习的时候一定要做准备活动，不要急于求成，避免练得过快、幅度过大过猛。尤其在冬季锻炼必须做好充分的准备活动。若锻炼前不热身，则容易引起肌肉、韧带拉伤或扭伤。坐位体前屈成绩的提高不是一时可以完成的，它需要我们循序渐进，从易到难，持之以恒，通过自己的努力，逐步提高。

4. 坐位体前屈的测试步骤

（1）将仪器放置在平坦的地面上。测试前，用尺进行校正，即将直尺放在平台上，使游标的上平面与平台呈水平，将游标的刻度调到0位。

（2）测试前，受试者应在平地上做好准备活动，以防拉伤。

（3）受试者坐在连接于箱体的软垫上，两腿伸直，不可弯曲，脚跟并拢，脚尖分开10～15厘米，踩在测量计垂直平板上，两手并拢。

（4）两臂和手伸直，渐渐使上体前屈，用两手中指尖轻轻推动标尺上的游标前滑（不得有突然前伸动作），直到不能继续前伸为止。

（5）测试计的脚蹬纵板内沿平面为0点，向内为负值，向前为正值。记录以厘米为单位，取小数点后一位。若为正值，则在数值前加“+”符号，若为负值，则在数值前加“-”符号。

（三）一分钟屈膝仰卧起坐

1. 仰卧起坐概述

仰卧起坐（Sit-up）可以用来评估身体腹肌的肌力与肌耐力，也是常见的健身运动，主要锻炼腰部及腹部的肌肉。准备动作是躺在地板上，弯曲膝盖以放松背肌和脊柱，两腿并拢并伸直，然后身体抬起，但臀部不能离地，脚部也不能移动或者抬起，直到身体与底面成90°为止，然后重复。现在的仰卧起坐通常要求双手贴在耳侧，以起身后额部接触膝盖为准。

仰卧起坐是一种锻炼身体的方式。仰卧，两腿并拢，两手上举，利用腹肌收缩，两臂向前摆动，迅速成坐姿，上体继续前屈，两手触脚面，低头，然后还原成坐姿，如此连续进行。练习仰卧起坐时，速度要因人而异。最初可以尝试一分钟做5次，此后慢慢增加，直至达到50次左右。30岁以下的女性，很多是出于防止妇科病的目的练习的，这时频率最好控制在每分钟60～70个，随年龄的增加而递减，50岁以上的一分钟做25个就可以了。对于那些有一定健身基础的练习者，更多的是想通过练习达到增强腹部力量的目的，这样要保证一分钟做60次左右。

2. 仰卧起坐的步骤

（1）身体仰卧于地垫上，屈膝成90° 角左右，脚平放在地上。在平地上切勿把脚部固定（如由同伴用手按着脚踝），否则大腿和髋部的屈肌便会加入工作，从而降低了腹部肌肉的工作量。

（2）直腿的仰卧起坐会加重背部的负担，容易对背部造成损害。根据本身腹肌的力量而决定双手安放的位置，因为双手越是靠近头部，进行仰卧起坐时便会越感到吃力。初学者可以把手靠于身体两侧，当适应了或体能改善后，便可以把手交叉贴于胸前。

（3）亦可以尝试把手交叉放于头后面，但双手应放在身体另一侧的肩膀上。

（4）呼吸，做仰卧起坐时应配合以合理的呼吸，在做仰卧起坐时，身体前屈时应呼气，仰卧时应吸气。但如果在仰卧时机械地完成整个吸气过程，会不利于动作的完成，因此，为了提高动作的质量，还必须注重技巧，即向后仰卧的过程开始吸气，肩背部触垫的瞬间屏气收腹、上体逐渐抬起，当上体抬起至腹部有胀感时，快速呼气，向前引体低头完成动作。

注意：千万不要把双手的手指交叉放于头后面，以免用力时拉伤颈部的肌肉，而且这也会降低腹部肌肉的工作量。

进行仰卧起坐时宜采用较缓慢的速度，就如慢动作回放一般。当腹肌把身体向上拉起时，应该呼气，这样可确保处于腹部较深层的肌肉都同时参与工作。

把身体升起离地10～20 厘米后，应收紧腹部肌肉并稍作停顿，然后慢慢把身体下降回原位。当背部着地的时候，便可以开始下一个循环的动作。在仰卧起坐的过程中，腹部肌肉其实只在起初的阶段参与工作，之后便会改由髋部的屈肌执行任务。

同样的道理，在仰卧起坐的最后阶段转动身体（右手手肘接触左膝，左手手肘接触右膝等动作），不仅对增强腹部肌肉力量没有多大的帮助，而且会令背部下方因为转动带来的压迫而导致创伤。

初学者要避免一组做过多次数的仰卧起坐，最初进行时可以尝试先做5次，然后每次练习多加一次，直至达到15次左右，这时便可尝试多做一组，直至到达3组为止。

仰卧起坐是体能锻炼的一个重要环节，主要作用是增强腹部肌肉的力量。做得正确的话，仰卧起坐既可增进腹部肌肉的弹性，同时亦可以收到保护背部和改善体态的效果。反过来，如果进行不当，仰卧起坐不但浪费时间，甚至有害无益。

仰卧起坐是训练腹部肌肉的有效运动方式，再加上它简单不受场地环境影响的优点，是相当适合社会大众的简易运动方式，特别是对于期待消除腹部赘肉与避免下背痛的一般中年男女而言，更是经常被采用的运动之一。

仰卧起坐是体能锻炼的一个重要环节，但有些人误解它有助于消除腹部的脂肪。事实上，运动中脂肪是最后消耗的物质，所以要想减掉脂肪，必须进行长时间的有氧运动。身体消耗脂肪没有选择性，而是从各个部位同时消耗，因此，锻炼相关部位及相邻区域并不能燃烧掉这一区域的脂肪，而应该坚持全身有氧运动，以适度跑步或游泳为宜。

3. 仰卧起坐的注意事项

（1）逐渐增加仰卧起坐反复次数

对于一位刚开始以仰卧起坐来训练腹部肌肉的参与者而言，每次仰卧起坐的次数以不超过10个反复为原则（先训练您腹部肌肉的肌力），每完成一次的仰卧起坐后，应站起或躺下休息，让腹部肌肉能够放松10分钟以上。

（2）缓慢进行仰卧起坐

仰卧起坐主要是以腹部肌肉的耐力为训练目标，因此，缓慢进行仰卧起坐的运动方式，能够训练腹肌的耐力。

（3）仰卧起坐的动作

人体上腹部的肌肉，主要有腹直肌、腹外斜肌与腹内斜肌。因此，如果仰卧起坐的动作都是以上半身在矢状面（双肩平行的起坐动作）上的动作进行时，腹外斜肌与腹内斜肌的训练效果会受到明显的限制，只有增加身体纵轴（右肩带向左腿与左肩带向右腿）旋转的动作，才可以避免腹肌训练的不协调状态。

除了上半身的动作以外，为了避免在做仰卧起坐的过程中下腹部屈曲髋关节肌肉的负荷过大，则应屈曲膝关节。但是，在这种仰卧屈膝的姿势下进行仰卧起坐训练后，反而会限制下腹部肌肉的训练效果。因此，对于以下腹赘肉为主要训练部位的中年男女而言，适当进行屈膝抬腿的动作，可以达成训练腹部（上腹部与下腹部）肌肉的目的。

（4）双手不要抱头

一般意义上的仰卧起坐是把双手十指交叉放于头后，但这样在起坐的过程中常常会借助手的力量将头抬起，这样很容易造成颈部肌肉的拉伤。正确的方法是将双手交叉抱于胸前，或者把手放于耳侧，起坐时应让腹部发力，而并非手臂。

原理：把双手的手指交叉放于头后面，容易导致背部弯曲，腰椎间盘压缩，使脊椎受损，而且这亦会降低了腹部肌肉的工作量。

提醒：把手放在耳侧时，记得不要用力去按压耳朵。仰卧起坐的初学者还可以将双手置于身体两侧来降低起身难度。

（5）起身高度

仰卧起坐并不是起身高度越大越能达到效果，正确的方法应该在仰卧起坐时尽量延长身体与地面成45° 角的持续时间（至少30秒），让腹部肌肉得到最有效的练习。

原理：上身抬起与地面刚好成45° 角时，腹部处于受力的最佳时机。无论我们做何种卷体练习，延长身体与地面成45° 角的持续时间能让腹部肌肉得到最有效的练习。要知道，传统的仰卧起坐起身后需让额头触碰膝盖后还原，即上身由平躺状态迅速升起至90° 角左右，其实在起身升至45° 角之前腹直肌负担没有达到最重的阶段。而超过45° ～90° 角左右的过程中，此时身体重心到臀部支点的“阻力臂”不断缩短，腹直肌并不怎么受力。只有上身起至45° 角时才是腹直肌“抗阻力生长机能”的最佳时机。

（6）确定起身高度

① 通常来说，当视线平视屈起的膝关节时，身体与地面夹角为45° 。

② 上升时慢慢感觉，当感到腹部最受力的时候，就是45° 角了，停在这个位置。

（7）适宜的速度

很多女生都认为做仰卧起坐的速度越快减肥效果会更好。其实不然，速度越快腹肌受到的压力只会越小，尽量放慢速度，锻炼腹部肌肉的控制能力才是正确的方法。

最正确的速度，应该是起来的速度快一些，下去的速度要放慢些。

减肥原理：适当的放慢速度可以使腹部较深层的肌肉得到锻炼。

提醒：除了要注意速度适中外，练习时也要尽量按1∶3的频率来进行，在起身时数“1”，在下去时数“2”“3”“4”。

4. 仰卧起坐的五大误区

误区一：有些人没时间到健身房去锻炼，会选择在家里做一些基础而有效的简单锻炼方式来锻炼身体，希望能达到减肥的作用。仰卧起坐就是许多人选择的一种方式，很多人以为只要坚持做，就能达到减肥目的。

纠错：单纯依靠仰卧起坐只能达到局部的健身效果，因为仰卧起坐直接针对的是腹部肌肉群，长期锻炼的效果可能使腹部肌肉力量加强，但是身体其他部位，如大腿、臀部等得到的锻炼就比较少。所以，要注意的第一点就是要把仰卧起坐和其他健身方式有效地结合起来，才能达到身体的完美减肥效果。

误区二：通常许多人做仰卧起坐做得又快又猛，以为这样是腹部肌肉力量加强的表现，其实这么做很容易让腹部肌肉拉伤。

纠错：正确的做法应该是双手交叉抱于胸前，起坐时控制着让腹部发力，或者加大难度，双手持重物，以增加锻炼效果。

误区三：许多人在中途做仰卧起坐的时候，身体会不自然地向某一个方向偏离。这样做是错误的，会让腹部肌肉锻炼得不均匀，从而导致身材走形。

纠错：应该尽量控制起卧的方向，不要偏离直线，而且速度要放慢，来锻炼腹部肌肉的控制能力，最好在起来时用心感觉一下腹部肌肉的运动状况。

误区四：一些人以为仰卧起坐做的速度越慢，越有锻炼效果。

纠错：速度适当放慢是有助于锻炼效果的，但速度太慢的话，效果反而不佳。而最正确的速度，应该是起来的速度快一些，下去的速度要放慢些，这样效果较好。

误区五：大多数人做仰卧起坐习惯将双手置于脑后，十指交叉（扣住头部）。

纠错：这是仰卧起坐最大的一个误区，甚至有一些体育老师都这么教学生，这完全是误导。这样的手势，会对颈椎产生负担，越用力扣住头，负荷就越大。正确的方法是两手分别放于两耳再向内侧一点（大约后脑正中间再向外一点）的位置，而且两手只是轻轻搭在那里，不要用太多力。

建议：30岁以下，仰卧起坐的最佳成绩应为60～70个 / 分；30岁最好做到50～60个 / 分；40岁应做到40个左右 / 分；50岁应努力达到30～35个 / 分。

5. 仰卧起坐的工具使用

（1）首先要把脚放好，脚要放泡沫棉上面，与地面成90° 角，然后身体向后躺。

（2）头不需要依靠在仰卧板上，有些人在仰卧板上将整个身体直接躺在上面，这种方法是错误的。

（3）做仰卧起坐，需要躺下，重心下移，手放于耳旁；再慢慢起身。

（4）收紧腹部肌肉并停顿一下，然后慢慢将身体回落，当身体重新贴到仰卧板时，可以开始进行下一个周期。仰卧起坐主要是收腹部，而不是把腰抬起来，把腰抬起来的做法是不正确的，它不锻炼腹部肌肉，只能练习髂腰肌。另外，抬腰会对腰椎造成压力，容易造成损害。正确的做法应该是只坐起上身，形成一个弧形，可能一开始做仰卧起坐会感觉很累。

（四）立定跳远

1. 立定跳远概述

立定跳远是用来测试爆发力，不用助跑从立定姿势开始的跳远。运动员在双脚站立的位置进行不限定跳时，只准离地一次，如双脚离地后不起跳，落下后再起跳，即为连续离地两次，作一次试跳失败论。立定跳远是“达标”项目之一，是体育中考、会考的必测项目或选测项目。

立定跳远是发展下肢爆发力与弹跳力的运动项目。它要求下肢与髋部肌肉协调快速用力，并与上肢的摆动相配合，所以它也需要一定的灵巧性。

立定跳远具有简便易行的特点，有平地就能进行练习。

跳时两腿稍分，膝微屈，身体前倾，然后两臂自然前后预摆两次，两腿随之屈伸，当两臂从后向前上方做有力的摆动时，两条脚用前脚掌迅速蹬地，膝关节充分蹬直，同时展髋向前跳起，身体尽量前送，身体在空间成一条斜线，过最高点后屈膝、收腹、小腿前伸，两臂自上向下向后摆，落地时脚跟先着地，落地后屈膝缓冲，上体前倾。

要提高立定跳远成绩，力量是基础，特别要提高膝、踝、髋三个关节的协调用力及爆发用力的能力。

2. 立定跳远的影响因素

（1）力量因素

力量因素主要是下肢肌群的爆发用力能力，而且对踝关节的力量提出了较高的要求。因为立定跳远的最后用力点在是前脚掌（甚至是脚尖），所以需要踝关节的跖屈用力有相当大的强度。

（2）协调用力的能力

指骨盆肌群与下肢肌群协调用力的能力（包括踝关节）。协调用力正确的标志是髋、膝、踝三关节能迅速有力地蹬直，上肢能做出协调的摆动，起到带、领、提、拉的作用。

（3）臂的摆动作用

立定跳远必须直臂摆动，摆幅越大，带、领、提、拉动作越强。请注意观察，凡屈臂摆动者，必然造成上体的波浪动作，从而影响跳远距离。

（4）能量的转换

从站立状态到下蹲状态，势能转化为动能，这样就相当于有一定的助跑，从而可以更有效地提高初速度，增加跳远的距离。

3. 立定跳远的训练手段

（1）蹲跳起

这是主要发展腿部肌肉力量和踝关节力量的练习。

跳的方法：双脚左右开立，脚尖平行，屈膝向下深蹲或半蹲，两臂自然后摆。然后两腿迅速蹬伸，使髋、膝、踝三个关节充分伸直，同时两臂迅速有力地向前上摆，最后用脚尖蹬离地面向上跳起，落地时用前脚掌着地屈膝缓冲，接着再跳起。每次练习15～20次，重复3～4组。

（2）单脚交换跳踝

这是发展小腿、脚掌和踝关节力量的练习。

跳的方法：上体正直，膝部伸直，两脚交替向上跳起。跳时主要是用踝关节的力量，用前脚掌快速蹬地起跳，离地时脚面绷直，脚尖向下。原地跳时，可规定跳的时间（30秒～1分钟）或跳的次数（30～60次）。行进间跳时，可规定跳的距离（2～3米）。以上练习重复2～3组。

（3）踮跳步

踮跳步主要用来发展腿部后群肌肉和踝关节的力量，训练身体的协调性。

动作方法：用右（左）腿直膝向前上方跳起，同时左（右）腿屈膝向上举，右腿落地，然后换腿，用同样的方法跳，两臂配合腿前后大幅度摆动。跳时踝关节和前脚掌要用力，整个动作轻快。它与舞蹈中的“踮跳步”动作类似。

（4）纵跳摸高

这是为了发展腿部肌肉和踝关节力量而经常采用的一种练习方法。

动作方法：两脚自然开立成半蹲预备姿势，一臂或两臂向上伸直，接着两腿用力蹬伸向上跳起，用单手或双手摸高。每次练习10次左右，重复3～4组。

（5）蛙　跳

蛙跳是发展大腿肌肉和髋关节力量的练习。

动作方法：两脚分开成半蹲，上体稍前倾，两臂在体后成预备姿势。两腿用力蹬伸，充分伸直髋、膝、踝三个关节，同时两臂迅速前摆，身体向前上方跳起，然后用全脚掌落地屈膝缓冲，两臂摆成预备姿势。连续进行5～7次，重复3～4组。

（6）障碍跳

障碍跳主要发展腿部肌肉和踝关节爆发力。

练习方法：地上放小海绵垫6～10块，每块相距1米左右。练习者站在垫后，两脚左右开立，脚尖平行，屈膝向下，两臂自然后摆，用脚掌力量向前上方跳过障碍，两臂配合向前上方摆动，落地时屈膝缓冲，落地后迅速做下一次跳跃。重复5～6组。

（7）跳台阶

跳台阶主要发展腿部力量和踝关节力量。

动作方法：两手背在身后，两脚平行开立，屈膝半蹲，用前脚掌力量做连续跳台阶动作。一次可跳20～30个台阶，重复3～4组。

（8）冰棍跳

冰棍跳主要锻炼踝关节的灵敏度和力量值。

练习方法：双手背在身后，两脚自然站立，膝盖伸直，前脚掌发力向上纵跳，膝盖不弯曲以练习踝关节力量，跳到脚踝微发酸为一组，重复3～4次。力量是提高立定跳远成绩的基础，但没有合理的技术，力量的作用也无法充分体现，两者是相辅相成的。因此，在进行腿部力量练习的同时，必须改进立定跳远技术。

（9）挺身跳

原地屈膝开始跳，空中做直腿挺身动作，髋关节完全打开，做出背弓动作，落地时屈膝缓冲。

单足跳前进练习：一般采用左（右）去右（左）来的方法进行练习，距离控制在25～30米，完成3～4组。

（10）收腹跳

练习：从原地直立开始起跳，在空中做屈腿抱膝动作或双手在腿前击掌，落地时一定要屈膝缓冲，越过一定高度兼远度或一定远度兼高度。个别辅导，纠正存在的错误动作。预摆不协调的解决办法：反复做前摆直腿后摆屈膝的动作，由慢到快。

4. 立定跳远注意事项

（1）尽量选平坦又不过于坚硬的地面进行练习，如跑道、土地、地板地和沙坑等。过滑的地面不宜练习。

（2）提高爆发力的练习，重复次数一般不超过10次。

提高力量耐力的练习，重复次数必须在10次以上，并尽可能增加重复次数。

（3）立定跳远动作中，从起跳到落地瞬间的几个身体相关关节的角度（8个角度），对跳远成绩起着举足轻重的作用。

（4）运动后放松，运动员在训练后应注意用手轻柔进行放松缓解，降低在后面的训练中发生肌肉拉伤的风险。

（五）台阶测试

台阶测试是评价心肺功能适应水平的一种方法。男生进行台阶测试时，台阶高40厘米、女生进行台阶测试时，台阶高35厘米。研究表明：心肺适应能力强的人比心肺适应能力弱的人在运动后3分钟恢复期内心跳频率低。台阶测试虽然不是最好的评价心肺功能适应状况的方法，但它的优越性在于其可以在室内进行，能适合不同程度身体条件的人，且不需要昂贵的设施，并可以在很短的时间内完成。

1. 测试时找一个同伴，让他帮助你保持适当的踏跳节奏。节奏为每分钟踏30次（上下），共3分钟，可以让同伴用节拍器或声音提示你。因此，你需要2秒钟上、下各踏一次（也就是说，把节拍器设置为每分钟60拍，每响一下踏一次）。在测试时你应左右腿轮换做，每次上下台阶后上体和双腿必须伸直，不能屈膝。

2. 测试后，应立即坐下，并测量运动后1分钟至1分30秒、2分钟至2分30秒、3分钟至3分30秒等3个恢复期的心率。

让同伴帮助你计时，并记录运动后的心跳次数。测试的准确性在于你必须每分钟踏完30次，这样运动后恢复期内的心跳频率测量才是有效的。自评量表可以记录你运动后心跳频率的次数和心肺功能的适应情况。评定指数计算公式如下。

评定指数＝登台阶运动持续时间（秒）×100 / 2×（恢复期3次心率之和）

（二）评价心肺功能适应

当完成了心肺功能适应测试后，应对自己的测试结果作出评价，并确立提高自己心肺功能适应的目标。与同年龄段的其他人相比，如果心肺功能适应能力被列在“1分”或“2分”等级中，说明目前的心肺功能适应水平低于平均水平，属于差或较差；如果心肺功能适应能力被列在“4分”等级中，那么心肺功能适应水平就高于同性别、同年龄段人的平均水平，属于较强；“5分”等级是指心肺功能适应水平位于同年龄组前15%的人，属于强者。然而，不论目前心肺功能适应状况如何，都应坚持有规律的身体锻炼来提高自己这方面的适应能力。（表1–2–2）

表 1–2–2　三分钟台阶测试的评定指数

适应能力等级	男	女
1分（差）	45.0～48.5	44.6～48.5
2分（较差）	48.6～53.5	48.6～53.2
3分（一般）	53.6～62.4	53.3～62.4
4分（较强）	62.5～70.8	62.5～70.2
5分（强）	> 70.9	> 70.3

第二章　体育锻炼与健康

第一节　健康概述

一、健康的概念

世界卫生组织（WHO）于1948年在《组织法》中指出："健康不仅是没有疾病或不衰弱，而且是身体上、精神上和社会适应方面的完美状态。"

身体健康：指躯体结构和功能正常，具有生活自理能力。

心理健康：指个体能够正确认识自己，及时调整心态，使心理处于良好状态，以适应外界的变化。

社会适应良好：指能以积极的态度和行为去适应社会生活的各种变化。

由此可见，真正意义上的健康应该是确保高质量生活的一种最佳身心状态，一种健康的感觉与一种高质量的生活方式，并且能对社会作出贡献，这才算得上是真正意义上的健康。

（一）健康的内涵

健康的内涵包括：① 体力；② 技能；③ 形态；④ 卫生；⑤ 保健；⑥ 精神；⑦ 人格；⑧ 环境。

（二）“五快三良好”标准

世界卫生组织就人体健康问题提出了几项易记忆、易理解的新标准，这几项标准包含了人体的生理健康标准和心理健康标准，简称“五快三良好”标准。

1.“五快”——生理健康

（1）吃得快：指胃口好，不挑食，吃得迅速，表明内脏功能正常。

（2）排得快：指上厕所时很快排出大小便，表明肠胃功能良好。

（3）睡得快：指上床即能熟睡、深睡，醒来时精神饱满、头脑清晰，表明中枢神经系统的兴奋、抑制功能协调，且内脏不受任何病理信息的干扰。

（4）说得快：指语言表达准确、清晰、流利，表明思维清楚而敏捷，反应良好，心肺功能正常。

（5）走得快：指行动自如，且转动敏捷，因为人的疾病和衰老往往从下肢开始。

2.“三良好”——心理健康

（1）良好的个性：指性格温和，意志坚强，感情丰富，胸怀坦荡，心境豁达，不为烦恼、痛苦、伤感所左右。

（2）良好的处事能力：指对周围事情应对自如，客观观察问题，具有自我控制能力且能适应复杂的社会环境，对事物的变迁保持良好的情绪，常有知足感。

（3）良好的人际关系：指待人宽和，不过分计较小事，能助人为乐、与人为善。

（三）心理健康标准

随着世界性精神疾病发病率的不断上升，为了教育和引导公众主动关注心理健康，美国心理学家马斯洛和米特尔曼提出了十条心理健康评价标准。

1. 有足够的安全感。
2. 能充分地了解自己，并能对自己的能力做出适度的评价。
3. 生活、理想切合实际。
4. 不脱离周围现实环境。
5. 能保持人格的完整与和谐。
6. 善于从经验中学习。
7. 能保持良好的人际关系。
8. 能适度地发泄情绪和控制情绪。
9. 在符合集体要求的前提下，能有限度地发挥个性。
10. 在不违背社会规范的前提下，能恰当地满足个人需求。

二、影响健康的因素

据1988年世界卫生组织的报告，每个人的健康 60%取决于自己，15%取决于遗传，10%取决于社会因素，8%取决于医疗条件，7%取决于生活环境和地理气候条件的影响。在正常情况下，影响健康的关键因素是每日饮食是否适宜、体育锻炼是否适当以及情绪（包括精神和心理状态）是否良好或稳定。因此，苏联医学博士兹马诺夫斯基提出了人的健康公式。

$$\text{人的健康}=\frac{\text{情绪良好（或稳定）}+\text{运动（锻炼）得当}+\text{饮食合理}}{\text{懒惰}+\text{烟酒}}$$

从上述公式中可以清楚地看到，人的健康与情绪良好（或稳定）、运动（锻炼）得当和饮食合理（或适宜）呈正相关，而与懒惰成性、嗜烟和嗜酒负相关。

（一）合理膳食

合理膳食是指营养要全面均衡，每餐以八分饱为宜，粗细粮搭配，减少动物脂肪和甜食的摄入，多吃新鲜蔬菜、水果、豆制品和牛奶；限制食盐用量，每天不超过6克。

（二）适量运动

适量运动是预防和消除疲劳、保证健康长寿的一个要素。运动贵在坚持，重在适量，项目可因人而异。每天可做中等强度的运动1小时左右。若经常参加运动，可增加运动强度。

（三）戒烟限酒

任何年龄的戒烟都可获得健康上的真正收益。如戒烟一时有困难，则每天吸烟应限制在5支以内，逐步减少吸烟量直至彻底戒烟。酒可少饮，经常或过量饮酒则会伤肝，容易引起肝硬化，甚至肝癌。注意做到不要喝高度烈性酒，低度白酒也不可常喝，黄酒、葡萄酒也要有节制。一日饮酒量不宜超过15克酒精，相当于葡萄酒60～100毫升，白酒25～30毫升，啤酒半瓶至1瓶。

（四）心理平衡

保持心理平衡要做到“三快乐”：助人为乐、知足常乐、自得其乐。“三个正确”：正确对待自己、正确对待他人、正确对待社会。“三个既要”：既要尽心尽力奉献社会，又要尽情品味美好人生；既要在事业上有颗进取心，又要在生活中有颗平常心；既要精益求精于本职工作，又要有多姿多彩的业余生活。

三、亚健康

现代医学将健康称为第一状态；将疾病称为第二状态；将介于健康与疾病之间的生理功能低下的状态称为第三状态，也称亚健康。所谓亚健康，多指无临床症状和体征或者有病症感觉而无临床检查依据，但已有潜在发病倾向的信息，处于一种机体结构退化和生理功能减退的低质与心理失衡状态。

导致亚健康形成的因素：首先，工作、生活过度疲劳，身心透支而使精力入不敷出；其次，不科学的生活方式，如不吃早餐、偏食、暴饮暴食、饥一顿饱一顿等引起营养不良而使机体失调；再次，环境污染，接触过多有害物质；另外，伴随人体生物钟周期低潮或人体自然老化，也可能出现第三状态。应当指出的是，第三状态在很大程度上是慢性疾病的潜伏期。

人的机体有一定范围的适应能力，第三状态既可趋向健康，也可导致疾病。如果已处于或即将进入第三状态，只要采取科学的生活方式，克服不良生活习惯，通过合理的饮食、心理的调养和环境的改变，消除疲劳，祛除致病因素，提高身体素质，就能改善和消除第三状态，恢复到第一状态而成为健康人。

第二节　体育锻炼与身体健康

一、体育锻炼对身体健康的影响

（一）体育锻炼对新陈代谢的影响

体育锻炼能使胃肠的蠕动加强，消化液的分泌增多，从而使消化和吸收的能力提高，增加食欲。

（二）体育锻炼对心血管系统的影响

1. 体育锻炼可改善心脏的形态结构和机能

体育锻炼可以使心肌的血液代谢过程加强。长期锻炼的运动员的心脏具有更大的收缩力，而且心脏的每搏输出量和每分钟输出量会增加。到中老年时，还可延缓肌纤维退化的过程。

2. 体育锻炼可影响血管的结构和改变血管在器官内的分布

研究表明，体育锻炼可使动脉血管壁的中膜增厚，平滑肌细胞和弹力纤维增加，而在

大动脉（主动脉）处，弹力纤维占优势，在中等动脉（腰动脉）处，平滑肌细胞占优势。此外，体育锻炼能使骨骼肌的毛细血管分布数量增加，分支吻合、丰富。这些变化都有利于改善器官供血，增强物质与能量的交换。

3. 体育锻炼可促使毛细血管开放

这对于人体组织细胞的物质代谢过程，特别是脂质代谢，以及血管壁的弹性，都起着良好的作用，也是新陈代谢旺盛的人身体健康的保证。

4. 体育锻炼可显著降低血脂含量（胆固醇、β脂蛋白、甘油三酯）

这会使低密度脂蛋白减少，高密度脂蛋白增加，它对防治动脉硬化有着重要意义。另外，从事体育锻炼还可增强血液中抗凝血系统的功能，降低血中尿酸含量，预防血小板的聚集，以免发生血管栓塞。

5. 体育锻炼可使安静时脉搏徐缓和血压降低

经过长期体育锻炼后，可使安静时脉搏从每分钟70～80次减慢到50～60次。脉搏频率的减少能使心脏收缩后有较长的休息时间，为心脏功能提供了储备力量。这样当人体进行剧烈运动时，心脏就能承受大运动量的负荷。

进行运动时，经常锻炼的人每分钟脉搏次数增加较少，而且恢复较快；不常进行体育锻炼的人脉搏次数增加较多，恢复也慢。正常人轻度运动时，脉搏增加越少，恢复时间越短，说明循环机能越好。

经过长期的体育锻炼，在完成定量工作时，心血管机能变化呈现以下特点。

（1）动员快。完成一定量的工作或劳动时，能迅速动员心血管的机能活动，以适应机体承受负荷的需要。

（2）潜力大。在极度紧张的劳作中，心血管系统可发挥最大的机能潜力，充分调动人体的储血力量。

（3）恢复快。在体力活动之后，虽然心血管机能变化很大，但能很快恢复到安静状态的水平。每次搏动及每分钟输出量增加时，自静脉流入心脏的血液也随之增加。

血液具有维持内环境相对稳定的作用、运输作用以及防御作用，在体育锻炼的影响下，血液的成分及生化方面都可发生改变。适量的体育锻炼，首先使血红蛋白和红细胞数量增加，这就增加了血液的溶氧量。

（三）体育锻炼对呼吸系统的影响

体育锻炼能提高呼吸机能，主要表现为呼吸肌发达，收缩力增强，最大通气量增大，肺活量增大，呼吸差较大。一般人最大通气量为每分钟80升左右，最大吸氧量为2.5～3.5升，只比安静时大10倍；而经常锻炼的人每分通气量可达100～120升，最大吸氧量可达4.5～5.5升，比安静时大20倍。

此外，由于长期坚持锻炼，负氧质量增大，缺氧耐受力强，氧的吸收利用率也较高，调节呼吸节奏和形式的能力也较强。

（四）体育锻炼对神经系统的影响

人体的神经系统由脑、脊髓和它们发出的神经组成，是机体在遇到环境变化时，实现快速而精确调节的结构基础。

1. 经常参加体育运动能够改善神经系统的平衡性和灵活性，提高大脑的分析和综合能力。

2. 经常参加体育锻炼使得神经的分析、综合和控制能力明显提高，从而改善神经系统的调节机能。

3. 经常参加运动的人，不仅在平时的生活、学习和运动中，动作灵活、敏捷，大脑反应快，而且使身体的适应能力和工作能力得到增强。

4. 经常运动可以促进神经系统的灵活性，即提高兴奋与抑制两个神经过程转化的速度。

（五）体育锻炼对运动统的影响

体育锻炼能保持肌张力，减小肌萎缩和退行性变化，保持韧带的弹性和关节的灵活性，使脊柱的外形保持正常，从而能够减少和防止肌肉、韧带、关节等器官的损伤和退化，使运动系统功能得到改善。

图 2-2-1

体育锻炼时，骨的血液供给得到改善，骨的形态结构和性能都发生良好的变化，骨密质增厚使骨变粗，骨小梁的排列更加整齐而有规律，骨骼表面肌肉附着的突起更加明显，这些变化使骨变得更加粗壮和坚固，从而提高了骨的抗折、抗弯、抗压缩和抗扭转等方面的能力。（图2-2-1）

1. 体育锻炼对关节的影响

体育锻炼既可增强关节的稳固性，又可提高关节的灵活性。人体的柔韧性提高了，肌肉活动的协调性加强了，就有助于适应各种复杂动作的要求。

2. 体育锻炼对肌纤维的影响

（1）肌纤维变粗，肌肉体积增大，因而肌肉显得发达、结实、健壮、匀称而有力，肌肉占体重的比例增大。

（2）肌肉组织的化学成分发生变化，从而提高肌肉收缩的能力，肌肉内的氧储备量也增加，有利于肌肉在氧供应不足的情况下继续工作。

（3）体育锻炼有助于增强肌肉的耐力。

二、体育锻炼时应注意的问题

（一）空腹时不宜进行体育锻炼

长时间清晨空腹进行锻炼，体内的能量大量消耗，对身体不利，最好适量进食后开始轻

微活动，使休息了一整夜，长时间处于安静状态的肌肉、关节及内脏器官积极地活跃起来。

（二）饭后不宜立即进行剧烈活动

饭后，人体大量血液流向消化系统，此时如进行剧烈运动，血液就会流向运动器官，以保证肌肉工作的需要，造成消化系统血液供应不足，胃肠蠕动减慢，影响消化和吸收过程的正常进行，严重的会导致胃痛、消化不良、溃疡等疾病，一般在饭后0.5～ 1小时再进行活动比较合理。

（三）剧烈运动后不宜马上洗澡

因为运动，消耗大量能量，必须等人体各系统机能恢复正常后（大约半小时）才去洗澡。

（四）剧烈运动后切忌暴饮

因大量水分进入血液，会将血液稀释，使血量增加，加重心肾负担，同时稀释胃液，导致消化功能和食欲减退。运动后，饮适量的淡盐水，以补充因汗水带走的盐分，千万不要喝生水，以免大量病菌带入体内，感染疾病。

通过体育锻炼可以提高身体的形态发育水平、生理机能水平、身体素质发展水平、基本活动能力水平、心理发展水平和适应自然环境的能力。

第三节　体育锻炼与心理健康

一、心理健康的概念与标准

随着现代社会的发展，生活节奏加快，竞争日趋激烈，个体的情绪处于较为紧张的状态，因此，心理健康问题日益成为现代人关注的重要内容之一。在传统社会中，人们认为健康主要是指身体的健康、生理的健康，因而采取各种措施，增强生理机能水平，提高适应自然、抵御疾病的能力。现代社会由于生产生活方式的改变，人们越来越意识到精神世界的冲突与纷争。那种“无病即健康”的生物学健康观已经过时，而已发展成为生物、心理和社会的三维健康观。世界卫生组织（WHO）认为，健康是指在精神、身体和社会上保持健全的状态，精神健康的标准是：① 具备自我控制能力；② 能正确对待外界影响；③ 内心世界处于相对平衡状态。世界卫生组织还指出，健康应包括躯体健康、心理健康、良好的社会适应性和道德健康。人类对健康内涵的认识不断丰富和深化的同时，个体的心理健康日益得到现代社会的广泛重视。

（一）心理健康的概念

对于心理健康的认识，许多学者有不同的观点，如《简明不列颠百科全书》对心理健康的定义是：心理健康是指个体心理在本身及环境条件许可的范围内所能达到的最佳功能状态，而不是指绝对的十全十美的状态。日本的松田岩男指出：心理健康是指人对内部环境具有安全感，对外部环境能以社会上认可的形式来适应，即个体遇到任何障碍和困难问题，心理都不会失调等。第三届国际心理卫生大会认为，心理健康是指在躯体上、智能上、情感上与他人的心理健康不相矛盾的范围内，将个人心境发展成最佳状态。

综合各种认识，可以认为，心理健康是个体的一种持续的积极的内部状态，个体表现出良好的社会适应性，并充分发挥其身心的各种潜能，在应付各种问题和环境时更多地表现出积极的倾向。

（二）心理健康的标准

心理健康的标准至今说法不一，综合国内外各种观点，心理健康应符合以下条件。

1. 智力正常：智力是个体从事一切社会活动的前提和基础，是其了解、认识外部世界的十分必要的条件。只有智力正常的人才能正确地评价自己，并具有情绪体验能力，从而自我效能感增强；而智力落后者经常遭遇失败，伴随烦恼、痛苦的体验，产生自卑感。

2. 适当的情绪调节能力：由于社会环境的影响，个体在生活中总会遇到挫折和困难。如果不能正确处理，个体就会被消极情绪所困扰，而这些消极情绪得不到有效宣泄的话，就可能使自己产生心理疾病，并可能对生理健康造成损害，患上身心疾病。同时，不良情绪的发泄方式必须考虑道德及社会的评价。

3. 自我评价恰当：心理健康者能充分了解自己，既看到自己的长处，又看到自己的不足，以便扬长避短，在学习、工作上获得成功，在生活中同他人和谐相处。心理不健康者，往往将失败归因于机遇和任务难度，整日怨天尤人，或将自己看得一无是处。

4. 具有良好的人际关系：心理健康者乐于与他人交往，建立了较为和谐的积极的人际关系；反之，就会离群索居，对他人不信任，给自己带来极大的烦恼和痛苦。

二、体育锻炼对心理健康的促进作用

（一）体育锻炼有助于发展智力

智力是个体圆满完成工作、学习任务的基础条件。经常参加体育锻炼可以使个体的注

意、记忆、观察、思维和想象等能力得到充分发展，提高活动效率，还可以使其获得良好的情绪体验，乐观自信、精神振奋、精力更加充沛，从而对人的智力功能具有促进作用。

研究表明，体育锻炼能有效地促进血液循环，增强心肺功能，使大脑获取更多的氧气，给大脑的记忆和思维能力提供必要的物质保障，提高脑力劳动的效率。另一方面，体育活动不仅能使神经系统的兴奋和抑制过程更加有效，使其对各种刺激的反应更加迅速、准确，为智力的发展奠定物质基础，而且还可以提高人的视觉、听觉、本体感觉、神经传导速度、神经过程的均衡性和灵活性等，促进神经系统功能的增强。

人们在学习的过程中，大脑皮层的相关区域处于高度兴奋状态，并随着学习时间的延长而产生疲劳感，导致学习效率下降。而参与体育活动，有助于大脑皮层的相关区域形成兴奋与抑制合理交替的机制，降低疲劳感，提高学习的效率，此外，个体的体质增强、身体机能水平的提高，有助于充分地挖掘与开发学习的潜力。

（二）体育锻炼有助于情绪的调节

体育锻炼能产生丰富的情绪体验，改善情绪状态。情绪状态是衡量体育活动对心理健康影响的最重要的指标。人生活在错综复杂的社会中，经常会产生忧愁、紧张、压抑等情绪反应，体育活动则可以转移个体不愉快的意识、情绪和行为，使人从烦恼和痛苦中摆脱出来。大学生常因名目繁多的考试、相互间的竞争等而产生持续的焦虑反应，经常参与体育活动可使自己的焦虑反应降低。（图2-3-1）

图 2-3-1

参加体育活动，尤其是那些自己喜爱和擅长的体育活动，可以使人从中得到乐趣，振奋精神，陶冶情操，从而产生良好的情绪状态。情绪为客观事物与人们的需要的关系所决定。体育活动本身蕴藏着许多对人的各种刺激，如竞争、冒险、克服困难、把握机会、追求不确定结果、体验成功与挫折等，这些都会相应地引起人们的各种情绪体验，这是体育活动本身的特点所决定的，也是体育活动的魅力所在。

（三）体育锻炼有助于培养优秀的意志品质

意志品质既是在克服困难的过程中表现出来的，又是在克服困难的过程中培养起来的。而体育锻炼的特点在于需要不断克服客观困难（如气候条件变化、动作难度等）和主观困难（如胆怯、畏惧和紧张等），是培养坚强意志品质的有效手段。例如：通过场上形势瞬息万变且需要默契配合的球类项目（足球、篮球、排球、手球等）可以锻炼自己果断的意志品质；通过需要克服生理极限、持久性的项目（长跑、游泳等）可以锻炼自己坚忍的意志品质；通过需要腾空、跨越障碍的或有一定危险性的项目（跳高、跨栏、体操、武术等）可以锻炼自己勇敢的意志品质等。锻炼者越能努力克服主、客观方面的困难，也就越能培养良好的意志品质。

因此，体育锻炼有助于磨炼大学生的意志，对培养大学生吃苦耐劳、坚忍不拔、果断、勇敢、自控、自信等良好的心理品质具有很好的促进作用。

（四）体育锻炼有助于树立良好的自我概念

自我概念是个体主观上对自己的身体、思想和情感等的整体的评价，它是由许许多多的自我认识所组成的，包括我是什么人，我主张什么，我喜欢什么，我不喜欢什么等。由于坚持体育锻炼可使体格强健、精力充沛，因而，体育锻炼对改善人的身体表象和身体自尊有重要的影响。身体表象是指头脑中形成的身体图像，身体自尊主要包括一个人对自己运动能力的评价，对自己外貌（吸引力）的评价，对自己身体的抵抗力和健康状况的评价。身体表象障碍在正常人群中普遍存在。研究表明：54%的大学生对自己的体重不满。与男性相比，女性倾向于高估自己的身高和低估自己的体重；身体肥胖的个体更容易有身体表象和身体自尊的障碍。身体表象和身体自尊与整个自我概念有关，其主要表现为无论男性还是女性，对身体表象不满意就会使自尊心下降，并产生不安全感和抑郁症。有研究表明，肌肉力量与身体自尊、情绪稳定性、外向性格和自信心呈正比，并且加强力量训练会使个体的自我概念显著增强。

（五）体育锻炼有助于消除心理障碍和治疗心理疾病

在现代社会中，由于竞争的激烈和生活压力的加大可能会使得许多人产生悲观、失望的情绪，进而导致忧郁、孤独等各种心理障碍的产生。

人们参加某项运动并坚持锻炼，不仅他们的生理机能、身体素质将会得到改善，而且他们也会相应地掌握并发展一些体育的技术技能。当取得这些成绩后，个体会以自我反馈的方式传递其信息于大脑，从而产生自我成就的体验，产生愉快、振奋和幸福感。例如，锻炼者在体育锻炼中若能完成自己制订的锻炼计划，达到具体的目标，将会获得心理满足，产生积极的成就感，从而增强自信心，具有很好的消除心理障碍的效果。

美国的一项调查显示，1750名心理医生中有60%的人认为应将体育锻炼作为一种治疗手段来消除焦虑症；80%的心理医生认为体育锻炼是治疗抑郁症的有效手段之一。焦虑和抑郁是普通人和精神病患者遇到的两种最为常见的情绪困扰，大量研究结果表明体育锻炼能有效地减轻焦虑和抑郁症状。就目前而言，尽管这些心理疾病的病因以及体育锻炼为什么有助于治疗心理疾病的基本机制尚不完全清楚，但体育锻炼作为一种心理治疗手段在国外已开始流行起来。在大学生中，有不少人由于学习和其他方面的挫折而引起了焦虑和抑郁症，通过体育锻炼就可以减缓或消除这些心理疾病。

第三章　海洋渔业系统特殊体适能

第一节　海洋渔业特殊体适能

海洋渔业中职工所从事的工作类型的特殊性，即有不同类型的职工体适能，从各类型分析有以下几个方面。

一、航运、船舶、捕捞类

从事航运、船舶、捕捞类职工的工作特点是与海、湖、江、河中的水接触密切，因而就更有必要侧重培训和发展职工自由驾驭水的和一定的导航能力，如游泳、跳水、潜水、划船、攀爬及水上救生技能等，同时要有较强的适应风浪的平衡能力和克服晕船的能力。可选择定向运动、攀爬、爬绳、游泳、跳水、秋千、轮滑、吊环、走钢丝、蹦床和水球等进行锻炼。

二、养殖、饲养、水产品加工类

从事养殖、饲养、水产品加工类的职工，要发展上肢及肩带肌、躯干肌的力量，注重发展平衡能力、下肢静力性耐力和上肢的准确性、目测力、注意力和专注力。可以开展投射、单杠、双杠、射击、羽毛球和乒乓球的抓捡拍、台球、篮球左右手同时运球等项目进行练习。

三、饲料、鱼药、教师、生物技术类

从事饲料、鱼药、生物技术等相关的行业主要以生产、经营管理、技术开发与推广为主要工作，要发展一般耐力性素质，要多进行发展小肌肉群力量训练，达到能快速反应、沉着、冷静、长时间保持较高注意力的目的。可以选择棋类、桥牌项目、乒乓球、徒步，跑步等进行锻炼。

四、轮机、机械、建船、维修类

从事轮机、机械、建船、维修类的职工，要发展肩带肌、躯干肌和脚掌肌的力量，注重发展平衡能力、下肢静力性耐力和上肢的协调、注意力和专注力等。可以选择橡皮条缓冲装置性的练习、哑铃、拉力器、重物投射、单杠、双杠、射击、乒乓球、台球和篮球左右手同时运球等项目进行练习。

五、海洋渔业职业队体适能的要求与影响（表 3–1–1）

表 3–1–1

职业岗位	工作方式	对体适能的特殊要求	对健康的影响
行政人员、文秘、会计类及计算机、网络、IT、通信、生物技术等	以脑力劳动为主，长时间“伏案型”的工作方式为主	能长时间保持充沛的精力、集中的注意力，具有良好的抗疲劳能力，颈肩部、腰背肌肉静力性耐力，手腕、手指的力量与协调性	导致精神紧张，体力下降，代谢水平降低，眼睛、脖子、腰背酸疼，反应迟钝，肠胃功能降低
食品、销售、餐饮、养殖、饲养、水产品加工等	以站立或行走为主要身体姿势	必须具有饱满的精神、稳定的情绪、较强的自我控制能力和排除干扰的能力，以及良好的腰背、下肢肌肉静力性耐力	长期站立易导致静脉曲张、关节炎、髌骨劳损和腰肌劳损，甚至出现驼背、塌腰等职业病
教师、饲料、鱼药、电子工程、医务护理等	混合型劳动者无固定身体姿势，心理负荷重	有良好的腰、腿部力量，心肺功能良好；能克服不良的环境影响；有高度的适应能力和抗疲劳能力以及较强的应变、应急能力	心理负荷沉重，容易出现食欲缺乏、失眠、精神疲惫，易引发慢性疲劳综合征
航运、船舶、捕捞、轮机、机械、建船、维修类	在高温、高湿、高寒、高辐射和噪声的恶劣环境下工作，体力劳动强度大	有充沛的精力、高度集中到注意力；良好的肩带肌、躯干肌和下肢力量；身体各部位的协调性和灵活性，并具有一定的平衡能力	易导致全身性疲劳，在特殊环境下工作，容易造成免疫力低下和产生烦躁的心理，同时易患网球肘、膝关节疼痛等职业病

第二节　海洋渔业职业特点与锻炼方法

一、坐姿类职业特点与方法

（一）坐姿类职业的工作特点

现代社会分工精细，许多人工作的体卫改变很少。行政人员、会计人员、文秘等都是以脑力劳动为主，以“伏案型”为主要工作方式。调查表明，该类员工在每个工作日的8个小时劳动中，坐的时间可达6～7小时。坐位姿势是一种静态姿势。静态姿势下一直工作，极易引起疲劳，从而使工作效率下降。

（二）坐姿类职业生理负荷特点

1. 坐姿的解剖学特征

（1）头颈部

坐姿工作时，一般头部呈前俯或后仰姿势。肩颈部肌肉是支持颈部活动的基础，其中以斜方肌、胸锁乳突肌为主要的受力肌。斜方肌位于颈部和背部，呈扁平三角形，左右二肌合成斜方形，主要控制颈部的前屈、后伸，头颈部若过分下垂或颈椎前屈，会使斜方肌处于紧张状态。胸锁乳突肌属颈浅肌群，在颈阔肌的深面，起于胸骨柄和锁骨的内侧1 / 3处，斜向后上方，止于乳突。其作用是两侧同时收缩，头向后仰；一侧收缩，头颈向同侧倾斜，面部转向对侧并向上仰。

研究表明，坐位时，颈部肌肉受力与颈角大小相关，颈部受力随角度增大而增加，颈部损伤患病率随颈角增加而升高。坐位工作时，颈部保持在前倾角度0°～10°较为适宜。

（2）胸　部

坐位时，低头含胸，胸廓得不到充分的扩张。长期保持这种姿势，一方面影响肺的通气功能；另一方面易使胸廓变形，造成驼背。

（3）背　部

坐位时，人体一般呈弓起背部向前微倾状态。据报道，在该姿势下工作，脊椎骨角度和脊椎间盘高度的活动对背部（主要是背阔肌）所承受的压力是不均匀的。人体背部的伸肌在一天的运动中几乎没有主动用力的动作，大多数时间在被动拉长中，起着维持人体运动平衡和协调的作用。相对其他肌肉群，人体的背部肌肉相对工作时间最长，因此，所受的疲劳是“首当其冲”的。这种疲劳容易引起小肌肉纤维损伤，从而造成背部的多种不良反应，如酸、胀、痛、麻等。

背部与颈部、腰部有着“楼上、楼下”的密切关系。如果颈部或腰部的肌肉，因不良姿势造成紧张或疼痛时，常易累及背部。此外，人在心理紧张时，背部肌肉也是心理性紧张的“靶子”。心理性紧张，往往造成背部肌肉的紧张与疼痛。

（4）腰　部

人体在坐着的时候，腰椎承受着上身的重量。腰肌和腹肌像是一个夹板，保持一定的张力以稳定腰椎。工作姿势对腰肌受力有很大的影响。有研究表明，腰部受力与躯干角度大小关系密切。躯干角小则腰部受力小。

据调查表明，从事电脑操作的人员，一般习惯将电脑终端屏幕置于右前方或左前方，导致工作时呈侧身或扭腰等不良姿势。为了维持身体平衡，腰部的某一处肌肉就需要特别用力，以至受力肌容易疲劳。

（5）手腕部

从事计算机行业或电子行业者，其腕部经常需要重复用力活动或反复弯曲、伸展，参与活动的小肌肉群不足全身肌肉总量的1／7，肌肉活动频率高于15次／分，操作键盘输入汉字时，手指击键高达100次／分以上，频繁收缩活动的小肌群能耗不高却容易疲劳，甚至在用力时直接压迫腕管内正中神经而导致腕管综合征。

（6）脊　柱

人的脊柱由33块形状不规则的脊椎骨组成，按所在位置不同分为颈椎、胸椎、腰椎、骶椎和尾椎。脊柱从侧面看，有四个生理弯曲，颈椎、腰椎向前凸，胸椎、骶椎和尾椎向后凸。

久坐会使上身体重长时间地压在脊椎骨骶端，不符合人体脊柱最佳受力状态。坐姿不良，脊柱两侧肌肉受力不均，导致脊柱某区域肌肉骨骼负荷过重，久之可能引起脊柱侧弯。此外，紧张的工作节奏，往往使人不由自主地塌腰，这不仅增加了腰椎的负担，破坏了脊柱正常的生理弯曲，使腰椎部位后凸，而且还阻碍了血液循环，从而引起腰部肌肉酸疼甚至引起腰椎病变。

2. 坐姿的生理学特征

（1）血液循环

血液周流全身，向全身输送氧和营养物质，以保证生命活动的正常进行。血液循环的动力器官是心脏，而心脏位于胸腔中，故心脏向心脏以下的部位输送营养物质和氧气可借助地心引力的力量而比较顺利，但心脏以下的部位血液要返回心脏，就必须克服地心引力的影响，所以相对比较困难，由此造成心脏部位以下的静脉回心血流受阻、故长期久坐的人，下肢特别是足背会发生浮肿，还会使直肠、肛管静脉回流受阻，静脉扩张而发生痔疮。同时位于心脏以上的部位，特别是大脑的血液供应，须克服地心引力把血液泵入大脑。如果心脏功能不良，则脑血供应不畅通，容易出现头昏、眼花、嗜睡，使工作效率降低、失误率增加。

久坐时，心脏工作量减少，长期下去可使心脏功能日益减退，心肌渐趋衰弱，血液循环减慢，导致血液在血管中瘀积，为心肌梗塞、高血压病、冠心病等心血管疾病埋下隐患。世界卫生组织明确指出，久坐是促发冠心病的重要因素。医学专家调查发现，司机的冠心病发病率比售票员高30%。据研究，坐位时，心脏功能（心率、心输出量、每搏输出量）都处于相对较低的水平。（图3-2-1）

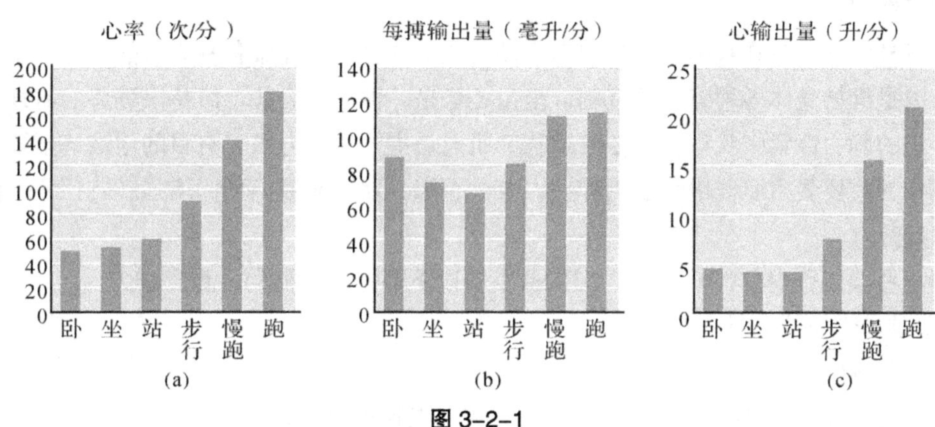

图 3-2-1

（2）肺通气功能

由于坐位伏案，胸廓得不到充分扩张，从而影响肺的通气功能。研究表明，坐位伏案对静息时通气量的影响不大，但是从提高体能和健康水平的角度出发，坐位伏案劳动（工作）的人，应加强扩胸动作的练习，以利肺的充分扩张，加强通气和换气功能，使血氧饱和度始终保持在96%～98%。

（3）骨骼肌

骨骼肌是维持各种姿势的基础，坐位姿势是一种静态姿势，维持坐位姿势的肌肉肌纤维长时间处于一定的静力性工作状态（即等长收缩状态）。虽然依靠中枢神经系统的调节，使肌纤维的紧张活动可以交替进行，但这种调节交替是相对少而慢的。在取坐位姿势劳动（工作）时，肌纤维的紧张性收缩也限制了肌肉的血液供应，以致肌肉获取的氧和营养物质相对减少，而肌肉的代谢废物也不易排出，久之就会引起肌肉僵硬、酸疼，甚至发生肌肉萎缩。坐姿工作2个小时以上，即可产生肌肉疲劳感，使工作效率有所下降。所以，医学专家指出，坐一两个小时，起来走动10分钟，对身体有益。

（4）眼的负荷

在现代办公条件下，长时间对着电脑工作，眨眼次数明显减少（由日常每分钟22次左右锐减到4～5次），眼睛特别容易干涩。盯着电脑屏幕，其闪烁会使眼睛不断进行调节，睫状肌易疲劳。此外，电脑屏幕也是个强发光体，同时电脑页面内容繁多，使得用电脑时视觉负担很重，常常使眼睛发胀。

眼睛长期超负荷工作，将会导致视力下降，发生眼部炎症（如角膜炎），同时还会导致身心疲劳。

（三）坐姿类职业的锻炼方法

从事不同的职业需要不同的体能。具体职业的身体活动部位是局部的、重复的、固定持续的，因此，完成各种动作时人体机能表现形式有所不同，其素质要求也就不一样。针对前面已谈及的坐姿类职业的身体负荷特点，下面介绍坐姿类职业所应具备的身体素质及其锻炼方法。

1. 力量练习方法

人体各种活动都是在身体各部位肌肉牵动着关节和骨骼并克服各种阻力的情况下实现的。因此，肌肉是维持身体各种姿势的基础，坐位姿势是一种静态姿势，维持该姿势的肌纤维长时间处于一定的静力性紧张状态，坐姿时腰背部肌肉是主要的受力肌。有目的地锻炼坐姿，可使机体各部位的主要受力肌群增强肌肉弹性，改善组织，促进血液循环，增强新陈代谢，防止或降低组织疲劳。

针对坐姿类工作对体能的要求，应主要发展以下部位肌肉群的力量和耐力。

（1）颈肩部肌群力量练习

① 屈伸探肩

准备姿势：坐立姿势，上背挺直，双手叉腰，眼睛正视前方。

动作方法：头缓缓地向左偏，努力接近左肩，保持6～8秒，还原；以相同的姿势换方向做，还原。（图3-2-2）

练习要求：动作过程缓慢进行，以防肌肉、韧带拉伤。

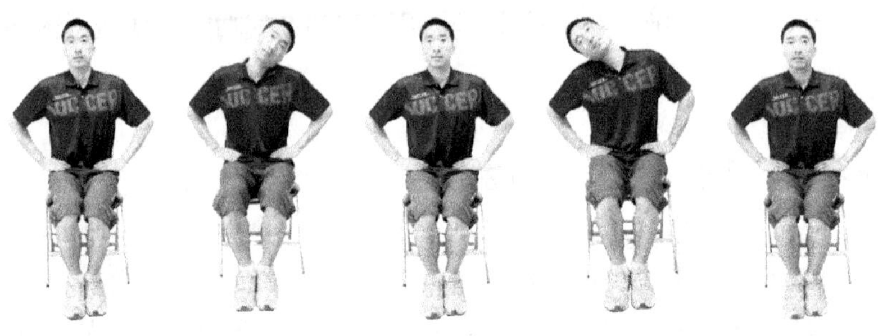

图 3-2-2

② 摸耳屈伸

准备姿势：坐立姿势，两手自然放于体侧，眼睛正视前方。

动作方法：右手叉腰，同时将左手侧上举，越过头顶去摸右耳，同时头向左侧倾斜，还原；再用右手以同样的姿势去摸左耳，还原。（图3-2-3）

练习要求：动作过程应缓慢进行，以防肌肉、韧带拉伤。

图 3-2-3

③ 手侧压颈屈伸

准备姿势：坐立均可，上背挺直，眼睛正视前方。

动作方法：右手叉在右侧腰间，左手按头左侧，左手用力把头向右侧推压，而颈部则用力顶住，不让手轻易压倒，但逐渐被压倒。然后，颈部用力把头向上、向左抬起，而左手则用力压住头部，不让其轻易抬起，但逐渐完全竖直。练完一侧，换练另一侧。（图3-2-4）

练习要求：不要用过大、过猛的抗力，前几次用力要小些，以后几次再逐渐加大，以避免颈部扭伤。切勿让颈部有任何旋转动作。

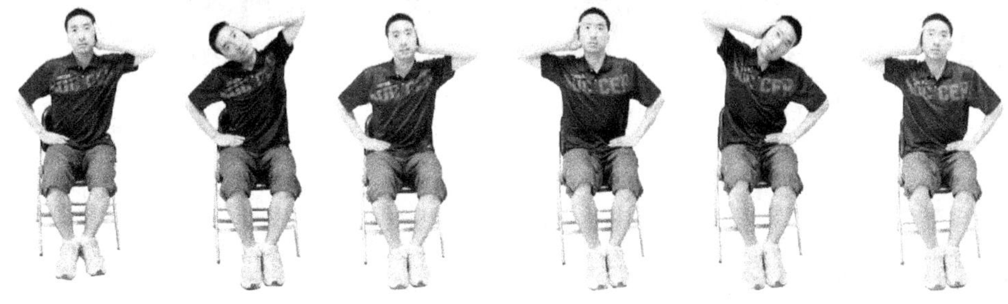

图 3-2-4

④ 双手正压颈屈伸

准备姿势：坐立均可，上背挺直，眼睛正视前方，双手十指交叉，按在脑后。

动作方法：双手用力压头部，使其向前下屈，颈部则用力顶住，不让其轻易下压，但逐渐被压倒，下颌触及胸骨。然后，颈部用力把头向上抬起，而两手则用力压住头部，不让其轻易抬起，但逐渐抬到原位。（图3-2-5）

练习要求：头部屈伸时，身体不要前俯后仰，不要用过大、过猛的抗力，前几次用力要小些，以后几次再逐渐加大，以避免颈部扭伤。切勿让颈部有任何旋转动作。

⑤ 耸　肩

准备姿势：坐立均可，上背挺直，双手叉腰，眼睛正视前方。

动作方法：把双肩缓缓往上耸，尽力去碰耳朵，然后放下。（图3-2-6）

练习要求：动作过程缓慢进行，最后尽最大努力完成动作。

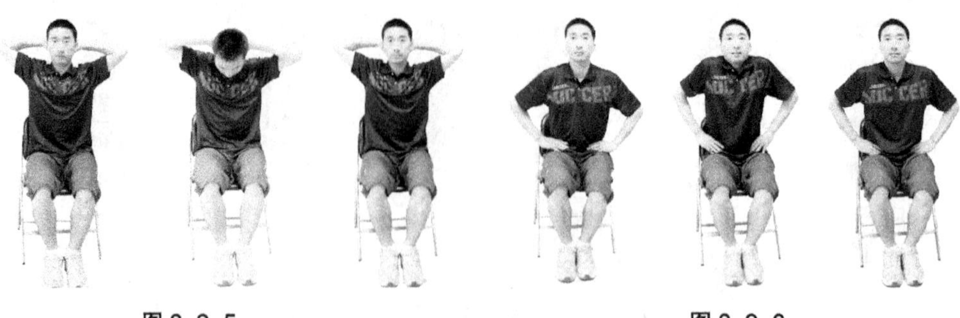

图 3-2-5　　　　图 3-2-6

⑥ 肩绕环

准备姿势：坐立均可，上背挺直，双手叉腰，眼睛正视前方。

动作方法：双肩后展，做以肩关节为中心的绕环动作。（图3-2-7）

练习要求：双肩充分后展，不要拱背。

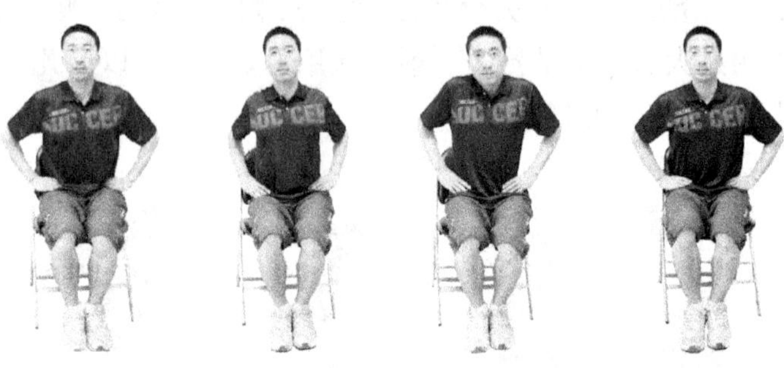

图 3-2-7

（2）腰背部肌群力量练习

【徒手练习】

① 体后屈伸

准备姿势：身体俯卧在垫子或凳子上。

动作方法：以髋部支撑，双脚固定，两臂前举，并连续做上体后屈伸动作。（图3-2-8）

练习要求：体后屈时，上体尽量抬高。前几次动作幅度应小些，以防腰背肌拉伤。

图 3-2-8

② 俯卧背腿

准备姿势：身体俯卧在地板或垫子上，两腿并拢伸直。

动作方法：以髋部支撑，两臂自然伸直置于体侧，连续做两腿向上振起动作。（图3-2-9）

练习要求：两腿尽量向上振起。前几次动作幅度应小些，以防腰背肌拉伤。

图 3-2-9

【器械练习】

① 仰卧过顶举

准备姿势：身体仰卧在地板或垫子上，两腿并拢伸直。

动作方法：双手重叠握住重物。开始时将重物提起，两臂伸直，重量承受在胸部上端，然后慢慢从头顶上向下放，直至两臂能舒适地伸展到头顶的后下方，然后开始举回成原来的姿势。（图3-2-10）

练习要求：下放时开始吸气，放至最低点肺部刚好充满气；开始上举时呼气，恢复到原来姿势时结束。

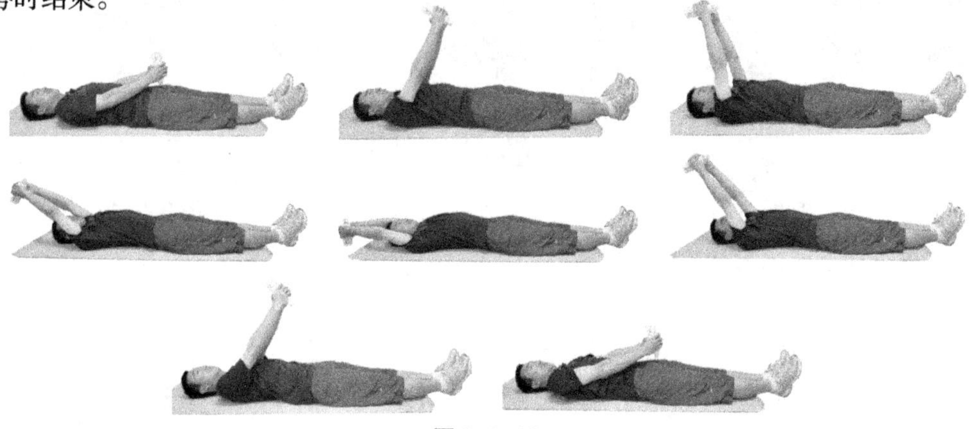

图 3-2-10

② 哑铃单臂划船运动

准备姿势：两脚左右开立，身体前屈，一只手支撑于矮凳上，另一只手提起重物。

动作方法：吸气用力，持重物手侧上提至胸部高度，再呼气放下。连续8～12次之后，再换另一只手练习。（图3-2-11）

练习要求：动作节奏不宜太快，切勿用猛力。

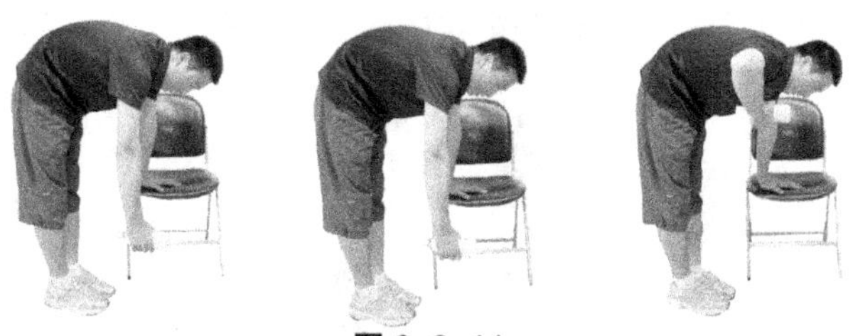

图 3-2-11

③ 屈体划船运动

准备姿势：两手握住一定重量的重物（办公室内健身时可以用装满水的水瓶代替），两手距离约同肩宽，上体前倾，头颈及背部保持平直，双膝稍弯曲以减轻下背及腿后部的压力。

动作方法：吸气上拉重物至下腹部，同时身体呈立正姿势。再慢慢放下，回到准备姿势，同时伴随呼气。（图3–2–12）

练习要求：动作节奏不宜太快，切勿用猛力。

④ 屈体提拉

准备姿势：身体前屈，两腿自然开立。

动作方法：两膝稍弯曲，上体前屈，两手握住重物，握距约同肩宽，两臂伸直，调整好呼吸后，吸气用力慢慢提拉，此时头部及背部须保持平直，至腹部再放下。（图3–2–12）

练习要求：臀部低于肩膀，头、背保持平直，在适应后重量可逐渐增加。

图 3–2–12　　图 3–2–13

（3）腕部肌群肌肉力量练习

① 屈伸腕动态练习

准备姿势：立正姿势，一手持重物，掌心朝上。

动作方法：一手持重物，另一手微托持重物手肘关节，靠于腰部，手紧握重物，以两秒钟一次的频率做屈伸腕运动。（图3–2–14）

练习要求：每个动作的幅度都要尽量做到最大，切记不要太快。

② 屈伸腕静态练习

准备姿势：立正姿势，一手持哑铃，手掌朝上。

动作方法：一手持哑铃，另一手微托持哑铃手肘关节，靠于腰部，手紧握哑铃充分屈腕，静止15秒，休息5秒，再充分伸腕静止15秒。（图3–2–15）

练习要求：每个动作的幅度都要尽量做到最大，切记动作不要太快。

图 3–2–14　　图 3–2–15

③ “8”字绕环

准备姿势：立正姿势，一手持哑铃，男生可以双手持哑铃，掌心朝上。

动作方法：持哑铃手做“8”字绕环运动。（图3-2-16）

练习要求：每个动作的幅度都要尽量做到最大，切记不要太快。

图 3-2-16

（4）颈、肩、腰背肌群的自我放松与相互按摩练习

① 按揉颈肌

准备姿势：坐立均可，双目微闭。

动作方法：双手十指交叉放于颈后两侧，自下而上用掌跟按揉颈肌。（图3-2-17）

练习要求：主要用两拇指大鱼际按揉颈肌，动作要有节奏，根据个人情况选择按揉力度。

② 穴旋肩

准备姿势：坐立均可屈肘，双目微闭。

动作方法：两手中指分别点按肩颈穴，前后绕环各4拍。（图3-2-18）

练习要求：找准肩颈穴，根据个人情况选择按揉力度。

③ 放松背部肌肉

准备姿势：双腿直立，与肩同宽。

动作方法：双手在背后十指交叉握住，肩膀打开，双手尽量往后伸。（图3-2-19）

练习要求：双肩尽量打开，动作幅度由小到大。

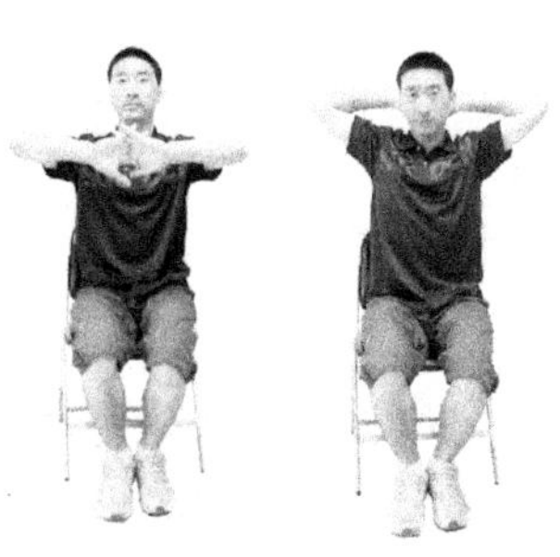

图 3-2-17

图 3-2-18

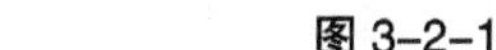

图 3-2-19

④ 轻揉腰肌

准备姿势：坐立均可。

动作方法：先用双手轻揉腰部肌肉，至有发热感后再以双手掌根推拿腰肌10次，最后握空拳轻轻叩击腰部。（图3-2-20）

练习要求：力度均匀，由小到大。

2. 柔韧性练习方法

柔韧性练习对于需要长久静坐的职业人尤为重要。例如，汽车驾驶员进行伸展性练习，可有助于提高其关节的灵活性，使其头部转动自如，向后转越过肩部观察到一些盲点，从而有助于完成停车以及倒车等动作。

图 3-2-20

下面简单讲述发展颈部、肩部及腰背部柔韧性的方法。

（1）颈部柔韧性练习方法

① 扭转望月

准备姿势：坐立均可，上背挺直，双手叉腰，眼睛正视前方。

动作方法：头缓缓地向左后旋转，目光注视前上方，尽最大努力，保持6～8秒，还原；以相同的姿势换方向做，还原。（图3-2-21）

练习要求：动作过程要缓慢，切勿转体时带动颈部旋转。

② 屈伸探肩

准备姿势：坐立均可，上背挺直，双手叉腰，眼睛正视前方。

动作方法：头缓缓地向左倒，努力接近左肩，保持6～8秒，还原；以相同的姿势换方向做，还原。（图3-2-22）

练习要求：动作过程要缓慢，以防肌肉、韧带拉伤。

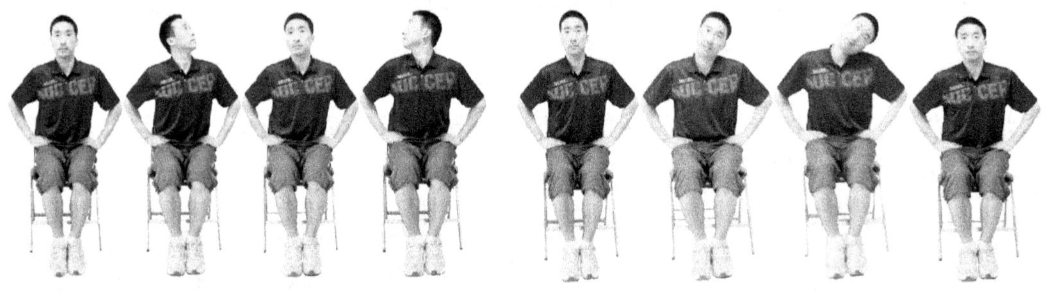

图 3-2-21　　图 3-2-22

③ “米”字形弯曲

准备姿势：坐立均可，上背挺直，双手叉腰，眼睛正视前方。

动作方法：头部依次向前弯—复位—向左弯—复位—向后弯—复位—向右弯—复位；然后依次做左前弯—复位—左后弯—复位—右后弯—复位—右前弯—复位。（图3-2-23）

练习要求：动作过程要缓慢，幅度由小到大。

图 3-2-23

④ 前后摆头

准备姿势：坐立姿势，上背挺直，双手叉腰，眼睛正视前方。

动作方法：缓慢低头，下颌尽量靠近胸骨，拉抻颈部肌肉，持续30秒，还原；头向后屈伸，保持30秒，还原。（图3-2-24）

练习要求：动作过程要缓慢，幅度由小到大。

（2）肩关节柔韧性练习

① 双肩绕环

准备姿势：坐立均可，上背挺直，眼睛正视前方。

动作方法：左肩先向前绕环，重复10次左右；右肩再向前绕环，重复10次左右。（图3-2-25）

练习要求：动作过程要缓慢，幅度由小到大。

图 3-2-24　　图 3-2-25

② 拉伸肩膀

准备姿势：坐立均可，上背挺直。

动作方法：左手直臂内旋尽量往上升，同时右手屈肘反手经头后握住左手，尽量往右侧拉，保持6～8秒，还原；换另一臂拉伸，还原。（图3-2-26）

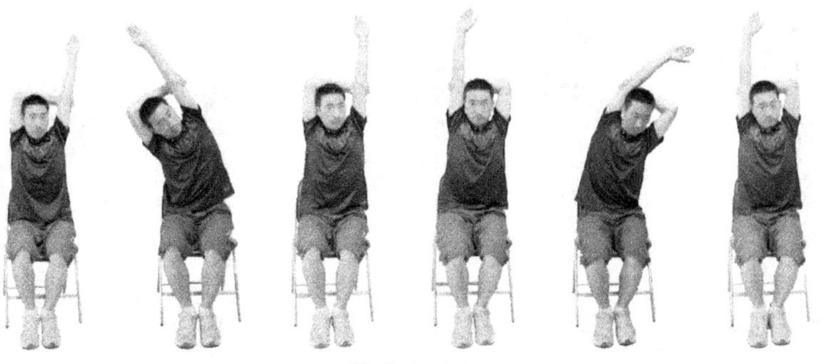

图 3-2-26

练习要求：动作过程要缓慢，幅度由小到大。

③ 体前拉伸

准备姿势：坐立均可，上背挺直，眼睛正视前方。

动作方法：身体面对正前方，左臂经体前向异侧平举，右臂屈肘握住左臂，并向内拉引直臂，五指尽量伸展，保持6～8秒，还原；换另一臂拉伸，还原。（图3-2-27）

练习要求：动作过程要缓慢，幅度由小到大。

图 3-2-27

④ 肩膀上提

准备姿势：坐立均可，屈肘。

动作方法：两手中指分别放松按于肩膀上，肩部用力往上提，上体充分舒展，在关节活动最大范围处静止20～30秒，还原，放松。（图3-2-28）

练习要求：动作过程要缓慢，幅度由小到大。

（3）腰背部柔韧性的练习方法

① 俯　腰

准备姿势：并步站立，两腿挺膝夹紧，两手十指交叉，两臂伸直上举，手心向上。

动作方法：上体弯腰前俯，两手心尽量向下贴紧地面，两膝保持挺直，髋关节屈紧，腰背部充分伸展，两手直臂分别握住同侧踝关节，使胸部贴紧双腿，充分伸展腰背部，持续一定时间后再放松起立，还可以在双手触地时向左侧或右侧转腰，用两手心触及两脚外侧的地面，以增大腰部伸展时左右转动的柔韧性。（图3-2-29）

练习要求：动作过程要缓慢，幅度由小到大。

图 3-2-28　　图 3-2-29

②甩　腰

准备姿势：并步站立，上身挺直。

动作方法：练习时一腿支撑，另一腿向后上方直腿摆动。同时，两臂伸直，随身体向后弯曲做摆振动作，使腰背部被充分压紧，腹部充分伸展。（图3–2–30）

练习要求：动作过程要缓慢，幅度由小到大。

图 3–2–30

③体侧屈

准备姿势：并步站立，上身挺直。

动作方法：右手叉腰，左手伸直，上体尽量向左侧倾斜，保持6～8秒，还原，换方向做。（图3–2–31）

练习要求：动作过程要缓慢，幅度由小到大，上体不要有扭转动作。

图 3–2–31

④转　体

准备姿势：两脚开立，上身挺直。

动作方法：左臂屈肘，反手经体后放至右侧腰部，向左转体的同时右手屈肘，反手经体前绕至颈后部。上体尽量向左转体，保持6～8秒，还原，换方向做。（图3–2–32）

练习要求：动作过程要缓慢，幅度由小到大。

图 3-2-32

3. 提高心肺功能的练习方法

坐位工作时间长，且相对固定地保持一种姿势，易使人身心疲劳。此外，坐姿时，常低头含胸，胸部和心血管得不到发展。选择运动项目时，应充分考虑到职业的特点，多选择有氧代谢的运动项目，如健美操、游泳、跳绳、步行、爬山等有大肌肉群参与的慢节奏运动，以弥补运动的不足，从而达到锻炼心肺、矫正体型的目的。

常用的提高心肺功能的锻炼方法有以下几种。

（1）慢　跑

跑步时，呼吸要深、长、细、缓且有节奏。呼吸的节奏可为两步一呼、两步一吸，或三步一呼、三步一吸。呼吸时，要尽量用腹式呼吸，吸气时鼓腹，呼气时尽量吐尽。跑步时，步伐要轻快，全身肌肉放松，双臂自然摆动。

（2）健身走

健身走是在自然行走的基础上，躯干伸直、收腹、挺胸、抬头。随着走步速度的加快，肘关节自然弯曲，以肩关节为轴自然前后摆臂，同时腿向前迈，脚跟先着地，过渡到前脚掌，然后推离地面。健身走时，上、下肢应协调运动，并配合深而均匀的呼吸。健身走的速度快慢，是决定锻炼效果的关键因素。通常可分为慢步走（每分钟70～90步）、中速走（每分钟90～120步）、快步走（每分钟120～140步）和疾步走（每分钟140步以上）。

（3）跳　绳

跳绳是一种比较剧烈的运动，应根据自己的身体状况制订切实可行的计划和目标，并通过一个阶段的系统锻炼后，再逐渐延长跳绳的时间和增加跳绳的次数。

（4）游　泳

游泳和跑步有很大的相似之处。主要的不同是游泳在以手臂和腿的运动推动人体在水中前进的同时，还必须消耗一定的能量使身体免于下沉。因此，完成同等距离的运动时，游泳消耗的能量是跑步的4倍多。游泳时水的浮力减轻了人体承重关节的负荷，所以说，游泳是一种较为安全的健身方法。

（5）登楼梯

① 爬楼梯法

弯腰、屈膝、高抬脚，两臂自然摆动，尽可能不抓扶手。每秒钟爬一级，爬4～5层楼，每次练习往返2～3趟，每趟之间可稍作休息。开始阶段每次练5分钟左右，待身体适应后，可

以加快速度，每秒钟爬2级，并增加往返趟数，时间为10分钟左右。这项运动比较适合中老年人。

② 跑楼梯法

先用30～60秒的原地跑作为准备活动，然后采用正常跑步的动作跑楼梯。脚步用力均匀，前脚掌着地，先跑上2～3层，往返80～90级台阶，逐渐跑上4～5层。每趟3～4分钟，每次锻炼不超过5趟，时间为15～18分钟，每趟间歇时间不超过2分钟。跑楼梯的运动量比较大，适合于中青年人。

（6）有氧舞蹈

有氧舞蹈第一次普及是在20世纪70年代。从那时起，逐渐被发展成广受欢迎、具有强烈节奏感的爵士舞、拉丁舞和街舞等。有氧舞蹈是一种以锻炼身体为目的、以徒手运动为主、结合舞蹈动作并在音乐伴奏下进行的健身活动。职业人可根据自己的年龄特点、体能状况和锻炼目的等选择或自编有氧舞蹈进行锻炼。

二、站姿类职业特点与方法

（一）站姿类职业的工作特点

现代社会分工精细，大部分工作的体位改变很少。教师、食品、餐饮、养殖、饲养、水产品加工等职业岗位服务人员，均需要在工作期间长时间站立，但在一定程度上可以活动，并有机会可以在较小范围内做一些移动性活动， 所以相对于立正式站立而言，其静力负荷的强度较小。

（二）站姿类职业负荷特点

现代社会分工精细，有些职业需要长时间站立工作，如教师、迎宾小姐、售货员、烹饪师、护士等职业岗位，均需要在工作期间长时间站立。站姿是一种静力性工作，分为立正式站立（如解放军站岗）和任意式站立（如超市的收营员）。立正式站立是一种强度极大的静力性工作，而任意式站立，因在一定程度上可以活动身体某些部位，并有机会可以在较小范围内做一些移动性活动，所以相对于立正姿势而言，其静力负荷的劳动强度较小。职场站姿绝大多数属于任意式站姿。

1. 站姿的解剖学特征

（1）腰腹部

自然站立时，躯干部位的重量经过腰椎向下传导，需要腰部肌肉力量予以支撑，以保持腰椎的正常生理前凸。腹肌力量较弱的人，如肥胖者，特别是腹部肥胖者，由于大量脂肪组织堆积在腹部，肌肉组织相对较少，且较松弛，因而对腹部的支撑较弱，进而加重了腰部肌

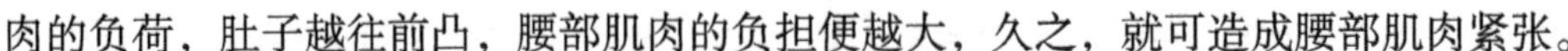

肉的负荷，肚子越往前凸，腰部肌肉的负担便越大，久之，就可造成腰部肌肉紧张。

（2）脊　椎

脊柱的负荷为某段以上的体重、肌肉张力和外在负重的总和。不同部位的脊柱节段承担着不同的负荷。由于腰椎处于脊柱的较低位，因而负荷相当大。

当人体处于静态任意式站位时，因为要维持正常的站姿，即保持躯干的相对竖直，腰椎相对静态坐位时只能有很小程度的前屈或后伸。但站姿时，脊柱能保持自然弯曲度。挺腹是人们常见的站姿，此时腰椎处于向后伸位，腰椎将承受很大的压力负荷。据报道，站立时，腰部肌肉张力始终维持在6.5～11.6千克，而且第三、四腰椎间盘的压力达到8.9～12.3千克，而且得不到缓解，因此患背痛的概率比较高，且随着工龄的延长，这种症状的出现频率也相应增高。另据报道，静态站位时最佳姿势是适度前屈位，这可以在站直的前提下收小腹，通过骨盆与腹背肌肉的整体调整得以实现。

（3）下　肢

人体某种姿势的维持，均需要一定的肌张力。人体走动或站立时，小腿肌肉等紧张收缩，以维持身体姿势并保持身体平衡。但长时间保持站立不动，会影响下肢血液循环，导致下肢肿胀，甚至导致静脉曲张。

人体在正常的站姿下，全身的体重均匀地从脊柱、骨盆传向下肢，再由两下肢传至两脚，因此人类的两脚具有负载体重的重要功能。另外，从解剖学观点来看，人体共有206块骨头，其中两脚就占了52块，俨然是全身的支柱。但在长时间站立工作以及过度负重状态下，如搬运工作、长途步行和体重骤然增加等，可诱发平足症。

2. 站姿的生理学特征

（1）血液循环

由于站姿也是一种静力性工作，血液循环的影响与坐姿相同。但因为维持站姿比维持坐姿肌肉的静力性紧张更大，即有更多的肌纤维处于静力性等长收缩状态，肌张力一般超过该肌肉最大随意收缩时的15%～20%。研究表明，一旦肌张力超过最大随意收缩的15%，很容易导致肌肉疲劳。静力性肌肉持续时间和肌肉收缩力的关系如图3-2-33所示。

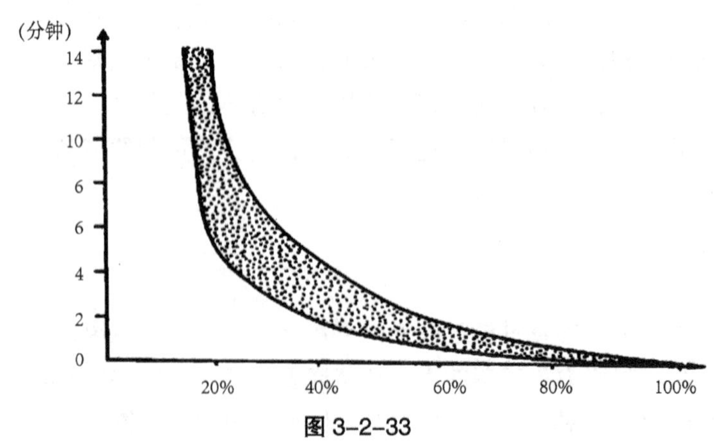

图 3-2-33

直立体位时，因血液重力的流体静力学作用，血液滞留在心脏水平以下的血管中，由于静脉管壁薄而易于扩张，其容积大为增加，滞留了大量血液，致使静脉回流量下降。故站立时间较长，血液回心受阻，从而出现脚背浮肿、趾关节炎或静脉曲张等症状。发病工龄一般为6～8年，妇女更易发生。位于心脏以上部位的颈、脑部也易供血不足，而出现头痛、头昏等症状。

（2）骨骼肌肉

人体的肌肉在平时会维持一定的张力以维持一定的身体姿势。站立时，大腿、小腿、腰背部、臀部的肌肉处于等张收缩，相比坐姿时有更多的肌纤维参与静力性工作且维持相对较高的紧张性。尽管静力性工作能量消耗水平不高，氧需要量通常不超过1升 / 分，但腰背部和下肢很容易产生疲劳。

（三）站姿类职业的锻炼方法

从事站立型职业，身体常处于立姿状态，对下肢的力量与耐力要求较高，为此在体能锻炼中应以发展下肢和腰腹肌的力量为主，并练习一些形体操、健美操，使之形成合理的站立姿势与优美的形态。同时可考虑开设野外生存训练、轮滑等项目，这对发展下肢、腰腹部力量，改善身体的平衡能力和灵敏素质都具有良好的效果。

1. 腿部肌肉的训练方法

（1）深　蹲

重点锻炼部位：大腿肌群、臀大肌和下背肌群。

起始姿势：两手紧握前平举。足趾稍向外撇，身体伸直。

动作方法：屈膝下蹲到大腿和地面平行或稍低，静止1秒钟，大腿和臀部用力使两脚蹬地，使身体恢复到直立。按规定次数和组数重复练习。可以负重完成练习。（图3-2-34）

图 3-2-34

练习要求：在做整个动作的过程中，背部要平直，上体勿前倾，臀部不要后凸，后腰要下塌，动作要稳定，腿部快伸直时，用力挺直膝关节。

（2）腿屈伸

重点锻炼部位：股四头肌。

起始姿势：坐在装有伸腿架的卧推凳上，两脚背面分别紧贴下托棍的下沿。双手握住凳的两边，使上体挺直。

动作方法：用股四头肌的收缩力慢慢使两腿伸直，保持这个静止收缩状态1～2秒，然后慢慢复原。

练习要求：可以绷直脚背，也可以把脚后跟内旋或者外转来体会不同的受力方式。

（3）腿弯举

重点锻炼部位：股二头肌。

起始姿势：俯卧于卧推凳上，使膝盖正好抵住凳沿，两腿伸直使脚跟紧贴于上托棍的下沿，双手握住凳的前端。

动作方法：集中收缩股二头肌，使小腿彻底收紧，保持这个静止状态1～2秒，然后慢慢复原。

练习要求：可以绷直脚背，也可以把脚后跟内旋或者外转来体会不同的受力方式。

（4）踮脚跳跃

重点锻炼部位：小腿后侧肌群。

起始姿势：两脚脚尖踮起并拢站立，两手叉腰。

动作方法：双脚前脚掌起跳，下落时前脚掌先着地，然后全脚掌着地，再踮脚起跳。（图3-2-35）

练习要求：原地向上纵跳，膝盖绷直。为提高锻炼者兴趣，可以采用足跟不着地的跳绳训练。

图 3-2-35

2. 腰腹部肌肉力量的训练方法

（1）搁腿仰卧

重点锻炼部位：上腹部。

起始姿势：仰卧于垫子上，两小腿平行搁于凳缘，双手交叉抱于头后。

动作方法：慢慢使双肩向膝部弯曲，直至肩胛骨离地3～5厘米即可，保持这个姿势1～3秒，然后复原。（图3-2-36）

练习要求：屈体收腹时，下背必须紧贴于垫子，使腹部有较强的收缩感。

图 3-2-36

（2）直腿上举

重点锻炼部位：下腹部。

起始姿势：仰卧于垫子上，两腿并拢伸直，双手放于体侧。

动作方法：双腿并拢伸直，靠腹部的力量将腿慢慢举起，保持躯干与大腿成120°左右的夹角，静止5～10秒，然后复原。（图3-2-37）

练习要求：直腿并拢。

图 3-2-37

3. 改善身体姿态的训练方法

形体训练是身体姿态训练的一种重要方式。形体训练多是静力性活动和控制能力的练习。形体基本素质练习是形体训练最重要的内容之一。在练习中可采用单人练习和双人配合练习两种形式。形体基本素质中，最重要的是力量和柔韧性，其好坏涉及形体的控制力和表现力。

形体训练的主要肌群如下。

（1）颈肌群

重点锻炼部位：胸锁乳突肌。

（2）肩部肌群

重点锻炼部位：三角肌、肱二头肌。

（3）胸部肌群

重点锻炼部位：胸大肌。

（4）背部肌群

重点锻炼部位：背阔肌。

（5）腹部肌群

重点锻炼部位：腹肌。

（6）臀部肌群

重点锻炼部位：臀大肌。

（7）腿部肌群

重点锻炼部位：股四头肌。

三、变姿类职业特点与方法

（一）变姿类职业的工作特点

变姿类的工作一般既是脑力劳动，又是体力劳动，是一种超常规的“非8小时”上下班与周末休假制的特殊服务工作。他们通常是十几个小时不分上下班，或者长达几天连续工作。容易引起体能的透支而造成对健康的损害。所以此类职业人员必须要有良好的心理素质和较强的抗压力能力，从市场的角度而言，还必须具有协调能力和公关能力。

（二）变姿类职业负荷特点

从事兼有伏案、站立特征的综合类型职业者，如饲养、营销、加工等，该类人员劳动（工作）以坐、站、行走、乘车等相交替的姿势进行，时而是静力性工作与动力性交替进行，且没有一定的规律。此类职业人员介于坐姿类与站姿类岗位之间，这类人员劳动（工作）时的负荷特点根据具体情况，参考前两类职业的负荷特点。由于变姿类工作的劳动时间长，因此，其对耐力素质和耐受能力的要求明显高过前两类职业。此职业人群有时没有固定的工作时间，长期在市内或城际奔波，工作不像办公室人员那样有规律，随时可能要应对突发或者紧急事件，所以从事这类职业必须具备较强的体魄、充沛的体力、敏捷的反应能力、良好的心理素质以及在不利环境中保持职业性工作的能力。

（三）变姿类职业的锻炼方法

变姿类职业从业人员，静力性工作与动力性工作交替进行，所以这类人群劳动（工作）时的解剖学、生理学负荷特征与坐姿、站姿类职业有许多相同之处，但又不完全等同。因为这类工种工作姿势变化没有一定的规律，有些工种（如园艺工作者）姿势变化频率快，肌肉交替休息不易疲劳；有些工种（如机械工）工作时需要承受一定静力紧张的负荷，因此，肌肉一直处于紧张性收缩状态，很容易造成肌肉紧张、僵硬。变姿类职业工种繁多，因此，要针对不同的工种进行区别分析。

变姿类岗位职工在高温、高湿、高寒、辐射和噪声等恶劣环境下工作，且工业自动化程度相对较低，体力消耗大，且存在不良姿势、过度用力和振动等诸多职业性疾患危险因素。因此，这类职业对人体健康提出了特殊要求：不但需要具备良好的心肺功能，同时也需要身体各部位具备良好的协调性和灵活性。这就要求选择运动项目或开展有针对性的体能训练时，应考虑发展身体各部位的素质，使全身各部位都得到运动，以适应工作的需要。

1. 增强心肺功能的练习方法

在现场作业时，要求心脏功能随工作强度的改变而适当地调整，以满足工作的需要。据对建筑工地现场的技术员心肺功能调研发现，有些员工在烈日下工作，常出现因心脏功能不能适应高温环境而昏厥的现象。因此，对室外工作的人员加强心肺功能的训练是必要的。

2. 提高肌肉耐力的练习方法

肌肉耐力是肌肉长时间维持工作的能力。高抬举作业，如手举焊枪、紧固螺丝和打孔等，需要保持长时间的肌肉收缩状态。如果肌肉耐力不好，将导致肌肉供血不足，肌肉代谢废物不能及时排除，引起局部肌肉疲劳，工作效率降低，甚至出现工伤事故。提高肌肉耐力的练习应采用小负荷，重复多次的练习方法。

（1）上肢肌肉耐力练习

① 侧弯举

重点锻炼部位：主要发展前臂伸指肌群，同时发展上臂前侧肌群。

动作要求：两手或一手侧握重物（办公室内可用装满水的饮料瓶代替），上臂紧贴于体侧，向上弯起至肩前，缓慢下放还原。（图3-2-38）

② 正握腕弯举

重点锻炼部位：主要锻炼前臂伸肌群和上臂外侧肌群。

动作要求：双手正握重物（掌心朝前），握距与肩同宽，上臂紧贴于体侧，小臂持物向

上弯举杠铃，举至极限后缓慢下放还原。动作过程中，前臂肌群始终保持紧张用力的状态。（图3-2-39）

图 3-2-38　　　　图 3-2-39

③ 反握腕弯举

重点锻炼部位：主要锻炼前臂屈肌群。

动作要求：坐在凳端，两手掌心向上反握重物，握距与肩同宽，前臂贴放于大腿上，手腕放松。小臂用力将重物向上弯起至不能再弯时为止，然后放松还原。（图3-2-40）

④ 手内旋弯举

重点锻炼部位：主要锻炼前臂肌群。

动作要求：坐姿，一手持重物一端，另一手支撑，持重物手小臂贴于平凳或斜板上，做手的内旋外转动作。可加大重量快速进行，以提高前臂肌的力量和灵敏性。（图3-2-41）

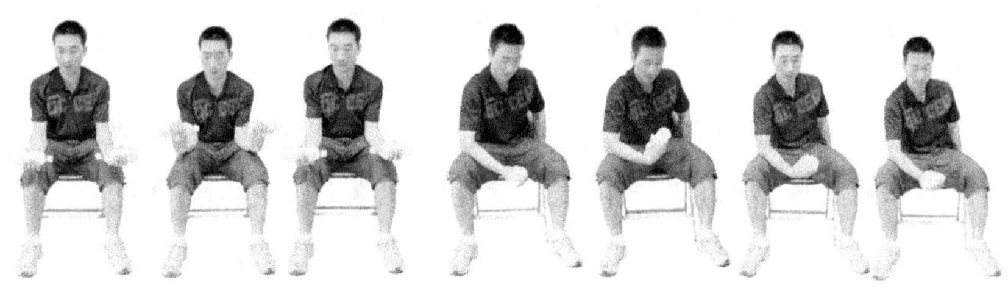

图 3-2-40　　　　图 3-2-41

⑤ 仰卧后撑

重点锻炼部位：肱二头肌、胸大肌、三角肌和大圆肌等。

动作要求：身体仰卧，两手背后撑在稍高的凳子上，两脚放在较矮的凳子或平地上，身体其他部位挺直、悬空，呼气，两肩放松，两臂慢慢屈肘，身体尽量下沉（尤其要沉臀），稍停2～3秒，然后吸气，用力伸直两臂撑起身体还原。（图3-2-42）

图 3-2-42

（2）下肢肌肉耐力练习

内容略。

3. 抗热、抗寒、抗风雨、抗辐射能力的练习方法

室外工作时，夏天的炎热，冬天的寒冷以及风雨霜雪，都可引起人体免疫能力的降低，导致机体不适，进而引起疾病。对此，应加强有氧运动，以提高免疫力。同时，可参加定向越野、野外素质拓展等项目，以提高抗疲劳能力、野外生存能力和环境适应能力等。

4. 提高平衡能力的练习方法

有效的平衡，有赖于柔韧性、躯干主要肌肉的力量，以及良好的肌肉协调性。下面重点介绍提高平衡能力的几种方法。

（1）燕式平衡

锻炼目的：增强小腿、后背和腹部主要肌肉的工作稳定性。

动作方法：由站立开始，右脚向前迈一步，上体前倾，左腿后上举高于头，抬头挺胸，两臂侧举成燕式平衡。做动作时支撑的腿要伸直，两腿交替进行。

（2）静止搭桥

锻炼目的：增强后背和腹部主要肌肉的工作稳定性。

动作方法：屈腿平躺，脚着地，手臂放在体侧，脊柱位于中间位置，臀部、大腿和躯干肌肉用力提起骨盆，直到肩膀与膝盖连成直线，然后身体缓慢下降，还原。

（3）借球搭桥

锻炼目的：这项训练比较有挑战性，专门增强躯干的主要肌肉、腘绳肌、臀部和股四头肌的工作稳定性。

动作方法：平躺，双脚放在健身球上，膝盖微屈，手臂置于体侧。做搭桥练习时，脚后跟用力压球面，以保持身体平衡，双手向上伸直，慢慢放下身体，还原。

第四章　职业工作损伤的预防与处理

第一节　职业工作损伤的处理方法

一、常见劳动损伤的处理方法

（一）开放性软组织损伤的处理方法

常见的开放性软组织损伤有擦伤、切伤、刺伤和撕裂伤，局部皮肤或黏膜破裂、伤口与外界接触，常见组织液渗出或血液自伤口流出。紧急处理的原则是及时止血和处理伤口，预防感染。

1. 擦　伤

擦伤多发生在摔倒时，对于伤口较脏的擦伤可先用生理盐水洗净伤口，然后再用酒精棉球或碘酒消毒，伤口较浅、面积较小的擦伤无需包扎。

2. 切伤与刺伤

切伤与刺伤的伤口往往较深、较小。除了进行伤口的止血消炎、包扎外，还要注射破伤风抗毒素。

3. 撕裂伤

撕裂伤中头面部皮肤伤较多见，如拳击运动中，眉弓被对方肘部碰撞而引起眉际皮肤撕裂。若撕裂的伤口较小，经消毒处理后，贴上创可贴即可；若撕裂伤口较大，则须止血，缝合伤口；若伤情和污染较重，应注射破伤风抗生素。

（二）闭合性软组织损伤的处理方法

急性闭合性软组织损伤是运动损伤中较常见的一类，如拉伤、挫伤、扭伤等都属于这类损伤。

在急性闭合性软组织损伤发生后，首先要检查有无合并伤，如腹部挫伤后是否有内脏破裂；肌肉挫伤后有无断裂，有无明显血肿；头部挫伤后有无脑震荡等。如果有，应先处理合并伤，然后处理软组织损伤。在确定没有严重的合并伤后，在急性闭合性软组织损伤后应进行冷敷、加压包扎、制动和抬高伤肢，24小时以后解除包扎，并进行局部热敷、理疗、按摩等，以改善血液循环，促进局部代谢，加速损伤部位的修复。当损伤部位基本恢复后，开始进行肌肉、韧带的伸展性练习，以及加强局部力量练习，以恢复受伤部位的肌肉力量及肌肉、韧带的柔韧性。

（三）几种常见运动损伤的征象和处置

1. 挫　伤

（1）征　象

挫伤多发生在头部、胸部、四肢，因为这些地方经常暴露在外，常会遇到碰、跌、撞、打、摔等，受伤后局部红肿、疼痛，皮肤破裂的当时就出血，没有破裂的会出现青紫瘀血。

（2）处　置

对挫伤应根据情况及时处理。如果皮肤出血应立即停止运动，先用酒精或碘酒将伤口消毒，用净布包扎。如果受伤部位红肿疼痛，可先用冷水或冰进行局部冷敷，抬高受伤部位，必要时加压包扎，防止继续出血。24小时以后改用热敷，用按摩来活血、消肿、止痛。伤势减轻后再做针对性的活动，使关节、肌肉恢复功能，如做下蹲、弯腰、举腿等，可以避免伤后关节不灵或发生肌肉萎缩。

2. 肌肉损伤

（1）征　象

如果是细微的肌肉损伤，则症状较轻；如果是肌纤维完全断裂，则症状较重。一般表现为伤处疼痛，局部肿胀、压痛，肌肉紧张或抽筋，伤后肌肉功能减弱或丧失。

（2）处　置

肌肉伤治疗要根据具体情况而定，少量肌纤维断裂者，应立即采取冷敷、局部加压包扎等措施，并抬高伤肢。对于肌肉大部分或完全断裂者，应在加压包扎后立即送医院进行手术缝合。

二、机械伤害事故的处理方法

1. 发生机械伤害事故后， 为了保障伤者的生命安全，减轻伤员的痛苦，现场人员应立即拨打120，然后进行现场施救，出血者迅速包扎止血。

2. 发生断指立即止血，尽可能做到将断指冲洗干净，用消毒敷料袋包好，放入装有冷饮的塑料袋内，将断指与伤者立即送往医院。

3. 肢体骨折，应先固定伤肢，避免不正确地抬运，等待救护人员到场，送往医院就医。

4. 肢体卷入设备内，立即切断电源，如果肢体仍被卡在设备内，不可用倒转设备的方法取出肢体，妥善的方法是拆除设备部件，无法拆除拨打120等待救援。

5. 受伤人员呼吸、心跳停止，立即进行心脏按压和人工呼吸，前10分钟的抢救是最有效的。

6. 发生头皮撕裂时要及时对伤者采取止血、止痛及其他急救措施；用生理盐水冲洗受伤部位，涂红汞后用消毒大纱布、消毒棉紧紧包扎，压迫止血；立即送医院进行治疗。

7. 对有骨折或出血的受伤人员，首先应做相应的包扎、固定处理， 搬运伤员时应以不触碰受伤部位和不引起呼吸困难为原则。

8. 如发现伤者的心跳、呼吸骤停应马上让懂急救知识的同事进行心肺复苏，人工呼吸，胸部外伤者可不能用心脏按压术抢救。

三、脚踝扭伤的处理方法

事实上在野外不管是什么户外运动，踝关节都是最容易受伤的——鞋子不合脚，伤者不习惯户外活动，或者是之前有腿脚方面的病史等都会增加受伤的可能性。

通过小心地检查伤病机制，体检，承重能力和病史排查能够让我们确定合适的处置办法。不是所有的踝关节伤都需要去医院拍X光的。大部分的踝关节伤都是由于内翻（踝关节向内旋转扭曲）引起的。

（一）渥太华踝关节准则

进行了标准的肌肉骨骼损伤评估之后，如果你还是不确定有踝关节损伤的伤患是否需要去医院X光照片，可以尝试这个更加具体的评估办法。这个办法常被称为渥太华踝关节准则，许多急诊部门使用这个测试，以便确定是否需要进行X光照片。如果检查结果完全正常，则表明踝关节和前足非常不可能有骨折。

此专业踝关节评估包括了5个部分，必须全部按照顺序完成后，才能相当确定没有骨折。（图4–1–1）

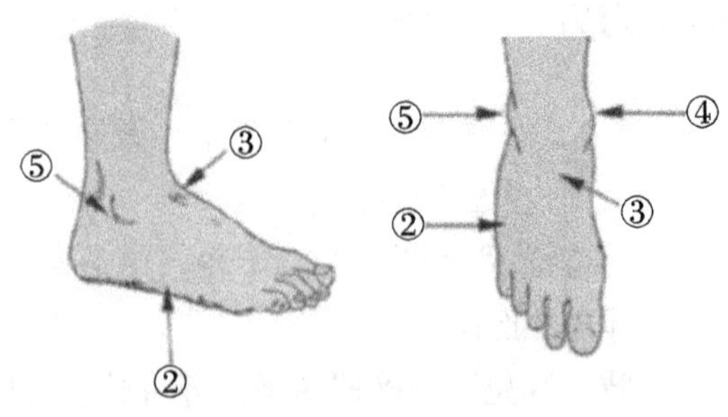

图 4-1-1

1. 伤患的伤脚必须能够在无重大疼痛的情况下承重。
2. 第五跖骨②的基处没有压痛点。
3. 舟骨③处没有压痛点。
4. 中踝骨④的后缘和顶尖处没有压痛点。
5. 外侧踝骨⑤的后缘和顶尖处没有压痛点。

如果所有的检查结果都是阴性，则骨折的可能性极低。

（二）处理踝关节伤

如果需要去医院，可以给伤患用SAM夹板来做一个承重夹板 / 支撑物，或做一个良好的包扎，让其自行出去。包扎或 / 和支撑物也可以用来稳定脚踝受伤，让伤患可以继续旅行。（图4-1-2）

图 4-1-2　用绷带固定脚踝

包扎脚踝的最佳时机是在消肿之后。避免圆周（绕一个整圈）包扎，5厘米的运动绷带效果很好。如果可能的话，不要用管道胶带（其不应直接接触人体皮肤，而且管道胶带不透气）。

注意事项如下。

1. 开始时脚要清洁和干燥。

2. 包扎从足弓绕过脚底开始，流畅地向上绕过患处，然后环绕脚踝。用两三条应该就足够了。

3. 要用较长的绷带，一端从小腿肚子一侧开始贴，绕过脚跟底部，向上贴到另一侧的小腿肚子（同样，用两三条应该就很好了）。

4. 绷带一天一换。

第二节　劳动性生理反应

一、疲劳的概念

劳动作业使人体对氧的需要量增大，代谢量也随之增大，产生的能量供机体各部位做功使用，同时迅速排出大量代谢产物。但在劳动过程中，劳动者由于生理和心理状态的变化，产生某一个或某些器官乃至整个机体力量自然衰竭的现象即为疲劳。

作业疲劳是劳动生理的一种正常表现。当人体出现疲劳状态时，人就会在主观上也表现出疲劳感；但疲劳和疲劳感有是有区别的。

1. 疲劳一般是生理指标，比较客观。

2. 疲劳感通常是心理指标，带有很强的主观因素。

二、疲劳的分类

（一）疲劳的形式分为肉体疲劳和精神疲劳

1. 肉体疲劳

肉体疲劳是生理疲劳，主要发生人群是以体力劳动为主的人。在体力劳动过程中随着工作负荷的不断累积，使劳动机能衰退，作业能力下降，且伴有疲倦感的自觉症状出现。

2. 精神疲劳

精神疲劳是心理疲劳，主要发生人群是以脑力劳动为主的人，即脑力过度，大脑神经活动处于抑制状态的现象。

（二）按疲劳的出现时间分为急性、亚急性和慢性疲劳

1. 急性疲劳

急性疲劳是在一次性极限，身体负荷时发生的特征。表面出现身体虚弱，工作能力和肌肉力量明显下降。进行机能测试时，心血管系统的反应不正常。急性疲劳的临床表现是面色苍白、心动过速等现象。

2. 亚急性疲劳

亚急性疲劳是连续性的劳动所积累下来的，伴有生理和心理的综合疲劳性现象。

3. 慢性疲劳

慢性疲劳是现代人的一种常见病（慢性疲劳综合征），多伴有心理因素，尤其对脑力劳动者，长期劳累以致心力交瘁，甚至死于慢性疲劳，实际上已超出疲劳概念的范畴。

三、疲劳的规律

（一）疲劳有累积效应

为消除的疲劳能延续到次日。当人们在重度劳累后，次日仍有疲劳症状，这就是疲劳积累效应的表现。

（二）疲劳可以通过休息恢复

青年人比老年人休息恢复得快；体力疲劳比精神疲劳恢复得快；心理上造成的疲劳常比体力上造成的疲劳延续的时间长。

（三）人对疲劳有一定的适应能力

集体疲劳后，仍能保持原有的工作能力，连续进行作业，这是体力上和精神上对疲劳的适应性。工作中有意识地留有余地，可以减轻作业疲劳。

（四）疲劳的生理周期现象

人在生理周期的低潮期发生疲劳的自我感受较重，在高潮期较轻。

（五）环境会对疲劳有直接的影响

环境因素直接影响疲劳的产生，以及疲劳的加重和减轻，单调作业使人易于疲劳。噪声会引起或加重疲劳，轻柔的音乐可以舒张血管、松弛紧张的情绪从而减轻疲劳。

四、疲劳的表现

（一）一般生理疲劳

1. 累

体力或心理负荷过重引起四肢乏力、腰膝酸软、心跳加快、失眠、出汗过多、全身肌肉软弱无力等不易解除的疲劳现象；眼窝凹陷，眼圈发黑，皮肤弹性下降，皱纹增多，皮肤干燥、无光泽，易起口疮、湿疹等炎症，情绪过于低落；干活就累，想躺着，没有干劲，全身倦怠感，身体素质全面下降，各方面免疫机能低下，许多疾病乘虚而入，导致身体状况越来越差，这些都是生理疲劳的表现。

2. 痛

除了累以外，生理疲劳还包括痛，如无病因地感到头昏头痛、肩颈酸痛、胃痛、背痛等种种疼痛现象，伴随咽干、咽痛或喉部有紧缩感，逐渐感觉到颈部淋巴结肿大或压痛，更广泛的体现是肌肉痛、关节痛、发热、持续24小时以上的倦怠感，时而是背部的隐隐作痛，时而是头部的剧烈疼痛。同时，还伴有面部干涩、胃部痉挛、颈肩僵硬、膝盖酸痛、肌肉胀痛、乳房肿痛等，却不知原因何在。

3. 憋

生理疲劳者时常感到气短胸闷、呼吸短促、手足心热或手足冰凉、麻木；晚上睡觉时呼吸急促，醒来后感到胸闷、喘息、心神不宁，甚至出现心情抑郁、失眠；白天无论是在商场还是在上班的密闭空间里，总能感觉头晕、眼花、心悸，甚至出现幻觉。有憋气症状的生理疲劳者外表表现出口唇绛紫、烦躁疲倦、舌暗苔白、精神恍惚、悲忧善哭。憋久了，就会引起血液循环受阻，甚至发生心肌梗死，危及生命。

4. 烦

生理疲劳者往往从早上起床开始就有不快的感觉，头昏脑涨，常为一点小事发火，焦躁不安，时常头晕，坐立不安，心烦意乱，情绪非常不稳定，思维混乱，精力无法集中，记忆力持续衰退。尤其是一些经常熬夜的人群，头脑不清，面部疼痛、紧绷，眼睛疲劳，避光怕亮，起立时眼前发黑、耳鸣、咽喉有异物感，容易产生紧迫感、压力感、焦虑感和不被重视感，并引发焦虑、烦闷、忧郁、自卑、情绪低落等种种不良情绪。

综上所述，生理疲劳主要包括累、痛、憋、烦四大表现，严重影响患者的正常生活和工作，甚至危及生命健康安全。专家提醒，生理疲劳者如不及时加以调整，时间长了还可能发展成为某些严重的疾病，如抑郁症、神经衰弱等。因此，出现生理疲劳症状的人，最好尽快咨询专业医生，在医生的指导下进行治疗和调整。

（二）一般心理疲劳

心理疲劳的一个明显标志是学习与工作效率降低，而长期的心理疲劳影响心理健康，使人心情压抑、心烦意乱、精疲力竭，甚至出现神经衰弱症状，如头痛头昏、记忆力减退、失眠、怕光等，还可能发生其他心因性疾病。

医学心理学研究表明，心理疲劳是由长期的精神紧张、压力、反复的心理刺激及恶劣的情绪逐渐形成的。它超越了个人心理的警戒线，这道防线一旦崩溃，各种疾病就会趁虚而入，不断发生。在心理上会造成心理障碍、心理失控，甚至出现心理危机；在生理上则会引发多种身心疾患。当心理方面出现功能障碍时，会表现为紧张不安、动作失调、失眠多梦、记忆力减退、注意力涣散、工作效率下降等。心身疾患则表现为一系列躯体疾病如偏头痛、高血压病、缺血性心脏病、消化性溃疡、支气管哮喘、月经失调和性欲减退等。

五、疲劳的处理

1. 多从事一些比如运动、听音乐、瑜伽、气功等体力活动和放松活动。

2. 健康的开怀大笑是消除疲劳的最好方法，也是一种愉快的发泄方式。

3. 沉着冷静地处理各种复杂问题，有助于舒缓压力。

4. 做错了事不要自悔自责，要能够正常地工作。

5. 夜深人静时，悄悄地讲一些只给自己听的话，然后酣然入睡。

6. 应讲究心理卫生、加强品德修养，自己的心胸要开阔，以减少心理疲劳的发生。一旦出现，应及时宣泄自己的不良情绪，不要闷在心里，如找知心朋友谈谈心。

7. 进餐时间规律化。有规律地进餐，可以使身体经常处于正常的新陈代谢状态。

8. 多锻炼。身体健康的人可以进行一些体育活动，如慢跑、骑自行车、游泳、散步等。锻炼可以使人工作起来更自信，碰到困难时更加从容不迫。黄昏时活动活动身体还可以使你更好地进入梦乡。

9. 多睡觉。精神疲劳的一个重要原因是睡眠不足。有这种情况的人每天应当多增加一个小时的睡眠。每个人的睡眠需求是不同的，应该找出最适合自己的固定睡眠时间。

10. 把握精力高峰期。有些人上午生气勃勃，有些人晚间精力充沛。找出自己的精力高峰期极为重要，这样可以恰当地安排好自己的作息时间。不同性质的疲劳，应采取不同的休息方式来消除，否则就不会见效，甚至还有可能使原有的疲劳加重，影响健康。

11. 消除体力疲劳的最佳方式是睡眠，其次是歇息一会儿，还可以听音乐、聊天、下棋、看电视等。

12. 消除脑力疲劳的主要方法是进行适当的体育或娱乐活动。许多脑力劳动者爱用躺着或坐在沙发上继续思考问题的方式进行休息，这样是达不到脑力休息的目的的。

还有一种疲劳为心理疲劳，是由受到强烈或持久的负性心理刺激引起的。主要表现为情绪的焦虑或忧郁，可同时出现乏力、全身不适、注意力不集中、记忆力下降等体力疲劳和脑力疲劳的表现。不少人试图用增加睡眠或加强体育活动的办法来消除这种疲劳，但往往难以奏效。重视心理卫生，提高心理健康水平，及时解决在日常生活中所遇到的心理问题，使自己保持一种积极的生活态度，是消除和预防心理疲劳的有效方法。

第五章 健康体适能训练项目

主题一 心肺耐力训练项目

第一节 定向运动

一、定向运动的概念

定向越野运动就是利用一张详细、精确的地图和一个指北针，按顺序造访地图上所批示的各个点标，以在最短的时间内到达所有点标者为胜利者。定向越野运动通常在森林、郊外和城市公园里进行，也可在大学校园里进行。

一个标准的定向路线包括一个起点（用三角表示），一个终点（用双圆圈表示）和一系列的点标（用单圆圈表示），这些点标已在图上用数字标明。在实际地形中，一个橘黄色和白色相间的点标旗标志着运动员应该寻找的点的位置。为了证实自己造访了这些点，运动员必须在到达的每一个点标处使用打卡器在卡上打卡，电子打卡系统能准确证实运动员的造访，同时记录运动员造访的时间。

点标与点标之间的路线并不指定或固定，相反，运动员应自己做出选择。这种路线选择的能力以及借助地图和指北针在森林或公园里辨明方向并以最快速度按顺序到达目的地的能力，便是定向越野运动的精髓所在。

二、定向运动的起源与发展

定向越野运动源于瑞典，最初只是一项军事体育活动。

定向越野运动作为一种体育项目开始于20世纪的北欧。当时，瑞典一位名叫吉兰特的童子军领袖组织了一项名叫“寻宝游戏”的活动，以训练童子军的野外技能与体质。这次活动引起了参加者的极大兴趣，这便是定向越野运动的雏形。到20世纪30年代，它已在芬兰、挪威、瑞典、丹麦立足。1932年举行了第一次世界定向越野运动比赛。1961年国际定向联合会（IOF）在丹麦哥本哈根成立。国际定联是世界定向越野运动的行政实体，是国际体育联合会之一。定向越野运动是国际承认的奥林匹克体育项目。

三、定向运动的分类与器材设备

（一）定向运动的分类

1. 定向运动按运动工具的不同可分为两种。

（1）徒步定向：接力定向、百米定向、团队定向、积分定向、夜间定向、五日定向和公园定向等。

（2）工具定向：滑雪定向、山地车定向、汽车定向等。

2. 定向运动按性别的不同可分为男子组和女子组。

3. 定向运动按年龄的不同可分为成年组、青年组、老年组和少年组。

4. 定向运动按技术水平的不同可分为初级组（体验组和家庭组），高级组和精英组；

5. 定问运动按参加人数的不同可分为个人单项、个人双项和集体项。

因此，不论男女只要喜爱郊野活动，定向运动都是合适的选择，且技巧易于掌握，是3岁至80岁的人都可以参加的运动。

（二）定向运动的器材设备

1. 定向地图

地图是定向越野运动的重要器材，它包括比例尺（通常为1：15000或1：20000）、等高距（通常为5米精度，至少要使以正常速度奔跑的运动员没有不准确的感觉）和内容（能详细地表示与定向和越野直接相关的地物、地貌）。

2. 指北针

目前国际上的定向越野比赛常使用由透明有机玻璃制成的指北针。

3. 点标旗

运动员根据定向地图所提供的信息，利用指北针快速定向，在实地中寻找一个橘黄色和白色相间的点标旗，将该点标旗的位置准确放置在地图所标示的地点圆圈的中心。

4. 打卡器

为了证实运动员通过了比赛中各个检查点，运动员必须在到达每一个检查点时，使用打卡器在卡纸上打卡，以此证明其确实到达此点。

5. 检查卡片

其主要用于判定运动员的成绩，用厚纸片制成，分为主卡和副卡两个部分。

6. 运动员的服装

定向越野运动比赛对运动员的服装没有特殊的要求，只要求服装轻便、舒适、易于活动。

7. 号码布

尺寸一般不超过24厘米×20厘米，号码数字高不小于12厘米。比赛中要求将号码布佩戴于前胸及后背两处。

（三）定向运动的比赛

一条标准的定向路线（Course）包括一个起点（Start）（用三角表示），一个终点（Finish）（用双圆圈表示）和一系列点标（Controls）（用单圆圈表示）。

在实际地形中，一个橘黄色和白色相间的点标旗标志着运动员应该找到的点位置。

为了证实这一到访，运动员必须在到达每一个点标处使用打卡器打卡，且用不同的打卡器打出不同的针孔。

点标与点标之间的路线并不指定。相反，运动员应该自己做出选择，这种路线的选择能力以及借助于地图和指北针在森林和公园辨明方向并以最快的速度按顺序到达目的地的能力便是定向运动的精髓所在。

1. 比赛规则

参赛者要依靠标有若干检查点和方向线的地图并借助指北针，自己选择行进路线，依次寻找各个检查点，用最短的时间完成比赛者为优胜。

（1）有下列行为之一者即为犯规，应取消比赛资格。

① 有意妨碍他人比赛（包括犯有同一性质的其他任何不良言行）者。

② 蓄意损坏点标、点签和其他比赛设施者。

③ 比赛中搭乘交通工具行进者。

④ 未通过全部检查点，而又伪造点签图案者。

（2）有下列行为之一者被视为违例，应给予警告。裁判人员将根据违例的性质和程度，采取从降低成绩直至取消比赛资格的处罚。

① 在出发区越位（提前）取图和抢先出发者。

② 接受别人的帮助，如指路、寻找点标、使用点签者。

③ 为别人提供帮助，如指路、寻找点标、使用点签者。

④ 为从对手的技术中获利，故意在比赛中与对手同路或跟进者。

⑤ 故意不按比赛规定顺序行进者。

⑥ 不按规定位置佩戴号码布者。

⑦ 有其他违反比赛规则行为者。

（3）有下述情况之一者，比赛成绩将被判为无效。

① 有证据表明在比赛前勘察过路线者。

② 未通过全部检查点，即检查卡片上点签图案不全者。

③ 点签图案模糊不清，确实无法辨认者。

④ 在检查卡片上不按规定位置使用点签者。

⑤ 在比赛结束（指终点关闭）前不交回检查卡片者。

⑥ 超过比赛规定的终点关闭时间（检查点一般也在同一时间撤收）而尚未返回会场者。如确系迷失方向，应向附近任意一条大路或原检查点位置靠拢，等候工作人员的处置。

⑦ 有意或无意地造成国家或他人的重大经济损失和破坏自然风景者。由此带来的一切后果，责任由肇事人承担。

2. 特殊情况

在定向越野比赛中，某些特殊的情况是可能出现的，举例如下。

（1）检查点被无关人员拿走或遭自然破坏.

（2）检查点的位置与图上的位置不符。

（3）比赛中出现个人或团体的成绩完全相等。

对于这类问题，通常应在比赛前的准备阶段由筹备组长领导各委员仔细地研究、确定处置办法，形成文字，由技术委员在制定《比赛规程》时列入。如果这些问题是出现在比赛的过程中，则应由裁判长决定处置办法（参见裁判长职责）。当某个领导小组成员对裁判长的决定有异议时，应经比赛领导小组组长同意，召集全体成员，以举手表决的方式另行选择处置办法，但必须获得3 / 4以上的多数通过。对于在比赛后提交到领导小组的诉讼，原则上也应按此办法处理。

（四）定向运动的技能

定向越野运动的专项体能特指野外跑的能力。在公路、乡间小道上跑时，采用基本上与中长跑相同的技术。但由于路面比较坚硬，所以着地时要注意做好缓冲动作。

上坡跑时，上体前倾，步幅要小，用前脚掌在距离身体投影较近的地方着地，适当加大后蹬用力和大腿高抬的程度。下坡跑时，上体直立或稍后仰，步幅适当放大，步频减慢，用全脚掌或脚跟先着地。

在树林或灌木丛中跑时，一方面要防止被树枝擦伤、刺伤，另一方面要防止草丛中的杂

物绊脚或陷入坑洼。因此，跑速要慢，用全脚掌着地。遇到沟渠、栅栏障碍物时，不要降低跑速，而应适当增加跑速，用大步跨越。

1. 专项耐力素质

定向越野运动的专项耐力不同于中长跑运动员在整个跑程中保持始终如一的高速跑。它一般有长、中、短距离的比赛，各种距离的比赛线路检查点的间距也各不相同，在检查点停下打卡后又得迅速接着跑，这就要求运动员具有高速跑一段距离停下几秒钟，接着快速跑进的能力。训练中可采用在校园内规定路线跑够500～800米后签名再跑，跑4次为一组，训练强度为80%～90%。

2. 专项速度素质

速度有3种表现形式：绝对速度、基础速度和相对速度。相对速度对定向越野运动员来说很关键，相对速度是建立在基础速度和速度耐力基础上的，基础速度又建立在绝对速度和速度耐力的基础上。因此，绝对速度在某种意义上对定向越野运动员起着重要的作用。

在中、短距离的定向越野运动竞赛中，各检查点之间的距离一般为300～500米，所以定向越野运动的速度素质相对于长跑来说要求更高，没有一定的速度，在比赛中就不能取得好的成绩。

3. 有氧训练与无氧训练

定向越野运动员与长跑运动员一样具有良好的耐乳酸能力。提高有氧与无氧训练是定向越野运动员的努力方向，定向越野运动项目的有氧训练与无氧训练的比重因各项赛事的不同而不同：野外定向距离较长，有氧训练的比例就较大，无氧训练则相反。公园定向一般是中短距离，有氧与无氧训练同等重要，忽视无氧训练肯定会影响到比赛成绩。

（五）定向运动的优点

1. 定向越野运动可根据不同性别、年龄编组，赛程可远可近，难度可大可小，因此是一项男女老少皆宜的群众性体育运动项目。

2. 定向越野运动具有浓厚的趣味性、娱乐性。参赛者是根据地图标明的运动方向，进行地图与实地对照，选择运动路线，寻找全部检查点，比单纯的赛跑更能提高参赛者的兴趣，整个运动具有旅游特点。

3. 这项比赛与其他比赛一样，具有激烈的竞争性。定向越野运动不仅是体力方面的竞争， 而且更是智力和技巧方面的竞争。

4. 定向越野运动还具有一定的知识性和军事意义，对于普及全民识图和用图的知识，加强国防建设大有好处。在青少年中开展这一项目，对于调节他们的学习、工作情绪，增强体质，丰富地理知识，尤其对培养他们的自我生存能力，启发智力有独特的好处。

第二节 徒 步

一、徒步的概念

徒步，指步行，也是平民的代称。见《汉书·公孙弘传》：“起徒步，数年至宰相，封侯。”并不是通常意义上的散步，也不是体育竞赛中的竞走项目，而是指有目的地在城市的郊区、农村或者山野间进行中长距离的走路锻炼，徒步也是户外运动中最为典型和最为普遍的一种。由于短距离徒步活动比较简单，不需要太讲究技巧和装备，经常也被认为是一种休闲的活动。

徒步，根据穿越区域的不同，可以分为城郊、乡村、山地、丛林、沙漠荒原、雪原冰川、峡谷、平原、山岭、长城、古道、草地、环湖、江河等很多类型徒步，但是徒步在大多数情况下是在城郊和乡村间进行的。

根据距离的不同，通常15千米内的称为短距离徒步，15～30千米的称为中距离徒步，30千米以上的称为长距离徒步。

二、徒步行走的基本原理及要领

徒步行走不单是腿部运动，而是种全身运动，注意通过摆臂来平衡身体、调整步伐。控制节奏，最好的行走速度是走而不喘，脉搏尽量不要超过120次/分，背部肩沉背挺，用腹部深呼吸，全脚掌触地，从脚跟到脚尖位移，什么时候都要按自己的行走节奏去走，不要时快时慢，时跑时停，尽量保持匀速。

刚开始徒步可以放缓一点，让身体每个部分都先预热，有个适应的过程，5～10分钟后才加快步伐，行走中从安全角度出发，队员之间应该保持一个合理的距离，一般为2～3米，这样可以避免有人因各种原因暂停时，如系鞋带、脱衣服、喝水等，暂停队员与前进队员就不会互相影响，一般情况下，暂停队员靠右边停留，前进队员从左边跨过，与迎面而来的其他队伍相遇时，也是按我右他左，礼貌相让通过，暂停人员与队伍的安全距离一般在白天不能超过十分钟或者200米以内，夜晚必须在5分钟或者20米以内。在行走中，要养成良好的习惯，集中精力行走，不要边走边笑、打闹嬉戏，更不能大声歌唱，这样不但分散其他队员的注意力，同时还会无谓消耗自己的体能。

行走重心在上坡时，应在脚掌前部，身体稍向前倾，下坡时重心放在后脚掌，同时降低重心，身体稍微下垂，无论上坡下坡，对于坡度较大的坡迹，应走“之”字形，尽量避免直

线上下，这是一种相对安全的走法，上下坡时，手部攀拉的石块、树枝、藤条，一定要用手试拉，看看是否能够受力，才去做其他攀爬上下动作。经常有队员因为拉的是枯萎腐烂的树枝、藤条而跌倒受伤，导致意外。

行走中的休息原则也要讲究方法，一般是长短结合，短多长少。一般途中短暂休息尽量控制在5分钟以内，并且不卸掉背包等装备，以站着休息为主，调整呼吸。长时间休息以每60～90分钟一次为好，休息时间为15～20分钟，长时间的休息应卸下背包等所有负重装备，先站着调整呼吸2～3分钟，才能坐下，不要一停下来就坐下休息，这样会加重心脏负担，可以自己或者队员之间互相按摩腿部、腰部、肩部等肌肉，也可以躺下，抬高腿部，让充血的腿部血液尽量回流心脏。

徒步行走时，应带足饮用水，每人每天约3升的量，根据天气情况去增减，宁多勿少。如果途中溪流、湖塘、沟河有水补给，一定要先观察水源污染情况，有无人畜活动、是否有动物尸体倒于水旁，有无粪便、毛虫污染，是否发黑发臭，根据观察到的情况，采取沉淀、过滤、离析等方法处理后才可饮用。一般情况下最好先用少量水珠涂擦嘴唇，等过3～5分钟后，嘴唇不发麻发痒、无臭无味才饮用。野外补充的水，有条件的话最好煮沸五分钟再饮用。喝水要以少量多次为原则，喝水也是主动的，不要等口渴了才被动喝水。每次喝两三小口为好，太口渴了可以缩短喝水的时间，增多几次喝水次数，一次喝水太多，身体吸收不了，不仅浪费宝贵的水源，而且易增加心脏的负担。一般的徒步等户外运动消耗水分的补充方式最好是250毫升 / 分为好。正常的徒步时间里排尿也应该是4小时 / 次，可以通过观察排解的尿液颜色，了解自己体内水分脱失症状。尿液呈深黄色，微感口渴，脉搏速度正常为轻微脱水症状，尿液呈暗黄色，口内黏膜干燥，口渴，脉搏速度加快但弱为中度脱水症状，重度脱水症状为无尿液，脸色皮肤苍白，呼吸急促，口渴昏睡，脉搏快而无力，很弱。

三、徒步行走中的技巧

有很多人认为暴走和平常的走路是一样的，其实不然。连续走上四五个小时后，腿部肌肉抗议，疲劳导致无精打采，由于困倦而产生的渴睡现象不停地诱惑你，觉得路程越来越漫长了。那么，是否有一种永不疲倦的走路方法用在山野的徒步行走中呢？答案是有的。只要能理解和掌握下面几种方法，灵活运用，战无不胜。

（一）小步幅徒步——龟步

在长途行走过程中，不要以为昂首阔步地大步向前就行了。其实这是一种错误的想法，要知道步幅大是利用腿部肌肉的爆发力，这毕竟是有限的。我们更需要的是一种持久力，凡事都不能一步登天。所以步幅小一些并不会有很大的影响。充分利用我们腿部肌肉的韧性，它们对持久战是相当有办法的。

（二）呼吸方法——吹气

要努力让自己的呼吸与运动呈有节奏的状态，令肌肉持续缓慢而不休止地运动，同时加上平稳均匀地呼吸。简单地说就是几乎每走一步呼吸一次。马拉松运动员在比赛中就能做到平均每两三步就换气一次。

如果我们不习惯的话，也可以强迫自己呼吸，只要大口地吹气就可以了。但要注意，不要太过强求，不然会造成肺部和肋间肌拉伤。调匀呼吸是保持体内能源的好方法。

（三）利用肌肉

要使走路变成有节奏、较自然的有氧运动，上下坡时，也要尽量利用肌肉的运动节奏，尽可能地减少骨骼和关节的负担。尤其是在下坡时，特别是那些较长的下坡路，要善于利用双脚，使其可发挥立刻停止的作用。因为与其在较长下坡后骨骼和关节有不良影响的话，倒不如让肌肉承担多一些会比较好。

（四）休息补充

在路上要合理安排休息时间，适时补充能源。每走上相当一段时间或路程后，要适当地休息片刻。休息时应摄取一些马上能转化成能源的糖类和水分，使身体及时得到补充，以求快些恢复体力。可松开鞋带，但必须记住未到宿营地前，千万不要脱下鞋子。因在长途行走中，双脚会稍微发胀，中途休息脱鞋，下段路只会更艰苦。

（五）关于登山杖长度的调整

登山杖的长度如何调整才合适呢？这个需要根据具体地形来进行调整。

1. 平　地

首先我们来看看平地行走的长度调整。我们在平地上站定，手持登山杖，手臂自然下垂，以手肘为支点，抬起前臂，使前臂与地面平行，与上臂成90°角。这个时候手握登山杖，杖尖向下垂直与地面接触的长度就是平地上使用登山杖的正确长度。将登山杖的各节锁紧即可，再将另一只尚未调整的登山杖对比锁定长度的登山杖调整到相同长度即可。

2. 坡度较大的上坡

相对平地徒步而言，坡度较大的上坡路，需要将登山杖的长度缩短一点，具体根据坡度而定。手臂带动登山杖放置在身体的前方或者上方，然后用腕带支撑身体往上行走，这样可以有效减轻腿部的承重，必要时可以同时利用两只登山杖来做爬升的动作，这个时候手掌可以用力握住手柄以增加力道。

3. 下　坡

将登山杖的长度调整至比平路行走的正常长度略长，具体要根据实际情况而定。由于下

坡时对膝关节冲击力很大，这时候就必须要利用登山杖来减轻负荷。在向下迈步时先将登山杖插入人的前方，且必须要比前脚先着地才能达到分担力量的效果。需要特别注意的是，因为下坡的时候，手杖比平时要承担更大的重量，所以必须将手杖的各节固定牢靠，避免发生在将体重放上去的时候骤然缩回导致身体失衡发生危险。另外基于同样的道理，手杖落地的地方一定要注意，手臂在手杖落地的刹那间施加一点压力，观察着地点是否可靠，以免遇上容易塌陷的地方，如稀泥、下方空虚的浮草、很容易崩塌的崖边砂石等。

在调整登山杖时不应该超过登山杖上所显示的最大调整长度。将登山杖调节到最长，您会看到登山杖前两节靠近顶端的位置都会有一个“STOP”或者“MAX”的标记，这是要求登山杖在调节长度的时候最长不要超过这个标记，否则在遇到外界大力的时候很有可能会折断。在登山杖“STOP”标记范围内有长度尺码可以作为调整参考。在购买登山杖时可根据自己的身高来确定自己需要多长的登山杖。

4. 问路技巧

（1）要选择要问的对象，在城市里尽可能问警察、协管员或者街道办的工作人员，因为当地人会对当地情况比较了解。但城市建设发展快，经常有些老年人的信息会滞后，这点要注意。野外有时可供选择的问路人不多，总体上中年以上的人群更可靠。

（2）言行举止很重要，要让人有信任感，保持礼貌，注意措辞。

（3）一定要尊重别人，举止温和礼貌，对人谦逊有加。这也体现了一个人的道德修养。问路的时候请走过去，先真诚地向人问声好，再说明你要去的地方。当问完后，不管对方所言是不是对你有帮助，都要说声谢谢，并向人道别。

（4）问路时最好能把要去的地方的建筑或地形特点说出来，有些人不知道街道名称，但是一些标志性建筑却耳熟能详。如果没去过那些地方，也可事先做一些调查。

（5）最好多问几个人，因为每个人对距离的理解和表达方式不同，可以走一段路再问其他人。最好不要在已经问清楚的情况下在刚问过的人的视线下再问另一个人，这会让前者觉得不被信任。

（6）根据对方使用的语言选择相应的语言回应。如果对方讲方言，便使用方言回应。如果不懂或不会讲当地方言，则可使用普通话。

5. 徒步的装备

（1）必备用品

背包；快干衣裤或长袖（注意防晒）；徒步鞋；防晒品，帽子或墨镜，以免晒伤；个人药品，如药油、跌打药、止血贴、胃药或个别特效药物，防蚊药；食品、饮用水；出发时每人自备水，以备旅途适当补充；食品，自带零食，半路可充饥。

（2）推荐用品

登山杖；毛巾；塑料袋；后备衣物；照相机；头灯；防水袋。

6. 徒步中注意事项

一个适合自己的背包。

一双合脚的、防滑的鞋子。

一个1.5升的水瓶。

一个辨别方向的指南针。

一张徒步路线的地图。

一瓶高指数的防晒霜。

一个简易必备药品包。

一顶可以遮阳又可保温的帽子。

一把登山杖或一副健行专用手杖。

一件必要时可以御寒的衣物。

一个体积小、重量轻、营养高的食品包。

四、徒步的益处

头脑：促使脑部释放内啡肽，提升精神，使心情愉悦。

肺部：增加最大通气量，增强横膈肌肉强度，缓和慢性肺气肿和支气管炎的症状，减低对抽烟的渴望。

背部：因为椎间盘承受跑步时震颠所造成的压力，所以许多慢跑者都有背痛的问题。健走时椎间盘承受压力与站立时差不多，受伤概率较低，同时还能加强背肌以巩固脊柱。

骨骼：骨骼也需要运动，徒步相当于对骨骼施予重量训练，能让身体多吸收钙质，对抗骨质疏松。

缓解压力：明媚的阳光可以使人们走出内心的阴霾，行走于青山绿水间，舒筋活络的同时，心情畅快。

塑身：行走可以帮助全身的肌肉和肌腱得到运动，锻炼平展小腹，使小腿匀称和臀部结实。

减肥：徒步是消除多余脂肪的有效运动，还可以帮助调节饮食习惯。

排出人体自由基：人体的正常代谢中会产生出一种叫自由基的有害物质，它能破坏人体细胞膜，溶解人体正常细胞，引起人体组织的衰老甚至变异。徒步可以有效促进自由基的排出，延年益寿。

此外，徒步对促进心血管系统的活力、提高呼吸肌功能、降低血液中胆固醇含量、避免高血压病的发生都有良好作用。

第三节　跑　步

一、跑步的概念

跑步是指陆生动物使用足部移动，一种有氧运动或厌氧运动，它在运动上的定义是一种步伐，双脚不会同一时间碰到地面。作为运动健身类方法之一，跑步锻炼是人们最常采用的一种身体锻炼方式，这主要是因为跑步技术要求简单，无需特殊的场地、服装或器械。无论在运动场上还是在马路上，甚至在田野间、树林中均可进行跑步锻炼，每个人可以自己掌握跑步的速度、距离和路线。

二、跑步的类型

（一）长　跑

长距离跑简称长跑。最初项目为4英里（约为6437米）、6英里（约为9656米）跑，从19世纪中叶开始，逐渐被5000米跑和10000米跑替代。据记载，现代最早的正式长跑比赛是1847年4月5日在英国伦敦举行的职业比赛，英国的杰克逊以32分35秒0的成绩夺得6英里跑冠军。奥运会比赛项目男、女均有5000米跑和10000米跑。男子5000米跑和10000米跑项目1912年被列入奥运会，女子5000米跑1996年被列入奥运会，10000米跑1988年被列入奥运会。

（二）短　跑

短跑是田径径赛项目中的一类，一般包括50米跑、60米跑、100米跑、200米跑，400米跑、4×100米接力跑、4×400米接力跑等几项。它是人们同时以最快的速度，在确定的跑道上跑完规定的距离，并以最先跑完者为优胜的项目。在人体机能供能方面，表现为人体以最大限度发挥人的本能，并以无氧代谢供能的方式供能。

（三）中长跑

中长跑是中距离跑和长距离跑的简称，属800米和800米以上距离的田径运动项目。中距离跑项目有男、女800米和1500米；长距离跑项目有男子5000米和10000米，女子3000米、

5000米和10000米。中长跑是历史悠久且开展普遍的运动项目。在2000多年前的古代奥林匹克运动会上就有中长跑比赛。19世纪，中长跑在英国已盛行，后来世界各国也都相继开展起来。中国从1910年开始也有了中长跑比赛。

三、跑步的技术

（一）准备动作

人体各内脏器官及四肢从相对静止状态到较紧张活动需要有一个适应的过程，因此，人在进行跑步前同样要做适当的准备活动，使机体生理机能能够在动的情况下协调地工作。如果跑前不做准备活动，长跑时往往会发生关节韧带、肌腱扭伤。特别是一起身就进行紧张的跑步，更易发生身体伤害。跑步前一般可做以下准备活动。

1. 站立，两手叉腰，交替活动踝关节。
2. 半蹲，两手扶膝活动膝关节。
3. 两腿交替高抬腿，活动髋关节。
4. 两手叉腰旋腰，活动腰部。
5. 一手扶持，依次前后踢腿、活动髋、膝关节。
6. 前后弓箭步压腿；左右压腿，牵扯腿部韧带。
7. 上体前后屈以及上肢的轻微活动等。

只有正确的姿势才能让你跑得快，效率高，而且不易受伤。消耗脂肪的关键之一是尽量用接近自己无氧界限（无氧阈）的运动强度跑步，而正确的姿势能使自己无需浪费额外的能量就能达到这个强度。

（二）跑步过程

跑步的动作，跑步主要用于快速行进。动作要领：听到“跑步”的预令时，两手迅速握拳（四指蜷握，拇指贴于食指第一关节和中指第二关节），提到腰际，约与腰带同高，拳心向内，肘部稍向里合。听到“走”的动令后，上体微向前倾，两腿微弯，同时，左脚利用右脚掌的蹬力跃出约85厘米，前脚掌先着地，身体重心前移，右脚照此法动作；上体保持正直，两臂前后自然摆动，向前摆臂时大臂略直，肘部贴于腰际，小臂略平，稍向里合，两拳内侧各距衣扣线约5厘米；向后摆臂时，拳贴于腰际。行进速度为每分钟170～180步。

听到“立定”的口令，再跑两步，然后左脚向前大半步（两拳收于腰际，停止摆动）着地，右脚靠拢左脚，同时将手放下，成立正姿势。

跑步的第一步一定要跃出去，前脚掌着地。在整个跑步过程中，都不能全脚掌着地。立定时，要注意靠腿和放臂的一致性。

（三）跑步结束

1. 不蹲坐休息

健身运动后若立即蹲坐下来休息，会阻碍下肢血液回流，影响血液循环，加深机体疲劳。该情况多见于那些运动量比较大的活动，如长跑。正确的做法是在每次运动结束后，多做一些放松、整理活动，如慢行、舒腿等。

2. 不在大汗淋漓时洗冷水浴（或游泳）

运动后大汗淋漓时，体表毛细血管扩张，体内热量大量散发。此时若遇冷水则导致毛细血管骤然收缩，易使身体的抵抗力降低，而引起疾病。

3. 不“省略”整理活动

每次运动后感觉心力俱乏时，应进行适宜的放松，如做徒手操、步行、放松按摩等，有助于消除肌肉的疲劳，快速恢复体力。

4. 不贪吃冷饮

运动后人体消化系统仍处于抑制状态，贪吃大量冷饮，极易引起胃肠痉挛、腹泻、呕吐、并易诱发胃肠道疾病。

5. 不立即吃饭

在运动时，全身的血液进行重新分配，使得胃肠道的蠕动减弱、各种消化腺的分泌也大为减少，若在运动后不经休息立即吃饭，就容易引起人体消化系统的紊乱和功能性失调，容易得病。

6. 不吸烟

运动时人的呼吸加速，机体要保证足够的氧气摄入量。如果运动后立即吸烟，将会使肺内含氧量减少，出现胸闷、气喘、呼吸困难、头昏、乏力等现象。

7. 不宜骤降体温

如果室外温度较高，运动后会感到燥热难耐，倘若此时立即走进空调房间或风口纳凉小憩，会打破正常的生理调节机能，使生理功能失调，易得感冒、腹泻、哮喘、风寒痹痛等疾病。

8. 不宜马上洗热水淋浴

健身运动后，体内大量血液分布在四肢及体表，若此时马上洗热水澡，就会增加体表的血流量，引起心脏、大脑供血不足，有发生心脑血管意外的危险性。

四、跑步的技巧

（一）落地缓冲

仔细观察他人跑步，你会发现，很多人都是全脚掌着地，落地时的声音也比较大，这是错误的。正确的动作是在跑步时，腾空脚落地时要中位脚先着地，不要全脚掌着地。这是对于脚踝、膝盖的一种保护，防止骨膜炎的发生。

（二）摆　臂

摆臂是在跑步过程当中，保持身体的平衡性和协调性，使身体更自然的摆动，更符合人体运动的韵律。摆臂时，要记住前不露肘，后不露手，自然地随着脚步而摆动。

（三）抬头挺胸

跑步能够保持抬头挺胸，有助于改善人体的呼吸循环系统。因为在跑步的过程中，人体在不断地消耗能量，易出现疲劳状况，这时如果能用意志挺起脊梁，那么要改善驼背的状况其实就很简单了。

（四）呼　吸

跑步时的呼吸是深远而悠长的，一般采用鼻吸嘴呼，体力下降较为严重时可以采用嘴吸嘴呼方式。

（五）心　率

慢跑作为一种养生的有氧运动，就要和快速跑区分开来。一般来说，最适合身体锻炼的心率次数是：（220–年龄）×60%左右。大家跑步的时候可以适当地测量一下。

（六）头和肩

保持头与肩的稳定。头要正对前方，除非道路不平，不要前探，两眼注视前方。肩部适当放松，避免含胸。

动力伸拉：耸肩。肩放松下垂，然后尽可能向上耸，停留一下，还原后重复。

（七）臂与手

摆臂应是以肩为轴的前后动作，左右动作幅度不超过身体正中线。手指、腕与臂应是放松的，肘关节角度约为90°。前摆时稍向内，后摆时稍向外。

动力伸拉：抬肘摆臂。两臂一前一后成预备起跑姿势，后摆臂肘关节尽量抬高，然后放松前摆。随着动作加快时越抬越高。

（八）躯干与髋

从颈到腹保持直立，而非前倾（除非加速或上坡）或后仰，这样有利于呼吸、保持平衡和步幅。躯干不要左右摇晃或上下起伏太大。腿前摆时积极送髋，跑步时要注意髋部的转动和放松。

动力伸拉：弓步压腿。两腿前后开立，与肩同宽，身体中心缓慢下压至肌肉紧张，然后放松还原。躯干始终保持直立。

（九）腰

腰部保持自然直立，不宜过于挺直。肌肉稍微紧张，维持躯干姿势，同时注意缓冲脚着地的冲击。

动力伸拉：体前屈伸。自然站立，两脚开立，与肩同宽。躯干缓慢前屈，两手下垂至脚尖，保持一会儿，然后复原。

（十）大腿与膝

大腿和膝用力前摆，而不是上抬。腿的任何侧向动作都是多余的，而且容易引起膝关节受伤，因此大腿的前摆要正。

动力拉伸：前弓身，两脚站距同髋宽，双手放在头后，从髋关节屈体向前，保持腰背挺直，直到股二头肌感到紧张。

（十一）小腿与跟腱

脚应落在身体前约一尺的位置，靠近正中线。小腿不宜跨得太远，避免跟腱因受力过大而劳损。同时要注意小腿肌肉和跟腱在着地时的缓冲，落地时小腿应积极向后扒地，使身体积极向前。另外，小腿前摆方向要正，脚应该尽量朝前，不要外翻或后翻，否则膝关节和踝关节容易受伤。可在沙滩上跑步时检查脚印以作参考。

动力伸拉：撑壁提踵。面向墙壁约1米左右站立，两臂前伸与肩同宽，手撑壁，提踵，再放下，感觉小腿和跟腱紧张。

（十二）脚跟与脚趾

如果步幅过大，小腿前伸过远，会以脚跟着地，产生制动反作用力，对骨和关节损伤很大。正确的落地是用脚的中部着地，并让冲击力迅速分散到全脚掌。

动力伸拉：坐式伸踝，跪在地上，臀部靠近脚跟，上体保持直立，慢慢向下给踝关节压力直到趾伸肌与脚前掌感到足够大的拉力，然后抬臀。

五、跑步的注意事项

（一）跑步的力量

随着年龄的增长，我们的体力和精神承受能力不断下降。肌蛋白的减少是随年龄增长而出现的典型病症。在老年人中，由于其肌肉力量的下降和身体极度的虚弱，摔倒和骨折是比较常见的现象。研究表明：力量训练也能有效地减少老年人摔倒的频率及骨折的概率。

不管什么年龄的跑步者，很少有人努力去锻炼腿部以外的肌肉。但是，在日常训练中，有规律地安排一系列简单的上身力量练习，将有效地提高训练者的跑步能力。目的是提高肩臂的力量和耐力，以及腹部和背部肌肉的力量。通过合理地利用双臂，跑步者的成绩可以提高近12%。不知道利用双臂的跑步者，跑步的距离越长，双臂就越疲劳。双臂能有效地维持步幅是因为它们像一个节拍器一样有节律地带动着腿的节奏。

增加上臂的力量可进行简单的俯卧撑练习。做俯卧撑时不用太快，并注意两臂的宽度来加强背、肩、臂的力量，所有这些部位在长跑的最后阶段将起重要的作用。不要一下子做得太多，刚开始做四五次即可，然后，随着力量的增加而逐渐增加次数。做俯卧撑的好处在于可以用自身的体重提供阻力，而不需要任何设施。跑步时，另一块重要的肌肉是腹部肌肉。无力而松弛的腹部是你在长跑训练、比赛的最后阶段步幅减小、胸腔缩小，运送到腹部的空气总量减少的原因。此外，由于腹部肌肉的力量差，可能会给与腹部相对的腰部肌肉带来麻烦。解决的办法是有计划、有规律地做仰卧起坐。这个练习能使背部、腰部、腹部肌肉都得到锻炼。把加强上身力量融入日常跑步中去，就像每天跑完步后要做整理运动一样来做。一开始做10个仰卧起坐、5个俯卧撑和20次双臂屈伸，在两个星期后增加到12个仰卧起坐、6个俯卧撑和24个双臂屈伸。

尽可能地加强跑步的力量，一旦有了一定的耐力基础，加大步幅最简单的方法就是山地跑。有规律的山地跑计划将对日常跑步产生奇效，对比赛成绩更是有显著效果。山地跑可增强跑步者的大腿力量，增强腿部的协调性，更可增强大脑的协调性。对老年跑步者作用更大。斯坦福大学的调查结果表明：跑山地跑的老年人的骨质密度比那些没参加训练和参加缺乏刺激训练的老年人的骨质密度要大得多。

进行山地跑训练可以慢慢开始。首先，在山地跑训练时不必跑很陡的山。如果跑很陡的山，那么，所做的唯一的事即爬山。理想的山地跑，其山路长为1／4英里（1英里≈1609米），山的坡度不要太陡，这样既能锻炼到腿的后蹬力量，又不至于使肌肉过分紧张。其次，尽量做上山跑。因为当你做下山跑时，地面对脚、踝、膝和腿的撞击力加大了（大约为体重的4到5倍）。而当你做上山跑时，撞击力会小很多，更有利于加强大腿的力量，有助于跟腱的拉伸。下山跑时要减小跑的步幅。

根据其他系列山地跑的效果，第一周，跑一次；第二周，跑两次。在计划参加比赛的前8到10周，把山地跑有效地融入每周的大强度训练之中。每周重复一两次，使山地跑在日常有

规律的中等强度训练中占到中等比例。

（二）跑步的速度

对一个跑步者来讲，有很多方法进行速度训练：到田径场上，重复进行各种各样的短距离跑；做速度游戏；从楼上快速地跑下来；参加比赛等。速度训练对大多数人的健康都是有帮助的，对老年人的作用更大，因为它在保持步态的同时，也保持了人体良好的生物力学结构，而这两者将随着年龄的增长逐渐消失。许多没跑过步的成年人，认为自己只能适应日复一日的慢跑，而不管跑的强度和速度，这是不正确的。

提高速度可以通过以下三种方法。

1. 增加步频。

2. 增大步幅。

3. 既增加步频又增大步幅。

第一种方法比第二种方法更可取，步幅的增大会造成步幅过大，进而会引起某些生物力学上的问题和运动损伤。

速度训练，尤其是在田径场的速度训练应该是逐渐地提高步频和步幅的训练，重要的是要循序渐进地提高。田径场上的速度训练对于发展速度的感觉是非常重要的，同时也提供了一个改进跑步形式的机会。

（三）休　息

跑步的4个要素中，许多跑步者在训练耐力方面打下了一个良好的基础。有的跑步者把速度与耐力协调得相当好。但是，很少有跑步者认真对待休息这个重要的部分。有足够的证据证明，休息在4个基本的要素中是最主要的因素。跑步给我们带来很多的好处，而这些好处都是我们用代价换来的。在跑步中这个代价就是肌体内肌肉组织的不断被破坏和重组的反复过程。无休止地跑步最终会导致肌肉损伤，在跑步中，我们认为损伤和过度使用的含义相同。而肌肉组织在休息后比原来更加强壮了。为了使我们保持健康，不受损伤，跑得更好，在跑步时需要遵循一些基本的原则。

1. 每周少跑几天。

2. 每周用一些低强度的训练来代替1天或2天的跑步，如在功率自行车上进行有氧、出汗的训练。

3. 把某些步行活动融入训练之中。

4. 比赛应该少一点。

5. 在你没有比赛任务而准备维护体能时，应尽量尝试降低运动量，保持成绩和坚持降低训练量。

6. 有计划地进行深层组织按摩。

7. 将同样的理论运用到日常生活中。应该像学习工作一样学习休息和放松这门艺术，这门艺术是值得追求的。通过学习创造性地休息和放松，使身心得到恢复，变得更加强壮。

人在跑步时，人体所需氧气需要量随着跑步速度加大而相应增加，为了适应这种情况，需要加快呼吸频率和增加呼吸深度。但是，呼吸频率的加快是有一定限度的，一般最有效的范围是每分钟35～40次。如每分钟最高达到60次，平均一秒钟就要进行一次呼气和吸气，这样势必使呼吸变浅，换气量减少，影响氧气的吸入和二氧化碳的排出，使血液中二氧化碳的浓度升高，氧浓度降低。

（四）跑步的呼吸

跑步时，应有意识地把双脚步伐节奏与呼吸节奏协调起来。一般来说，根据自己的体力状况和跑步速度变化，可以采取两步一吸、两步一呼或三步一吸、三步一呼的方法。当呼吸节奏与跑步节奏相适应并形成习惯后，就可避免呼吸急促表浅和节奏紊乱，对加深呼吸的深度极为有利。同时还可减轻呼吸肌的疲劳感和减轻跑步中“极点”出现所带来的不良反应。

跑步时采用鼻子吸气。跑步时采用鼻子呼吸并与跑步节奏相协调，能满足体内氧气要求。随着跑步距离和强度加大，氧气需要量增加，改用口鼻吸口呼的呼吸方式，在吸气和呼气时要做到慢、细、长，嘴微张呼气，忌大口快速呼吸或者喘粗气。跑步时呼吸急促，感气憋不畅时，是由于呼气不充分，二氧化碳排出不充分，占据在肺泡之中，限制了氧气的吸入。要想加大呼气量，就用口呼气，并有意识地加大呼气的量和呼出的时间。

呼吸的主要目的在于提供人体的氧气需求与排除体内多余的废气。人体安静休息时，每分钟呼吸10～12次，每次呼吸的量（潮气量）约 500毫升，也就是说，人体在安静时的每分钟呼吸交换量为五六公升。尽管每分钟吸入体内的氧气多达1000～1200毫升，但是70千克成年人每分钟使用的氧气则只有300毫升左右。人体最大运动时的换气量可以达每分钟100千克（约安静时的20倍），但是人体的最大氧气摄取量则只有每分钟3000毫升。这种呼吸交换量增加，氧气使用率反而降低的现象，似乎说明了呼吸并不是人体耐力运动表现的主要限制因素。

尽管呼吸的氧气交换量（外呼吸）比身体组织的氧气交换量（内呼吸）还多，但是对于呼吸循环系统而言，不管是肺部的气体交换、心率、心脏每搏输出量、人体的血流分布或静脉的回流等，都不是可以由意识控制的人体运动生理变项。

唯有运动时的呼吸方式，才是可以由意识控制的运动生理反应，因此，适当了解跑步时的正确呼吸概念，也是相当有帮助的运动生理知识。

（五）跑步的时间

健身跑步锻炼一般安排在早晨最好，其次是上午9点左右和下午5点左右。中年人由于工作，一般安排在早晨锻炼，一方面不与工作发生冲突；另一方面早晨跑步空气新鲜，新鲜的空气对呼吸系统有好处。另外，人经过睡眠，体力得到恢复，但从生理上讲，人体仍然处于一定的抑制状态。早晨锻炼，有利于神经的兴奋，振奋精神，促进新陈代谢，对保持充沛的

精神和体力投入到一天的工作中大有好处。

也有人认为早上的氧气含量少（植物呼吸作用），空气新鲜只是可吸入颗粒少，而且傍晚人的精神状态最佳，所以应在晚上五六点钟进行锻炼。

饭前、饭后不宜进行跑步。饭后跑步或跑步后立即进食都会引起胃酸分泌减少，影响对食物的消化，久而久之会引起胃病，一般饭后1个小时进行锻炼为好，睡前跑步锻炼不好，睡前锻炼会使大脑皮层处于高度兴奋状态，产生多梦或不容易入睡的不良反应。

但是，早晨不宜空腹进行大运动量锻炼，如果健身长跑的距离比较长时，可先喝一小杯糖水或少吃一点点心类的食品。

六、跑步的原则

凡是参加健身跑步的人，都应注意坚持经常和循序渐进，特别要注意控制运动量。此外，必须学会“自我控制”，这点尤为重要。因为有时跑步的愿望会突然消失，这就需要将“不能跑”还是“不想跑”加以区分。当然，如果有病时绝对不要跑步，而在其他情况下则应克服“惰性”，坚持锻炼。

在锻炼初期，跑步的速度以没有不舒服的感觉为限度，跑完的距离以没有吃力的感觉为宜。跑步后可能出现下肢肌肉疼痛，这是正常反应，坚持锻炼几天后这种现象就会消失。

为确定自己锻炼水平的等级，参加跑步锻炼三四个月后可进行一些测验，测验时以12分钟跑完的距离为计算等级的起点。

30～39岁年龄组的人，12分钟跑完的距离达不到1.5～1.8千米，说明锻炼水平较差；如能达到1.8～2.6千米，说明锻炼水平为良好；如能超过2.6千米，即达到优秀锻炼水平。

40～47岁年龄组的人，锻炼水平较差者每12分钟跑完的距离为1.6千米以内；良好者为1.7～2.4千米；优秀者为2.5千米以上。

50岁以上较差、良好和优秀者每12分钟跑完的距离则分别为1.5千米以内、1.6～2.4千米和2.5千米以上。

在短期内取得理想结果是不可能的，只有经常锻炼才会提高锻炼水平。如果一周只跑一次，跑的距离再长也没有多少益处。因为在中断跑步的6天里，身体组织已将跑步带来的好处消耗得一干二净。因此，一周内跑步不得少于3次。平常缺乏锻炼的人，一旦决心开始经常性锻炼后，往往运动过量，这样会导致不良后果。在体育锻炼上应当循序渐进，每天应在日记中记录以下诸项。

1. 锻炼的性质、内容、持续的日期和每次锻炼所用的时间。
2. 锻炼前、锻炼时和锻炼后的自我感觉。
3. 食欲和睡眠状况。
4. 有无继续参加锻炼的愿望。
5. 脉搏跳动情况。

根据上述记录不难分析出运动量的大小并及时对锻炼进行必要的调整。一般来说，跑步5分钟后脉搏跳动不应超过120次 / 分，跑步10分钟后脉搏跳动不应超过100次 / 分。如果脉率过速，必须减少运动量。

七、跑步的禁忌

（一）禁忌人群

跑步是一种简而易行的锻炼方式。适当地参加跑步活动对人们的健康确有许多益处，但是对于某些人来说参加跑步锻炼并不适合。

冠心病病人如果在近两个月内曾发生过心前区憋闷疼痛，并放射至左肩胛，不能跑步；平时做轻微的家务，或上一层楼就沉得胸痛、胸闷、气促心慌的人也不宜去跑步；有严重心脏瓣膜病者，如风湿性心脏病，病人常感心慌、下肢浮肿等，先天性心脏病病人稍活动就出现唇周发绀、心跳胸痛者，也不宜参加跑步；此外，各种因素所致的心脏扩大、心律不齐，以及高血压病病人在服用降压药后，血压仍持续在较高时，都禁止参加跑步锻炼，以免发生意外。

糖尿病病人注射了胰岛素后，不能空腹参加跑步，以免发生低血糖；重症糖尿病病人在没有注射胰岛素时，或发生急性感染发烧时均不能参加跑步，因为此时体内的胰岛素处于最低水平，跑步时运动量较大，不能很好地利用葡萄糖供给能量，而运用脂肪来补充，因此产生大量的脂肪代谢产物——酮体，可能发生酸中毒。肝功能明显损害、活动性肺结核、急性肾炎等患者都应在病情缓解后，才能逐渐恢复跑步锻炼。

（二）禁忌事项

一忌不做准备运动。在体育锻炼前做些简单的四肢运动，对安全有效的锻炼身体有好处。因为在寒冷的冬天，人体因受寒冷的刺激而使肌肉、韧带的弹性和延展性明显降低，全身关节的灵活性也较夏秋季节差得多。锻炼前不做准备运动，则易引起肌肉、韧带拉伤或关节扭伤，致使锻炼不能正常进行。

二忌大雾天气锻炼。雾是由无数微小的水珠组成的，这些水珠中含有大量的尘埃、病原微生物等有害物质，如在雾天进行锻炼，由于呼吸量增加，势必会吸进更多的有毒物质，影响氧的供给，这会引起胸闷、呼吸困难等症状，严重者会引起鼻炎、肺炎、气管炎、结膜炎及其他病症。

三忌不注意保暖。运动时不可忽视保暖，否则会引起伤风感冒。天气冷的时候，可待身体发热后再逐渐减衣，开始锻炼时不必立即脱掉衣服，也不要等大汗淋漓时再脱衣服，否则容易感冒。

四忌被动训练。研究发现，主动锻炼比被动锻炼的效果要好很多。主动锻炼时，人们心情愉快，内分泌系统运转更好，运动时注意力集中，不容易受伤。而在被动锻炼时，本来就不情愿，情绪和身体对着干，肌肉的协调能力不好，更易导致运动损伤。

八、跑步的运动损伤

（一）肚子疼

肚子疼产生的主要原因是在正式运动前未进行准备活动，因为心脏惰性大，不能适应运动负荷，引起呼吸肌紊乱“岔气”，或是饭后、饮水后使肠系膜受到过分牵拉。

预防：减速，调节呼吸节奏，加深呼吸。同时用手按压，可减轻疼痛。

（二）肌肉酸痛

小腿肌肉酸痛属于运动过程中的正常生理现象。肌肉收缩产生能量的同时，肌肉内发生一系列变化，三磷酸腺苷、磷酸肌酸、糖原分解放能，若强度过大，血液循环跟不上，氧气供应不足，乳酸堆积，刺激了神经系统，就会引起疼痛。

处理：热水烫脚、按摩、洗腿。

（三）肌肉痉挛

俗称腿抽筋，它是一种强直性肌肉收缩不能缓解放松的现象。冬季多发，天冷，未进行准备活动或小腿肌肉受到冷的刺激均会引起肌肉酸痛。

处理：保暖、牵引、按摩。

（四）胸　痛

走跑运动中呼吸不均匀，没有用鼻呼吸，冷气吸入肺，肺血管收缩，血液循环障碍，长时间挺胸跑，胸部持续紧张均会引起胸痛。

预防：走跑过程中用鼻呼吸，做好保暖工作。

（五）跟腱炎

跟腱炎是指跟腱背侧深筋膜和腱组织之间的滑膜层及其结缔组织损伤，造成血液循环障碍，导致腱围及腱组织的损伤性炎症。由于走跑场地不平，过硬，会造成跟腱炎。扁平足，足弓过高，后群肌肌力不足也是其主要的发病原因。

预防：在鞋跟内加一层软垫，帮助减缓跟腱紧张。

（六）足底筋膜炎

足底筋膜是一种坚韧及低延展性的纤维组织，它起到了维持足弓的正常弯度的作用。足底筋膜炎患者通常在早上起床或久坐后起来步行时疼痛最为剧烈，行走一段时间后会减轻，因此很多人不注意，继续跑步会导致恶化。

处理：减少跑走的时间。冰敷，避免足趾上翘动作。

预防：做伸展运动，进行肌力练习。

（七）尿色有变化

尿色颜色变深，属于正常生理；尿中出现白色浑浊，是因为体内供应能量的代谢旺盛，磷酸盐排泄增加；尿色变红或酱油色，尿中出现红血球、血红蛋白，肾血液循环障碍，毛细血管通透性增加，即运动性蛋白尿，这种损伤只有在强度较大时才会发生。

预防：降低运动强度。

第四节　划　船

一、划船的概念

划船是用人力划桨使船只在水面前进的一项运动。按船只的类型分赛艇、皮艇和划艇3种。赛艇外形两头尖细如同织布的梭子，随着运动员划水过程中的前倾、后仰及双脚用力蹬踏脚板的动作，滑座也随之前后移动，就使船艇在水中快速前进。比赛分单人、双人、四人、八人、有舵手、无舵手等项。男女比赛距离分别为2000米和1000米。皮艇为双叶桨；划艇形如独木舟，用单叶桨划水。

划船应该属于文化体育业。按船只的类型分赛艇、皮艇和划艇3种。

二、划船的技术

1. 向前侧身，手臂打直。
2. 把桨伸到水里。
3. 把两边桨往回拉，利用整个身体的力量。

每次划动都应是一个持续的动作，力量均匀地作用于每个桨，一个基本的技巧就是“直

面危险，努力拉动”。因为这种拉动是最有力的，所以很多操作都用此方法让船减速或后退。改变船的角度，有两种方式单桨转动指只使用一只桨，当一支桨划动时，另一支桨在水面，会让船产生一些后退运动。双桨转动双桨转动需要一点技巧，需一支桨推动时，同时拉动另一支桨，双手反向运动。双桨操作船会转得快些，并且可以围着中心转。这种技术是用于让船在大的波浪中直行，设置船朝向渡口的角度或者让船转向。

三、摆渡的方法

为避开直接的障碍，常常用摆渡的方法从旁边穿越水流，其基本技巧如下。

1. 确定水的流向（不必要与河岸平行）。

2. 让船左右转动以便与水流成一个角度（即设定摆渡角度）。

3. 平滑拉动，持续操桨如何使船靠岸当船边水流的力量（由摆渡角度引起）推动船从侧边穿越水流时，猛烈地敲击会降低船速。这样即使最小的水流运动也可能上渡口。

基本技巧如下：把船转到你想到达的角度上，改变船在河中的位置，最重要的是让船与水流保持一定角度，然后开始向后划桨，而不是向着河岸。例如，在水流转弯比河岸转弯迟的地方，船应与水流成45° 角，而不是与河岸成90° 角。在没有空间转动船首时避开障碍当船处于一个摆渡位置（如不是直对逆流），用旋转船的方法将船从侧边滑过障碍或穿过一个狭窄的通道。用双桨旋转让船转向，并利用船后部旋转时水流对船的力量，让船从障碍物后部穿越，让船首保持直指逆流的方向。

这种方式用于让船保持钝角（大于45° ）或在没有空间转动船首时避开障碍，而无须花费太大的力气（此技巧要求对水流有较高的认识和判断能力）。

利用后部旋轴使船转向。以一个钝角接近障碍，在拐弯处上渡口，最重要的是船对水流的角度，而不是对岸的角度。拉动上首桨（离障碍物最远），使船旋转，让船首首先穿过船道。在水流与岩石的冲撞中，船可能撞上岩石，在石头周围摇摆。

毫无疑问，一个操桨者为了有技巧性地穿过急流，必须学会娴熟地使用纵旋轴、后旋轴和运用所有划桨技术。

四、漂流的技术

应对紧急情况的程序这里介绍几种在河上特殊的自救和救生技巧，如果所有的船员都熟悉这些程序，并能冷静快速地操作，这些紧急情况就不会变得严重。游过急流游过急流尽管被认为是危险的，但却真的可以变得很有趣。① 平静面对。应该平静面对急流，用脚避开前面的岩石。向后倾斜，让桨为自己把握方向。② 屏住呼吸。在大的波浪中深呼吸然后屏住呼吸面对泡沫状的浪尖，一直等到急流进入岸边旋涡或退回船上。③ 远离船只。最可怕的是挤在船和岩石之间，因此要远离船，特别是在顺流的一侧。④ 举起桨求救。一把竖直举起的桨标志着告诉别的船只这儿有一个人在船上。⑤ 防止体温过低。冰冷的水在不到十分钟的时间内就可耗尽泳者的力气，应特别小心。⑥ 应对经过远程游泳的人实施针对体温过低和受到冲击的救护。⑦ 与岩石碰撞。如果你发现不能避开岩石（这种情况确实存在），可以在碰撞前调转船头或让船头撞上岩石。掉转船头时轻轻旋转船，绕开岩石；在船头撞上岩石时立即让船停下，但可使你通过一些旋转来调整航线。

船侧有岩石。如果船侧有岩石，全体船员最好在碰上之前，立即跳到离岩石最近的船侧。船员的重量将会让顺流船绕开岩石，逆流则流得更高。否则，水将升起抵挡逆流，吸住它，在岩石旁平整地包住船。没有被包住的船通常能摆脱困境，通过探测水前方的岩石，推开它让船员转到后面，划动桨，跳跃式站在船底或许也有帮助，若是遭受过撞击的船，则非常难操作，因为它含有很多吨的水。

撞击进水。第一步赶快舀水，再尽力将船停在平静的水域（现代的自排水橡皮艇则无须舀水）。沉陷（注：现代的自排水船不会沉陷）。如果发生以上的情形（与岩石相撞）导致船沉陷，就应用绳子从岸上寻求帮助。一条这样的船常常被几吨的力量缠绕，但通常有一处没有这么严重。用一根粗绳绕成D形环，穿过水道（有必要可在前面打个孔），或船后面的船架。可以用一个拉力系统（由蝴蝶状的环或卡宾轮组成）帮助提升。尽力拉起船，离开水域，用船头或船尾的绳帮助拉向岸边。如果以上所有努力失败，则让人和东西都在岸边排成一条线，等水位改变。在激流探险中避免让船沉陷是最危险的，应牢牢记住每个人的人身安全比让船远离岩石更重要。

陷在漩涡里。除非船凭着很大的惯性冲过漩涡，否则卷曲的波浪会撞回到船上而使它停下来，水也会立即灌进舱内，常常让船猛烈地旋转乃至倾斜。一些漩涡甚至可能会掀翻船，当然这并非很常见，因为船会因浸泡而加重。立即进入顺流的水中以避免可能发生的倾覆，措施是用桨或橹划动顺流的水以从漩涡中脱身而出，尽管漩涡表层的水通常都是逆流，其实在其下层及漩涡的旁侧都有水流，万不得已，也可用岸上的绳子把船从漩涡中拖出来。倾覆是由诸如大的漩涡、波浪、单侧的波涛及障碍（如石头和倒下的枯树等）所引发的。救护的对象按先后顺序依次是：① 你自己。② 船上的其他乘员。③ 装备。试着跳开以避免撞击到障碍上。如果确定不会陷入船与石头之间的逆流中，应该尽量浮在水面上，可上岸避开这一段急流水域。尽量保持与你的同伴一起行动，如果有人失踪，应检查船下以确定他是否被绳索或衣物缠住（这就是为什么必须确保没有松散的绳套）。不要担心装备，首要的是确定每个乘员的安全，由于从倾覆的船内游向岸边非常困难，你通常会需要其他船只的帮助，这应该在远离急流的平静水面来操作。救援船只逆水接近，捞起倾覆船只的一条缆绳，再把它牵往岸边，其余船只也应该沿途搭救落水者并尽可能快地清点人数。

1. 急流与瀑布是不可避免的，在无人的急流区系上救生绳以帮助船驶过。

2. 并在岸上对船保持密切的控制，切记不可将绳索套在你自己身上，在绳上打个结或将绳绕在树上都可帮助实现对船的控。

3. 漂流的技巧，操桨纵舟斗急流，漂流沿溪而下，水面开阔河流较缓时，尽可悠闲地挥挥桨，抬头看看周围的景致，但是遇到急流险滩时，就需要大家齐心协力，运用各种技巧同

舟共渡。

滚水坝漂流技术分析如下。

（1）滚水坝漩涡的形成

人为的漩涡——滚水坝下面的漩涡可以说是人为的，因为这样可以保护坝基。

消耗势能的漩涡——通过这样的设计，当大水时，强劲的水流从坝顶滑下，直接冲到距离坝基有一定距离的地方，通过搬运和淘洗在这里逐渐形成一个大坑。特别时大坑靠坝基这侧的乱石抵挡了向内回旋的水流，保护了坝基水流分析——上方水流高速向着凹坑中心冲下，形成一个充满气泡的凹陷。冲下的水流经过水底凹坑的导引和反弹，靠近水底一部分往内（坝基方向）顺时针翻滚，更多一部分则向下游方向移动，在水底凹坑的下边缘处上涌，其中一部分流回凹陷，一部分流向下游。

（2）筏艇操作技巧

在过去几年里，急流探险中划航和操桨的技术都提高了。尽管原理相同，但技术因两种筏艇的不同而有所区别：单桨船和排桨推进船。单桨船是指装备有一个固定的架和一排桨，由一人操作的船。排桨推进船是指没有框或架，由一个艇长和一队惯于操独木舟桨的人共同配合操作的。要和一条河流拼搏，船员必须把他们的急流探险技巧与以下划船技巧相结合。

单桨船操作技巧：划船者向前侧身，手臂打直，把桨伸到水里，顺流而下，把两边桨往回拉，利用整个身体的力量。每次划动都应是一个持续的动作，力量均匀地作用于每个桨，一个基本的技巧就是“直面危险，努力拉动”。然而在急流中他面临奔涌而下的水流，要看到即将遇到的障碍，尽力阻挡水流，这些都降低了船速，给他时间进行把船从一边移动到另一边的操作。

排桨船操作技巧：与一人操桨不同，排桨推进是通过船长和船员的共同努力，并且大部分操作都是顺流的，船以比水流更快的速度向前进。船员坐在船边，并使力量均匀地分布于船的两侧。船长坐在船首指挥，把他手中的桨作为方向舵。这种船上人员的配合更紧密，因为船的前进趋势常在障碍物中形成一个紧密的道路。因此船长必须预料到前方水况，并迅速地通知船员跟进，而不是与水流背道而驰。

第五节　游　泳

一、游泳概述

游泳运动是一种凭借自身肢体与水的相互作用力，在水中漂浮前进，或在水中潜游而进行的有意识的机能活动。无论赛程多长，从50～1500米，任何游泳比赛的目标都是以最短的时间游完全程。每项赛事都有一种特定的泳式或是4种泳式的结合，它们分别是蛙泳、仰泳、蝶泳与自由泳。游泳项目既有个人比赛，又有团体赛。团队赛由4名选手组队竞技，通常安排在比赛最后。

它是一项有氧运动，对人体的影响是多方面的，具有很高的锻炼价值。游泳池的水温通常为26～28摄氏度，经常参加游泳的人，由于体温调节功能得到改善，不容易伤风感冒，还能改善人体内分泌功能，从而提高对疾病的抵抗力和免疫力。

它同时是一项很好的休闲体育运动。游泳时，水对人体的按摩，能使皮肤光洁、健美、富有弹性，还能减少体脂，形成优美的线条。

处于长期站立、久坐工作环境下的职业人，会因长久保持上身直立坐姿造成背部、腰部关节和肌肉的大负荷。游泳时身体舒展、放松，伸肩挥臂等动作对矫正和预防腰背劳损及脊柱侧弯效果良好，特别适合从事久坐、久站类工作的人群。

（一）游泳池

正规的游泳池长50米、宽25米，分8条泳道，每条泳道宽2.75米，水深均为1.85米。

在其他赛事（如潜泳）中，人们会用到坡度池底的泳池。其起点处水深至少1.2米，另一端至少1米。泳池划分出10条泳道，各宽2米左右。

（二）泳　姿

泳姿是从基本游戏规则发展而来的。为了达到最快的速度，躯干与腿应保持与水面平行以降低游泳者承受的阻力。手与臂应在头部前方尽可能伸展，臂在水中划动的时间越长，一次划臂产生的前推力就越大。

1. 蛙　泳

蛙泳需要动作协调。首先用臂划水，然后蹬水。

2. 仰　泳

仰泳中仰泳这依靠计算划水次数估计何时到达泳池另一端。

3. 自由泳

自由泳是速度最快的泳姿，要求游泳者面朝下游动，每划2～3次将头露出水面呼吸一次。游泳动作应尽可能平稳，腿部需连续打水。

4. 蝶　泳

蝶泳要求高度的耐力与力量，尤其是上体。手臂须破水并向身后下方推水。动作顺序较难掌握，手向内侧划水时打水；手从外侧归位时再次打水；当手臂靠近大腿时身体向上抬起并呼吸。

5. 混合泳

混合泳接力赛中，由多人或4人组成的队参加比赛。每人至少游50米，然后由下一名队员接力。比赛的每一程按规则规定的顺序及泳姿进行。

（三）实用游泳

1. 反蛙泳

身体仰卧于水面，两腿做屈收和蹬水动作，两臂同时沿体侧向后划水，一次划臂配合一次蹬腿，使身体前进，形似蛙泳。常用于水中救生拖带溺者。

2. 侧　泳

身体侧卧水中（或左或右），两臂作交替的划水（一臂作类似爬泳、另一臂似蛙泳的划水），两腿做剪式蹬夹动作，两臂交替划一次，两腿蹬夹一次。一般用于武装泅渡、水中救护、水中拖带物品等活动。

3. 潜　泳

不戴器具与装备在水下憋气游进。有蛙式潜泳（动作类似蛙泳）和爬式潜泳（用蛙泳划臂爬泳打腿）。潜泳常用于水下作业、寻找沉物、打捞溺水者。

4. 踩　水

借助于两腿的蹬水和两臂的划水使人体在水中垂直浮动。踩水时，两腿同时做类似蛙泳的向下蹬水，两臂在胸前做横向划水动作，也可采用两腿交替蹬踩和两臂上下压水的方式。一般用于持物过河，水上侦察、水中救生等活动。

5. 长　游

在江、河、湖、海等天然水域进行的长时间、长距离游泳。大多为集体组织，也可个别进行。组织长游，应预先了解水情和气候条件，采取安全保护措施。

6. 武装泅渡

单人或成队携带武器装备渡过江河的游泳，主要采用蛙泳和侧泳的方式，以利于保持身体平衡、观察水面动静，并使游动声响小。必要时可利用气袋、竹筒、木筏等漂浮物游进。泅渡前须严格整理服装与装备，做到衣裤不兜水，随身装备不松散。

7. 水中救生

援救溺水者的应急措施。有间接救生和直接救生两种。前者利用救生圈、救生竿、绳索等救生设备进行；后者由救生员入水，运用救生技术将溺水者拖带上岸。如溺水者出现喝水、休克等状况，则应立即帮助其清除口鼻内异物、排除呼吸道及腹内积水，做人工呼吸与其他护理工作。

（四）练习游泳

1. 熟悉水性

在浅水池中玩耍，让水和身体进行亲密的接触。但要注意，当水的高度超过胸的位置时会产生恐惧感，这时应当保持冷静，踩住池底不要随意乱动。

2. 学习呼吸

深吸一口气憋住，把头埋进水里用嘴慢慢吐气，同时慢慢抬头，当嘴接近水面时猛地吐气把水吹开，当嘴离开水面后大口吸气，反复练习这套动作。

3. 学会漂浮

首先在泳池中让自己站住脚，不能让水淹没脖子，深吸一口气，把头埋进水里憋住气不动，然后双手抱住双膝，慢慢地放松双手使四肢完全漂浮在水中，感受一下漂浮。

4. 学习蛙泳

（1）腿部技术

蛙泳的腿部动作是推动身体前进的主要动力之一。它的主要动作环节可分为收腿、翻脚、蹬夹水和滑行四个阶段。这四个环节是紧密相连的完整动作。

①收　腿

收腿是为了给翻脚、蹬水创造有利的位置，同时既要减少阻力，又要考虑到手腿配合因素的需要。开始收腿时，两腿随着吸气的动作自然放下，同时两膝自然逐渐分开，小腿向前回收，回收时两脚放松，脚跟向臀部靠拢，边收边分。收腿时力量要小，两脚和小腿回收时要收在大腿的投影截面内，以减少回收时的阻力。（图5-5-1）

收腿结束后，大腿与躯干成120° ～140° ，两膝内侧大约与髋关节同宽。大腿与小腿之间的角度为40° ～45° ，并使小腿尽量成垂直姿势。这样能为翻脚、蹬水做好有利的准备。

②翻　脚

在蛙泳腿的技术中，翻脚动作很重要。它直接影响到蹬水的效果。收腿即将结束时，脚仍向臀部靠近。这时膝关节向内扣，同时两脚向外侧翻开，使脚和小腿内侧对好蹬水方向。这样能使对水面加大，并为大腿发挥更大力量做好积极准备。（图5-5-2）

收腿与翻脚、蹬水是一个连续的完整动作过程。正确的翻脚动作是在收腿未结束前就已开始，在蹬水开始完成。如果翻脚后腿稍有停滞，则会破坏动作的连贯性并增大阻力。

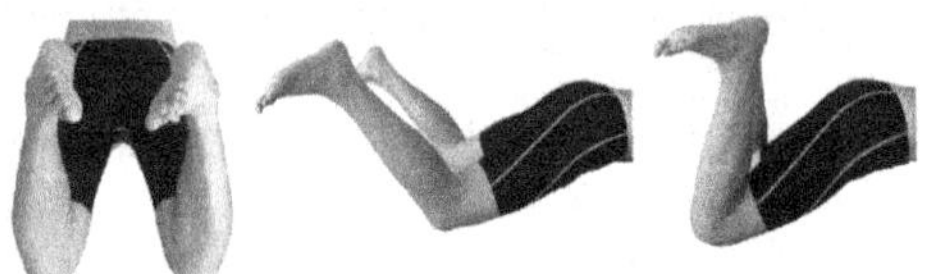

图 5-5-1

图 5-5-2

③蹬夹水

蛙泳腿部动作效果的好坏，完全取决于蹬夹水技术的正确与否。蹬水应由大腿发力，先伸髋关节。这样使小腿保持尽量垂直对水的有利部位，向后做蹬夹水的动作。其次是伸膝关节和踝关节。（图5-5-3）

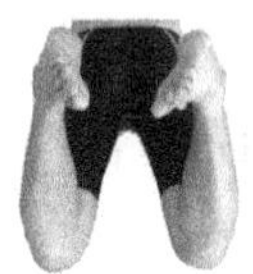
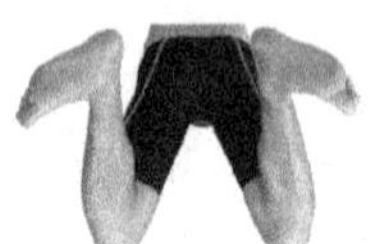

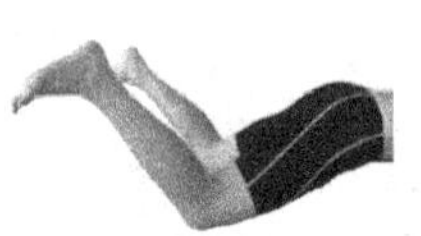
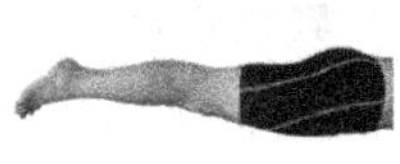

图 5-5-3

蹬夹水的动作实际是一个连续的完整动作，只是蹬水在先，夹水在后。实际上在翻脚的动作中，两膝向内，两脚向外已经为蹬夹水固定住唯一的方向。

蹬夹水效果的好坏不但取决于腿部关节移动的路线和方向，以及蹬夹水时对水面积的大小，最主要的是取决于两腿蹬夹水的速度和力量的变化。蹬夹水的速度是从慢到快，力量是从小到大的。

④滑　行

蹬夹水结束后，脚处于水平面的最低点，这时身体随着蹬水的动力向前滑行，腰部下压，双脚接近水面，准备做下一个循环动作。

（2）臂部技术

蛙泳手臂划水动作可以产生很大的推动力，掌握合理的手臂划水技术，并且使之与腿和呼吸动作协调配合，能有效地提高游进速度。它的主要动作可分为开始姿势、抓水（也可叫“抱水”）、划水、收手和向前伸臂几个阶段。这几个阶段也是紧密相连的完整动作。（图5-5-4）

图 5-5-4

①开始姿势

当蹬水动作结束时，两臂应保持一定的紧张，自然向前伸直，并与水面平行，掌心向下，手指自然并拢，使身体成一条直线，形成较好的流线型。

②抓　水

从开始姿势起，手臂先前伸，并使重心向前，同时肩关节略内旋，两手掌心略转向外斜下方，并稍屈手腕，两手分开向侧斜下方压水，当手掌和前臂感到有压力时，就开始划水。

抓水动作一方面能给划水创造有利条件，另一方面还能造成身体上浮和前进的作用。抓水的速度根据个人技术水平的不同而不同，水平较高者抓水较快，反之则慢。身体以胸部为基准，手臂动作为向外划。

③划　水

当两手做好抓水动作、两臂分至略宽于自己的肩宽时（40°～45°），手腕开始逐渐弯曲。这时两臂两手逐渐积极地做向侧、下、后方的屈臂划水动作。

在划水中，前臂和上臂弯曲的角度在不断地变化。其标准是以能发挥出最好的力量为准则。在整个划水过程中肘关节的位置都比手高。手运动的路线不应到肩的后下方，而应在肩的前下方。其速度是从慢到快，至收手时应达到最快速度。抱水及向下划水，头部准备上抬。

④收　手

收手是划水阶段的继续。收手时，收的运动方向为向内、向上、向前。手的迎角大致为45°。由于前臂外旋，掌心逐渐转向内。收手动作应有利于做快速向前的伸手动作，并且肘关节要有意识地做向内夹的动作。当手收至头前下方时，两手掌心由后转向内、向上的姿势。这时大臂不应超过两肩的横向延长线。在整个收手动作过程中，手的动作应积极、快速、圆滑。收手结束时，肘关节应低于手，大、小臂的角度小于90° 。向内划水及抬头吸气，腿开始向臀部回收。

⑤ 向前伸臂

向前伸臂是由伸直肘关节、肩关节来完成的。掌心由开始的向上逐渐转向内，双掌合在一起向前伸出，在最后结束前逐渐转向下方。手臂前伸，收腿结束，低头闭气，并用力向后夹蹬腿。继续向后夹蹬腿，低头开始呼气，手臂用力前伸。蹬腿后要保持流线型向前滑行。

蛙泳整个臂部的动作路线无论是俯视或仰视都是椭圆形的，并且是一个连贯、力量从小到大、速度从慢到快的完整过程。

（3）配合技术

手臂滑下（抓水）的同时，开始逐渐抬头，这时腿保持自然放松、伸直的姿势。手臂划水时，头抬至眼睛。出水面，腿还是不动。只有收手时才开始收腿，并稍向前挺髋，这时头抬至出水面，并进行快速、有力的吸气。伸手臂的同时低头，用鼻或口鼻进行呼气，并且在手臂伸至将近1 / 2处时，进行夹蹬水的动作，之后，让身体伸展滑行一段距离，等速度降低时进行第二个周期的动作。（图5–5–5）

图 5–5–5

在蛙泳的游进过程中，一般都是一个周期一次呼吸。这样有利于机体的有氧供应，从而降低疲劳速度。需要注意的是，在抬头吸气前，必须要将体内的废气全部吐完，这样才能吸进新鲜氧气。

5. 学习自由泳

（1）腿部技术

在爬泳技术中，大腿动作除了产生推动力外，主要起着维持身体平衡的作用。它能使下肢抬高，以及协调配合双臂有力地划水。

爬泳腿的打水动作，几乎与水平面成垂直方向进行。从垂直面看，两腿分开的距离为30～40厘米，膝关节弯曲的角度约为160° 。（图5–5–6）

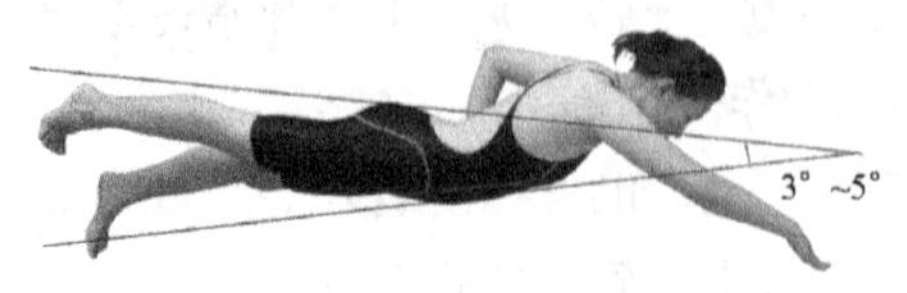

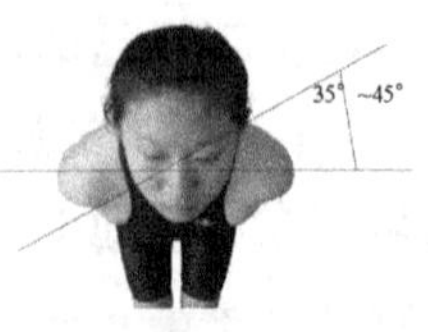

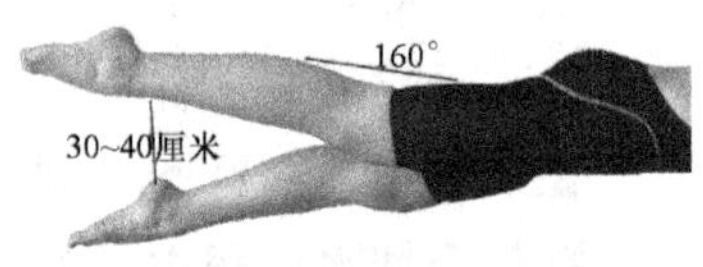

图 5–5–6

游进中，腿向上打水时，脚应接近水平；向下打水时，不应超过身体在水中的最低部位。正确的打水动作是脚稍向内旋，踝关节自然放松，向上和向下的打水动作应该从髋关节开始，大腿用力，通过整个腿部，最后到脚，形成一个“鞭状”打水动作。向下打水的效果最大，因此应用较大的力和较快的速度进行；而向上则要求放松、自然，尽量少用力，并且

速度相对要慢。

从腿向上的动作开始，当大腿带动小腿，从下直腿向上移至踝关节、膝关节、髋关节与水平面平行时，大腿稍向上而终止移动，并开始向下打水。当大腿开始向下打水时，由于惯性的作用，此时小腿和脚仍继续向上移动，而使膝关节弯曲形成一个大约160°的角。这使小腿和脚达到了最高点，由于大腿继续向下移动，而带动小腿和脚完成向下打水动作。

当大腿向下打水到最低点并向上抬起时，小腿和脚与大腿仍保持一个角度，并继续向下移动打水，直至完全伸直为止，才随大腿向上移动，开始第二个循环动作。（图5-5-7）

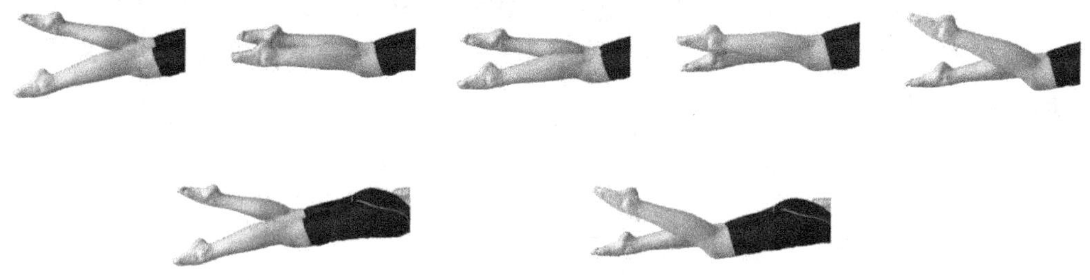

图 5-5-7

（2）臂部技术

自由泳时臂部动作是推动身体前进的主要动力。一个周期分为入水、抱水、划水、出水和空中移臂五个不可分割的阶段。

①入　水

完成空中移臂后，手在控制下自然放松入水。手入水的位置应在肩的延长线上，或在身体的中线和肩的延长线之间。入水的顺序为：手—小臂—大臂。入水时手指自然伸直并拢，臂内旋使肘关节抬高处于最高点，手掌斜向外下方，使手指首先触水，然后是小臂，最后是大臂自然插入水中。

②抱　水

抱水动作主要是为划水做准备。因此它是相对放松和缓慢的。抱水就好像用臂去抱一个大圆球一样。臂入水后，应积极插向前下方。此时，小臂和大臂应积极外旋，并屈腕、屈肘。在形成抱水的动作中，开始手臂是直的，当手臂划下至与水平面成15°～20°时，应逐渐屈肘，使肘关节高于手。在划水开始前，也就是手臂约与水面成40°角时，肘关节屈至150°角左右。（图5-5-8）

图 5-5-8

③ 划　水

划水是发挥最大推进作用的主要阶段，分为两个部分。从抱水结束到划至与水面垂直之前称作“拉水”，过垂直面后称作“推水”。

拉水时，应保持高肘姿势，手向内—向上—向后运动。当拉水结束时，手在体下接近中线，这时，肘关节弯曲的角度为90°～120°。小臂由外旋转为内旋，掌心由向内后方变为向外后方。向后推水是通过屈臂到伸臂来完成的。在推水过程中，手是向外—向上—向后的运动。肘关节要向上、向体侧靠近，并且手掌始终要与水平面保持垂直。

整个划推水过程，手掌的运动路线并不是始终在一条直线上和同一平面上，实际上是一个较复杂的三度曲线。从身体的额状面来看是一个“S”形，从身体的矢状面来看是一个“W”形。（图5-5-9）

图 5-5-9

④ 出　水

在划水结束后，臂由于惯性的作用而很快地靠近水面。这时，由大臂带动肘关节做向外上方的“提拉”动作，将小臂和手提出水面。小臂出水动作要比大臂稍慢一些，掌心向后上方。手臂出水动作应迅速而不停顿，但同时应该柔和，小臂和手掌应尽量放松。（图5-5-10）

⑤ 空中移臂

臂在空中前移的动作是手臂出水的继续，不能停顿，移臂的动作应该放松自如，尽量不要破坏身体的流线型，要和另一支臂的划水动作协调一致，并且要注意节奏。在整个移臂过程中，肘部应始终保持比手部高的位置。（图5-5-11）

图 5-5-10　　图 5-5-11

（3）配合技术

① 两臂和呼吸的配合技术

爬泳技术中的呼吸技术较为复杂，但是它的好坏，将直接影响划水力量、速度和耐力的发挥。

爬泳的呼吸和手臂的配合为：一次呼吸多次划水。吸气时，头随着肩、身体的纵向转动转向一侧，使头在低于水面的波谷中吸气。此时，同侧臂正处在出水、转入移臂的阶段。（图5-5-12）

图 5-5-12

移臂时，头转向正常位置。同侧臂入水时，开始慢慢呼气，并逐渐用力加快呼气的速度。自由泳时，一般是在两臂各划水一次的过程中进行一次呼吸，以向右边吸气为例：右手入水后，嘴和鼻开始慢慢呼气。右臂划水至肩下，开始向右侧转头和增大呼气量。右臂推水即将结束，则用力呼气。右臂出水时，张嘴吸气，至空中移臂的前半部为止，并开始转头还原。直至臂入水结束，有一个短暂的闭气过程，脸部转向前下。头部稳定时，右臂入水，再开始下一慢慢呼气的过程。

关于自由泳的呼吸与臂、腿配合，初学者一般采用6：2：1的方法，即呼吸1次、划臂2次、腿打6次。这种配合方法易保持平衡和协调掌握自由泳技术。

② 完整的配合技术

完整配合技术即呼吸、手臂和腿的配合。因为手臂是产生推进力的主要来源。因此，在配合中，呼吸和腿的动作都应该服从于手臂动作的需要。

呼吸、手臂和腿的配合比例主要有3种：1：2：2（即1次呼吸，2次手臂动作，2次打腿的动作）、1：2：4和1：2：6，也有极少数优秀运动员采用1：2：8的技术。

二、水上救护

水上救护是指采取各种有效措施将溺水者救上岸的过程，可分为直接救护和间接救护。

直接救护是救护者下水对溺水者进行施救的方法。当发现溺水者时，救护者要沉着、冷静，入水前应观察周围环境，辨别水流方向、水面宽窄，选择入水地点。对熟悉的水域可起跳入水，但对不熟悉的水域应脚先入水，以最快速度接近溺水者。救护者不论采用爬泳还是蛙泳，头必须露出水面，以便观察溺水者的情况。当救护者游到距溺水者 2～3米时，要深吸气潜入水中游近溺水者，两手扶住其髋部，将其移至背向自己，然后抬高。

另一种办法是正面接近溺水者后，救护者用左（右）手握住其右（左）手，迅速用力向左（右）拉，借助惯性使溺水者的身体转至背向自己，然后进行拖运。如溺水者背向自己，可直接游近溺水者，用手拖其腋下，使其口鼻露出水面后再进行拖运。拖运采用侧泳或仰泳进行。

（一）侧泳拖运法

一臂伸直拖住溺水者的后脑，一手在体侧划水，两腿用侧泳蹬剪水进行。

（二）仰泳拖运法

仰泳拖运法是指救护者仰卧于水中，一手或两手扶住溺水者，用蛙泳腿的动作使身体前进。

1. 救护者仰卧于水面，两臂伸直，两手扶住溺水者的两颊，用反蛙泳腿的动作使身体前进。

2. 救护者仰卧于水面，两臂伸直，用两手的四指扶在溺水者的两腋窝下，大拇指放在溺水者的肩胛骨上，用反蛙泳腿的动作使身体前进。

主题二　肌力与肌耐力训练项目

第六节　哑铃杠铃阻力训练

一、哑铃阻力训练

哑铃是一种用于增强肌肉力量训练的简单器材。它的主要材料是铸铁，有的外包一层橡胶。它的用途是用于肌力训练和肌肉复合动作训练。因运动麻痹、疼痛、长期不活动等导致肌力低下的患者，手持哑铃，可利用哑铃的重量进行抗阻力主动运动训练肌力。哑铃可训练单一肌肉，如果增加重量，则需多个肌肉的协调，也可作为一种肌肉复合动作训练。

举重和健身练习的一种辅助器材，有固定重量的和可调节重量两种。① 固定重量哑铃。其用生铁铸成，中间是铁棒，两端为实心的圆球，因练习时无声响，故取名哑铃。轻哑铃的重量有6、8、12、16磅（1磅＝0.4536千克）等。重哑铃的重量有10、15、20、25、30千克等。② 可调节哑铃。类似缩小的杠铃，在短铁棒两端套上重量不等的圆形铁片，长40～45厘米，举重或健身练习时可以增减重量。经常做哑铃练习，可以增强身体各部位的肌肉力量。

除铁制哑铃外，还有木制或用塑料制成的哑铃。练习时，利用木哑铃或塑料哑铃的敲击

声，培养练习者的协调性和节奏感，也可以把木哑铃编成成套的体操动作表演。

（一）哑铃的练习方法

1. 练习哑铃前要选好合适的重量。

2. 练习的目的是增肌，最好选择65%～85%负荷的哑铃。负荷是指能举起的最大重量。例如，如果每次能举起的负荷是10千克，就应选择重量为6.5～8.5千克的哑铃进行锻炼。练习时每天5～8组，每组动作6～12次，动作速度不宜过快，每组间隔2～3分钟。负荷太大或太小，间歇时间太长或太短，效果都会不好。

3. 练习的目的是减脂，建议练习时应做到每组15～25次，甚至更多，每组间隔控制在1～2分钟。如果觉得这种练习很枯燥，可以配合自己喜欢的音乐练习，或跟随音乐做哑铃健身操。

（二）长期练习哑铃的好处

1. 长期坚持练习哑铃，可以修饰肌肉线条，增加肌肉耐力，经常做重量偏大的哑铃练习，可以使肌肉结实，强壮肌纤维，增加肌力。

2. 长期坚持练习哑铃，可以锻炼上肢肌肉及腰、腹部肌肉，如做仰卧起坐的时候，在颈后部以双手紧握哑铃，可以增加腹肌练习的负荷；手握哑铃做体侧屈或转体运动，可以锻炼腹内、外斜肌；手握哑铃的直臂前举、侧平举等可以锻炼肩部和胸部肌肉。

3. 长期坚持练习哑铃，可锻炼下肢肌肉，如手持哑铃单脚蹲起、双脚蹲跳等。

（三）哑铃健身的三大误区

众所周知，哑铃是一种简单、经济的健身器材，但是很少有人深究其健身的原理。现在大众对哑铃健身作用的认识仍有不少误区，哑铃的健身功效，远远没有得到充分的发挥。

1. 误区一：用哑铃锻炼，既可增加力量，又可健美形体

科学地使用哑铃，确实可以收到很好的锻炼效果。有资料说，当年施瓦辛格一身健美的肌肉，主要就是通过练习哑铃而得。但是也有不少人用哑铃锻炼后，既没有增加力量，也没有变得健美，因此而心灰意冷，哑铃也被束之高阁，甚至成为锤子的替代品。事实上，哑铃健身大有学问，如果不加以贯彻，锻炼效果往往会差强人意。

在锻炼前，我们首先需要明确的是，力量与健美究竟哪个是自己的锻炼目的。锻炼肌肉主要通过两条途径，一是增加肌纤维的数量；二是增加肌纤维的体积。第一条途径可以提高锻炼者的力量，但健美效果相对不明显，适合专业举重运动员；第二条途径可使肌肉体积显著增大，但是力量增加相对较少，适合健美运动员或者大众健身者。通常健身爱好者都把健美视为主要目的，出于这一目的用哑铃锻炼时，须遵循如下规则。

训练前要先选择合适重量的哑铃。一般需要选择65%～85%负荷的哑铃，所谓负荷是指所能举起的最大重量。例如，如果每次能举起的最大重量是10千克，就需要选择重量为6.5～8.5千克的哑铃进行锻炼。对于一般健身者而言，拥有两三副不同重量的哑铃并坚持锻炼，就足够了。锻炼时每次举6～8组，每组重复8～12次，动作速度不宜过快，每组间隔2～3分钟。负荷太大或太小，间歇时间太短或太长，效果都不好。

2. 误区二：哑铃只练上肢

有人认为哑铃只能练出健美的上肢，要想全面锻炼，可能需要某些更复杂的器械。

时下一些较为昂贵的联合健身器械不仅在健身房里比比皆是，有的甚至进入了日常家庭。尽管联合器械具有其他简单器械无可比拟的优点，但是也存在价格高、占地面积大、挪动不方便等缺点，这些缺陷正好是哑铃的优点，而且只要设计和计划得当，哑铃训练完全可以获得与使用联合器械类似的功效。

哑铃主要锻炼上肢肌肉，但哑铃同样可以锻炼腰腹肌肉，如在做仰卧起坐时候，在颈后部双手紧握哑铃，可以增加腹肌练习的负荷，提高锻炼效果；进行背屈伸练习时，同样可以利用哑铃增加背部肌肉的负荷，以刺激背肌的增长；手握哑铃的体侧屈或转体运动，可以锻炼腹内外斜肌；手握哑铃的直臂前举、侧平举等可以锻炼肩部和胸部肌肉。此外，哑铃还可以锻炼下肢肌肉，如手持哑铃单脚蹲起、双脚蹲跳等。

3. 误区三：哑铃不适合老年人

老年人中有不少健身爱好者，但他们常会选择慢跑、广播操和太极拳等项目，力量训练则很少有人问津，哑铃基本上不被考虑。一般人都认为，年纪大了，力量下降了，所以不适合进行力量训练。但事实并非如此，从某种意义上来说，正因为力量下降了，所以更需要力量训练。

肌肉产生运动，同时也帮助身体维持静止的状态。随着年龄的增长，肌纤维自然萎缩，力量下降，不仅动作迟缓，而且稳定性降低，肌腱与骨膜更易发生过度磨损，所以各关节发生疼痛的可能性也大大增加。适宜的力量锻炼，不仅可以延缓老年人肌肉萎缩的进程，保持肌肉弹性，为更好地从事其他形式的健身活动打基础，而且还可以增加肌肉对各关节稳定性的保护作用，以减少或缓解各类疼痛。哑铃小巧玲珑、物美价廉，特别适合老年人进行力量锻炼。

二、杠铃阻力训练

杠铃有标准杠铃和非标准杠铃两种。

1. 标准杠铃：由横杠、杠铃片和卡箍三部分组成。举重比赛用的是国际标准杠铃，有男子杠铃和女子杠铃两种，按规定横杠总长度分别不超过2.20米和2.15米，横杠直径0.028米，最大的杠铃片直径为0.45米。杠铃片重量、颜色如下：25千克（红色）、20千克（蓝色）、15千克（黄色）、10千克（绿色）、5千克（白色）、2.5千克（红色）、2千克（蓝色）、1.5千克（黄色）、1.0千克（绿色）和0.5千克（白色）。

2. 非标准杠铃：结构同于标准杠铃，尺寸要求并不严格，制作要求不高，重量可以自由规定，民间使用的石担也可以代替。此外，为达到某些特殊要求，如需发展某局部的肌肉，可按需要制作各种形态的特种杠铃（如屈轴杠铃、弓型杠铃和环型扛铃等）。

第七节　俯卧撑

一、俯卧撑的概念

俯卧撑是常见的健身运动，主要锻炼上肢、腰部及腹部的肌肉，尤其是胸肌。俯卧撑主要锻炼的肌肉群有胸大肌和肱三头肌，同时还锻炼三角肌前束、前锯肌和喙肱肌及身体的其他部位。俯卧撑在日常锻炼和体育课上，特别是在军事体能训练中是一项基本训练，这一练习在体育教学、训练以及个人锻炼中也经常被运用。这种练习具有一定的普遍性和实效性，如果有兴趣，还可以进行一些小型比赛。2016年2月，通过“俯卧撑”进行年度盘点，已经踏入第六个年头，这既是一个公民对国家的别样盘点，也是“俯卧撑”创作、延伸和成长的一部分。

俯卧撑是力量素质训练的重要内容之一。其主要作用是提高上肢、胸部、腰背和腹部的肌肉力量。这种练习具有一定的普遍性和实效性，而且因其所需空间小，又无需任何器械，所以是简单易行却十分有效的力量训练手段。

二、俯卧撑的练习

（一）运动姿势

按身体姿势可分为高姿、中姿、低姿3种姿势。

1. 高姿俯卧撑：是指在做练习时，练习者的身体姿势是脚低手高，手脚不在同一个水平面上。

2. 中姿俯卧撑：（又称标准俯卧撑或水平俯卧撑）是指在做练习时，练习者的脚和手都在同一个水平面上。

3. 低姿俯卧撑：是指在做练习时，练习者的脚高手低，手脚不在同一个水平面上。

（二）双手距离

按双手之间的距离可分为超长、宽、中、窄4种俯卧撑。

1. 超长距离俯卧撑：主要锻炼胸大肌外侧和肱二头肌。当肘关节角度大于135° 时主要是肱二头肌发力。

2. 宽距离俯卧撑：大约在1.5倍肩宽，主要锻炼胸大肌外侧，同时发展三角肌前束、肱三头肌。

3. 中距离俯卧撑：略大于肩宽，主要锻炼胸大肌中部（增加厚度），同时发展三角肌前束、肱三头肌。

4. 窄距离俯卧撑：小于肩宽，双手置于两乳头前，主要锻炼三角肌前束、肱三头肌，同时发展胸大肌内侧（胸沟）。

（三）准备姿势

从准备姿势可分为不同的手法和脚法。

手法：按手撑地的方式可分为全掌撑、拳撑和指撑3种形式。按手撑地的方向可分为向前、向内、向外3种形式。

1. 全掌式：全手掌撑地的一种方法。

2. 拳式：以握拳的形式撑地的一种方法。

3. 指式：用手指第一关节撑地的方法。可分为五指、四指、三指（这3种成锥体形）、二指、一指撑地共5种形式。

脚法：按脚的位置关系可分为两脚并拢式和开立式两种。按脚撑地的形式可分为脚尖式、脚背式和脚弓式3种姿势。

（四）练习形式

从练习的形式来可分为以下几种。

1. 普通练习法：按教学与训练时规定的动作要求进行练习。

2. 负重练习法：在普通练习法的基础上，身体的腰背、腿等部位放置或捆绑适量的重物。

3. 击掌练习法：在快速有力地推掌后，双手在空中击一次掌。

4. 腾空练习法：可分为原地和行进两种。须在俯卧后快速有力推起，使手脚同时离地，并有一定的腾空高度和远度。

（五）基本技巧

呼吸方法：一般情况下可以分两种呼吸方式，一种是每次俯卧时吸气（只能用鼻），撑

时就呼气（可以用鼻和口）。另外一种是做两次或者三次就做一次吸气和吐气。以自己感觉不到呼吸困难为准。注意每次只能用一种方式。

1. 双手支撑身体，双臂垂直于地面，两腿向身体后方伸展，依靠双手和两个脚的脚尖保持平衡，保持头、脖子、后背、臀部以及双腿在一条直线上，动作重点：全身挺直，平起平落。

2. 两个肘部向身体外侧弯曲，身体降低到基本靠近地板。收紧腹部，保持身体在一条直线上，持续一秒钟，然后恢复原状。

动作重点：全身挺直，平起平落。

动作难点：屈肘推直。

方法简介：

（1）快慢结合法：练习中先快做几次，再慢做几次或变换练习。

（2）定时计数法：在一定的单位时间内计算练习的次数，可分为不停顿和可停顿两种。

（3）定数计时法：在完成一定数量的练习后，计算所用的时间。

（4）计数练习法：练习者发挥最大能量所做的次数，但要有一定的要求和规定。可分为连续法和间断法。

（5）综合练习法：采用多种姿势和方法进行变换练习，也称之为游戏法。

（六）俯卧撑类型

1. 改良式伏地挺身

改良式伏地挺身：伸展、放松你的背部与筋骨，改良式的伏地挺身，能伸展肩膀、背部与臀部，可增强胸部与核心肌群肌力。

（1）双腿并拢站立，将手举高过头部。吸气，将肚脐往内缩，缩紧臀部，高高伸展手臂，就像早上刚醒过来伸懒腰一样。

（2）吸气，将手臂往前伸然后往下，形成一个弧形，就像要伸展脊椎一样，先从头部往下，然后依次是颈部和上背部，最后是下背部往前弯曲。当伸展时，让手臂往前伸。最后手撑在身前的垫上。

（3）吸气，放低胸部，做伏地挺身的姿势，如果觉得下背部有点紧，先轻轻抬起臀部再夹紧。

（4）吸气，慢慢将手收回，恢复到动作（3）的状态。当往上升高时，头还是维持往下垂的姿势，一次只要“堆”一块脊椎即可。身体站直后，再抬起头。

（5）保持动作（4）的姿势做8次伏地挺身，下去时吸气，起来时呼气。试着放慢速度，身体保持紧缩腹部、夹紧臀部。

2. 屈膝俯卧撑

动作示范：屈膝俯卧撑。

一提到俯卧撑，大家都知道是趴在地上，通过手臂的屈伸，练习双臂和腰腹的力量。以下介绍的俯卧撑，手臂不动，只动腿，所以仅仅强化腰腹力量。

第一步，面朝下俯在地上，屈小臂，用双肘和脚尖维持身体平衡。颈、背、腿绷直，成一条直线。然后弯曲右膝，但膝关节不接触地面。

第二步，伸直右腿，再弯屈左膝。就这样，双腿以正常的步速轮流弯曲。

要领说明：此动作与普通俯卧撑的相同点是腰背要挺直。

3. 机械辅助俯卧撑

小器械介绍：S形俯卧撑架、工字形俯卧撑架和旋转俯卧撑架。

踏板伏地挺身：双手伏在踏板上，伸展肩部，脚尖着地，双脚分开，保持身体成一条直线。弯曲肘部，胸部向踏板靠拢，直至肩部与肘部成一水平线。恢复初始姿势，重复做8～10次。（如果感到太难的话，可以换一块高一点的踏板。）

作用原理：伏地挺身就是我们通常所说的俯卧撑，它是塑造完美上身的最有效方法。因为它同时锻炼了胸部、肩部和三角肌3个部分的肌肉。但是很多女性都不愿去做是因为它难度太大。改在踏板上做会相对容易些，因为减少了地球引力的作用。

三、俯卧撑锻炼数据与意义

相关测试：20～39岁成年人俯卧撑评分标准反映了人体上肢、肩背部肌肉力量及持续工作能力，使用垫子测试。

测试时，受试者双手撑地，手指向前，双手间距与肩同宽，身体挺直，屈臂使身体平直下降至肩与肘处于同一水平面，然后将身体平直撑起，恢复至开始姿势为完成1次。记录次数。

测试注意：测试时，如果身体未保持平直或身体未降至肩与肘处于同一水平面，该次不计数。

20～39岁成年人俯卧撑评分见表5-6-1。

表 5-6-1

年 龄	性 别	1分	2分	3分	4分	5分
20～24岁	男	7～12	13～19	20～27	28～40	>40
25～29岁	男	5～10	11～17	18～24	25～35	>35
30～34岁	男	4～10	11～15	16～22	23～30	>30
35～39岁	男	3～6	7～11	12～29	20～27	>27

注意事项如下。

1. 要循序渐进，由易到难，由少到多，由轻到重进行锻炼。
2. 根据自己的体质情况，选择适宜的练习方法，控制运动负荷。
3. 要做好准备和放松活动，防止受伤和肌肉僵硬。
4.老人禁用指式、击掌、负重练习法。心脏病、高血压病患者禁用此法。

5. 俯卧撑为重力训练，长期做俯卧撑容易对指关节（拳式）、腕关节（掌式）和肩关节造成较大的压力和冲击，引发以上部分疼痛和受损，所以平时需对这些关节多加保养。

6. 相关记录。

俯卧撑是一项大众化运动，上至九旬老人，下至六岁顽童都适用。它还是一项时间与耐力的考验，可以比速度，可以比数量，甚至不同姿势之间都能相互比较。所以，吉尼斯世界纪录在线网站上，这项看似简单的运动的纪录竟有27项之多。其中最有名的纪录保持者当属英国的派迪·多勒，他包揽了其中的8项纪录。在1988年10月至次年10月间，他以全年完成1500230个俯卧撑而称雄。平均计算一下，每天要完成4110个。若他每天睡眠7小时，那么醒着的每一分钟里必须要完成4个俯卧撑，绝对是名副其实的“钢铁男”。

俯卧撑可以有效地提高人体各项机能的全面发展。

发展素质：其主要作用是发展人的上肢力量和腹肌力量，可以提高人体静力性和动力性力量素质。

改善生理：对发展平衡和支撑能力可起重要作用，可以改善中枢神经系统，有益于骨的坚实、关节的灵活、韧带的牢固、肌肉的粗壮及弹性，同时能加速血液循环，增大肺活量，促进生长发育，提高运动能力。

增强体质：经常全面锻炼，对身心发展是有益处的，可以调节人的心理，使人精力充沛，起到强健体魄，陶冶情操，锻炼意志的作用。此外，俯卧撑还具有延年益寿的作用。

第八节　引体向上

一、引体向上的概念

引体向上是以自身力量克服自身重量的悬垂力量练习，重点锻炼斜方肌、背阔肌和肱二头肌。引体向上要求运动者有一定的握力、上肢力量和肩带力量，这个力量必须能克服自身的体重才能完成。引体向上对发展上肢悬垂力量、肩带力量和握力有重要作用。它是以按动作规格完成的次数来计算成绩的，做得多则成绩好，因此，它是一种力量耐力项目。

二、引体向上的分类

引体向上可分：正手引体向上、反手引体向上、正反手引体向上、平行引体向上、胸式引体向上、颈后引体向上、单手引体向上、单臂引体向上、单指引体向上和负重引体向上等10种。

正手引体向上：手的握姿是引体向上中很讲究的一点，所谓正手，就是手心向前的抓握方式。这也是最“正统”的引体向上握姿，此种姿势对人的三角肌是一种挑战。如果想重点锻炼三角肌，在正手握法的同时，不妨双臂张开的角度增大些，这样难度更大。

反手引体向上：很多人不认同这种握姿的引体向上，认为采取这种姿势是偷懒的表现。的确，相对于正手握法，反手引体向上似乎要容易做些，因为它可以发挥肱二头肌的力量。可以把双臂并拢起来，甚至让两手相碰，这样可以给肱二头肌更多的压力。

正反手引体向上：顾名思义，这是同时使用正手握法和反手握法的姿势。这样做可以增加引体的难度，当采取这种抓握方式时，身体会向反握的一侧偏转，增加反握一侧的受力。当然，须左右交替使用正反手，否则会导致身体形态的不对称。

平行引体向上：如果有两条横杠，就可以采取这种双手掌心相对的抓握方式，这种姿势可以减轻肩部的受力。

胸式引体向上：普通的引体向上，只需把下巴或锁骨拉过横杠。而胸式还要再进一步，当锁骨碰到横杠的时候，努力把身体向后倾，让胸骨贴上横杠。这个姿势的引体向上特别锻炼背阔肌。

颈后引体向上：试着用后颈碰横杠，这种姿势可以充分锻炼上背的肌肉，如大圆肌、小圆肌等。

单手引体向上：用一只手抓杠，另一只手握住抓杠手的腕部。需要两条手臂都要锻炼到。

单臂引体向上：如果一手抓另一手还是不能满足锻炼需求，就放开它，完全用一只手臂发力做引体向上。虽然这个动作难度大，但是通过刻苦锻炼，也能做到。

单指引体向上：用手指悬挂身体做引体向上，听上去似乎是武侠小说中的功夫，不过现实中的确存在。用手指做悬挂或者引体训练，是攀岩的基础力量训练。因为在岩壁上，很难找到能抓握的突起或者缝隙，很多时候仅仅是能容下一两根手指的支点。攀岩训练中有专门的指力板，上面有各种大小的小洞和凸起，开始的时候可以尝试四根手指，逐渐减少到一根。最有力的是中指，然后是食指，最强悍的人可以用一根小指悬挂住身体并且做引体向上。

负重引体向上：通过往身体施加重量来完成引体向上，增加负重是一种简便的提高难度的方法，如绑沙袋，坠杠铃盘，或者在腰上拴一桶纯净水。增加负重应根据各自的身体素质及锻炼程度来选择负重物和负重量。

三、引体向上的标准动作

起始姿势：两手用宽握距正握（掌心向前）单杠，两脚离地，两臂身体自然下垂伸直。

动作过程：用背阔肌的收缩力量将身体往上拉起，直到单杠触及或接近胸部。静止一秒钟，使背阔肌彻底收缩。然后逐渐放松背阔肌，让身体徐徐下降，直到恢复完全下垂，重复再做。

呼吸方法：将身体往上拉时吸气，下垂时呼气。

注意要点：上拉时意念集中在背阔肌，把身体尽可能地拉高，上拉时不要让身体摆动，下垂时脚不能触及地面，可在腰上钩挂杠铃片来加重。

四、引体向上的动作技巧

（一）准备动作

1. 跳起或借助踏脚正手全握单杠，双手握位比肩宽。
2. 保持身体稳定，屈膝，双脚交叉于身后。

（二）训练动作

1. 缓缓屈肘，将身体向上拉起，直到下巴超过横杠。
2. 慢慢伸直手臂降低身体，回复到起始位置。
3. 重复上述动作，直至完成一组练习。

（三）动作要领

保持身体挺直而稳定，肘部和肩部应当是全身唯一运动的部位。建议做第一组时做到几乎竭尽全力，无论是3个还是4个。然后，再做两组，每组尽力而为，能做多少做多少。下次健身再做单杠引体向上时，尝试每组多做一两个，或多做一两组，直到能做若干组，每组做6次。双手握位越宽，练习的重点越集中在背肌上，反之，双手握位越窄，练习的重点则转向二头肌。

注意：动作技术要规范，意念要集中。上拉时想象背阔肌上部外侧末端一直被拉至腰部，直到胸部触及横杠不能再上拉为止，并静停3～5秒钟，保持背部所有肌群完全收紧，似乎全身的血液都涌向这个部位。这样才能真正获取练背阔肌所需刺激的广度和深度，从而有效地发达背阔肌。

当然，初学者及体重大的人很难完成如此高难度的引体向上练习。但不要着急，可以参照上述要求请人上托助练，或做重锤下拉等其他背部练习。

当引体向上次数超过12次 / 组时，即可考虑负重练。一般要做3～8组，每组8～12次，组间休息1～2分钟，休息时间长短因人而异。也可按照规定次数做。例如，第一组采用顶峰收缩法做8次，有余力也不多做，组间休息1分钟。第二组也按规定做8次。直至最后几组，用尽全力，即便借助外力，动作不太规范，也要完成规定的8次。总共做50次左右，这样练习效果也不错。

有些人练背时总是感觉不到练习效果，究其原因，还是因为动作不够规范，通过顶峰收缩来加强神经冲动，从而获得支配肌肉的神经感觉，使肌肉充分充血发胀，最终有效地发达肌肉，这就是吉龙达理论的要义。

五、引体向上的益处

引体向上锻炼背部，增加背部的宽度，背阔肌是健美爱好者重点训练的部位之一。引体向上则可以拉伸脊柱，使脊柱尽力伸展。

不同握距的正握引体向上能发展大圆肌、小圆肌、冈下肌、斜方肌、肱二头肌、背阔肌，但是侧重点不同。

宽握引体向上重点刺激背阔肌中上部； 中握引体向上重点刺激斜方肌； 窄握引体向上重点刺激背阔肌上部、大圆肌。

正握颈后引体向上重点刺激背阔肌中上部、大圆肌、小圆肌、菱形肌和背部深层肌肉。

第九节　攀　岩

一、攀岩的概念

攀岩运动也属于登山运动，攀登对象主要是岩石峭壁或人造岩墙。攀登时不用工具，仅靠手脚和身体的平衡向上运动，手和手臂要根据支点的不同，采用各种用力方法，如抓、握、挂、抠、撑、推、压等，所以对人的力量要求及身体的柔韧性要求都较高。

攀岩运动有“岩壁芭蕾”“峭壁上的艺术体操”等美称，富有很强的技巧性、冒险性，是极限运动中的一个重要项目，在世界上十分流行。攀岩是从登山运动中衍生出来的竞技运动项目，20世纪50年代起源于苏联，在军队中作为一项军事训练项目而存在。1974年攀岩被列入世界比赛项目。进入20世纪80年代，以难度攀登的现代竞技攀登比赛开始兴起并引起人们广泛的兴趣，1985年在意大利举行了第一次难度攀登比赛。

最早的攀岩者当然是远古人类，他们为了躲避猎食者或是敌人，而在某个危急的时候纵身一跃，从而成就了攀岩这项运动。

而人类最早的攀登记录，是公元1492年法国国王查理三世命蒙特利马尔上尉去攀登一座名为“遥不可及”的石灰岩塔，高度为304米。当时他们就带着简单的钩子和梯子，凭着经验和技巧登顶成功。那次攀登成为历史上第一个有记录并使用装备的攀岩事件。然而之后长达几百年的时间里，历史上一直没有再留下人类新的攀登记录。

一直到了17世纪中期，人们攀登高山的活动开始重新被记载下来。冰河地形以及雪山成为这些早期登山者主动迎接的挑战，他们的足迹遍布了阿尔卑斯山区。在1850年的时候，登

山者已经发明出一些简单的攀登工具，以帮助他们通过岩壁和一些冰河地形。例如，有爪的鞋子和改良过的斧头和木斧，这些都是冰爪和冰斧的前身。

在阿尔卑斯山区，有另外一些人尝试不过多依赖工具，而是运用他们自己的身体来攀登高山。1878年乔治·温克勒在没使用任何工具的情况下成功首攀瓦桥莱塔西面。虽然乔治·温克勒使用了钩子且鞋子也经过改良，但他仍算是开创了自由攀岩。

二、攀岩的发展

在欧美国家及亚洲的日本、韩国，攀岩运动已相当流行。当今世界攀岩水平数欧美国家特别是法国与美国最高，法国相对在人工岩壁上占优，美国在自然岩壁称强。在亚洲，日本、韩国攀岩水平较高，他们有些选手已达到世界水平。中国的攀岩水平属亚洲中流水平。

攀岩运动在中国经过十多年，特别是近两年的发展已初具规模，并吸引了越来越多的年轻人参加，发展前景十分可喜。从1997年开始，国内每年要举行两次以上的全国或国际性比赛，8月在西岳华山举行了国内迄今为止总体水平最高的一次国际攀岩邀请赛，亚洲攀岩锦标赛也将由中国承办。在中国北方地区，特别是北京，了解攀岩的人数正在逐渐增加；而参与攀岩已成为许多青少年的时尚行为。尽管攀岩还没有在全国范围内得到很好的普及推广，但值得欣喜的是，通过近几年新闻媒体的大力宣传，东南沿海、西南及西北等地区也纷纷要求开展这项运动。全国已经建好或正开始修建各种各样的天然及人工攀岩场地供人们训练和娱乐。中国幅员辽阔，山地资源丰富，可供攀岩的悬崖峭壁比比皆是。中国人比较灵巧、敏捷，只要下功夫，中国攀岩一定能够在不久的将来进入攀岩运动的世界先进行列。

攀岩正以其特有的魅力、突出的个性感染着人们。参与攀岩，会让人在与悬崖峭壁的抗衡中学会坚强，在与大山的拥抱中感受宽容，在征服攀登路线后享受成功与胜利的喜悦。

2016年8月4日，国际奥委会投票通过了在2020年东京奥运会上新增5个项目的提案，5种运动分别是棒垒球、攀岩、空手道、冲浪以及滑板。

三、攀岩的装备

1. 攀岩绳：攀岩绳是攀爬者的生命绳，它是由高强度的尼龙按特殊的方法纺织而成，具有较大的延展性，可以吸收脱落时所产生的大部分冲击力，降低对攀爬者的伤害，为攀爬者提供安全保障。（图5-9-1）

2. 安全带：包括腰带、腿环和前方有附件的连接系统。安全带能提供一种安全、舒适的固定，并且方便与绳子连接，可以分散坠落时对腰的冲击力。（图5-9-2）

3. 扁带：又被称为绳套或扁带套，在保护系统中作软性连接。

4. 铁锁：又被称为钩环或扣环，用来连接绳子与保护点、安全带与保护器等的设备，在保护系统中，铁锁用作刚性连接，正确使用方法是保持锁门闭合且纵向受力。（图5-9-3）

图 5-9-1

图 5-9-2

图 5-9-3

5. 快挂：在扁带的两端分别连接一个铁锁成为快挂，使用时一端扣入保护点，一端连接人体安全带或主绳。快挂能使攀登操作更加便利。（图5-9-4）

6. “8”字环：是攀岩中最早和最常用的保护和下降器，主要是通过绳子与环产生的摩擦力来保障攀登者的安全。

7. 攀岩鞋：攀岩辅助装备，鞋底由特殊橡胶制成，以增大摩擦力。攀岩鞋种类繁多，可以适应不同的石质、岩壁角度及攀登方式。（图5-9-5）

8. 头盔：是保护头部的装备，既可防止上方落石对头部的伤害，又可避免各种非安全脱落或突然撞击岩石等情况下伤及头部。（图5-9-6）

图 5-9-4

图 5-9-5

图 5-9-6

四、攀岩的种类

（一）按场地分类

1. 自然岩壁攀登

自然岩壁攀岩是指在野外攀爬天然生成的岩壁，包括悬崖、峭壁、石缝和大圆石等。

2. 人工岩壁攀登

人工岩壁攀岩是指在人工制造的攀岩墙上攀岩，包括室内攀岩馆和室外人工岩壁。

（二）按比赛形式分类

1. 难度赛：难度赛是攀岩最主要和最悠久的比赛，通常人工岩壁在15米以上。比赛成绩以参赛者攀爬的高度计算。

2. 速度赛：速度赛是指参赛者按照指定的线路快速攀登的比赛，分为个人赛和团体赛。

比赛时，由两名参赛者在两条难度相等的线路上进行比赛，所用时间短者获胜。

3. 攀石赛：攀石赛由一系列短线路组成，每条攀登线路的手点不超过12个。分数是以完攀或抓到中继点的数量和次数来评判。

（三）按攀登形式分类

攀岩运动还可按攀登形式分为自由攀登、器械攀登、顶绳攀登和先锋攀登。

五、攀岩的要领与技术

攀岩运动是以力量为主的人体攀爬运动，技术主要由攀爬时的动作姿势、运动轨迹、攀登时间、移动速度、力量大小和攀爬节奏等组成。

（一）攀岩的基本要求

1. 克服心理“恐高”。攀岩首先要勇敢面对，克服心理问题，选择一个有安全保证的场所，包括场馆条件、技术装备和专业教练等。

2. 尽量用脚攀登。脚的力量远远大于手的力量，攀岩的大部分动作都是由脚来完成的。

3. 拓宽攀登视野。在攀登过程中，要拓宽视野，边攀登边观察行进路线，做出正确的判断，提高攀爬效率。

4. 三点固定。三点固定是攀岩的基本方法，要求攀登者一次只移动一只手或一只脚，其他两点不动。移动前先移动身体重心，保持身体的平衡，使身体和岩壁保持最佳的距离。

5. 移动节奏和休息。攀岩的节奏是指动作移动的快慢和动作的衔接，攀岩时先观察，再移动重心，调整节奏，当遇到困难的地段时利用惯性快速通过，简易的地段稳定调整。

（二）攀岩的手法

攀岩中手是抓住支点、维持身体平衡的关键。手臂力量的大小直接影响攀登的质量和效果。一名优秀的攀岩运动员必须要有足够的指力、腕力和臂力，要根据支撑点的不同采用各种不同的用力方法，如抓、握、挂、抠、扒、捏、拉、压、推和撑等。（图5–9–7、图5–9–8）

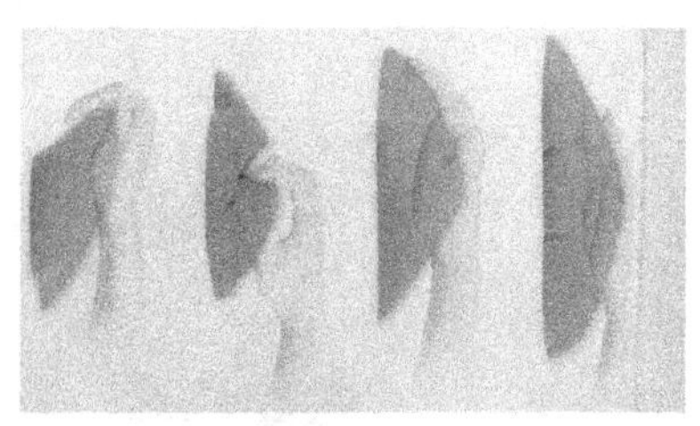

图 5–9–7

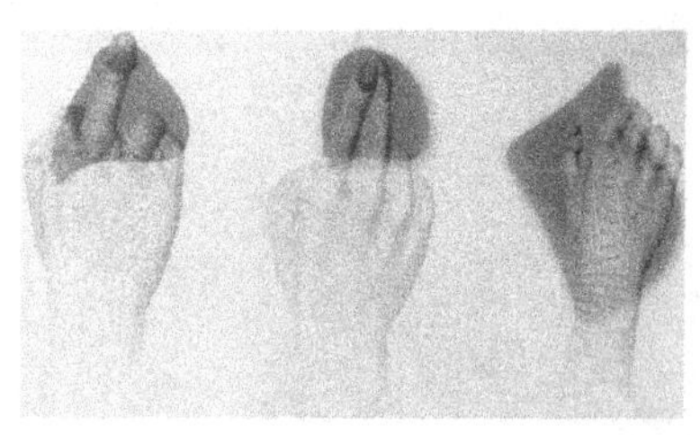

图 5–9–8

1. 扣槽抓握：遇到很容易抓的支点时，整手握紧。

2. 全掌抠握：当遇到相对较小的支点时，如果四指并拢后能套住支点，可用大拇指压住食指，这样支点就被完全套在手中。

3. 扣握：这个姿势首先要将拇指闭合，和其他几根手指扣在一起。

4. 平握：手指放平，根据手掌皮肤的附着力用力。

5. 手指抠握：只用1根、2根或3根手指扣握，其他手指扣在一起，这种姿势容易受伤。

6. 中空抓握：手掌姿势成水滴形中空状，深浅根据情况调整，注意手指不要钩住。

7. 钳握：这种手势要求非常用力，着力点放在拇指和其他手指之间。

8. 其他手法：攀岩的其他手法还有拉、推、张、跨和挂等。

（三）攀岩的脚法

攀岩运动中脚是支撑人体重量的主要部位。在攀岩过程中，巧妙、合理地利用脚承受自身重量是衡量一名攀岩运动员技术水平的重要指标。在攀岩运动中，要灵活地运用脚法，达到最佳的攀爬效果。

1. 蹬踏：脚底与岩面大面积接触，避免脚趾过度用力，适合人造攀岩板。（图5-9-9）

2. 剐蹭：使用攀岩鞋的边缘，既可使用脚的内侧边缘，又可使用外侧边缘。（图5-9-10）

3. 抓：在一个斜面上，用攀岩鞋尖抠入支点，使双脚最大限度地支撑身体。（图5-9-11）

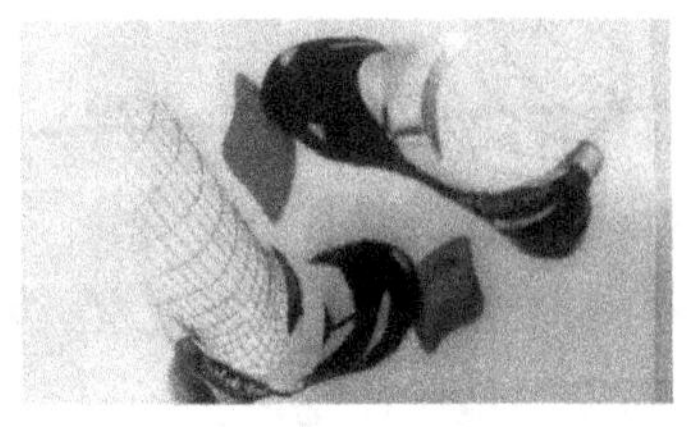

图 5-9-9

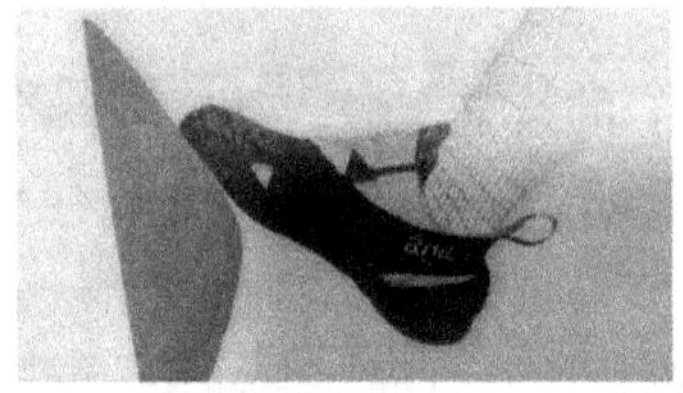

图 5-9-10

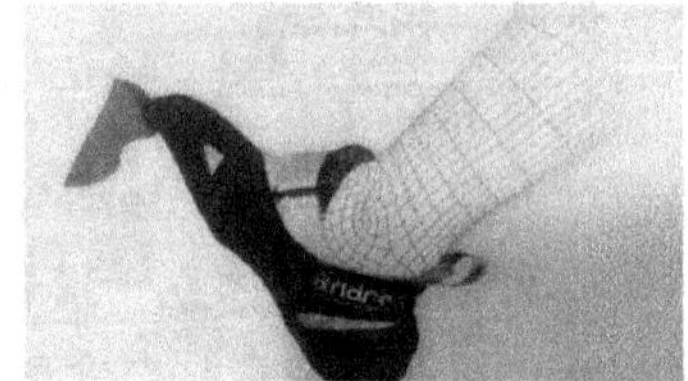

图 5-9-11

4. 脚跟钩法：用脚跟挂住岩石，维持身体平衡，使身体移动的方法。一般用在斜面和屋檐上，通常脚的前部是被顶住的，脚的后跟是被挂住的。（图5-9-12）

5. 脚尖钩：在斜面或悬崖上，当支点的间隔较小，无法支撑脚跟，则使用脚尖钩。（图5-9-13）

6. 双脚脚尖共用：一只脚的脚尖钩住支撑点下方向上用力，另一只脚的脚尖从上方向下直接用力蹬踏。（图5-9-14）

图 5-9-12

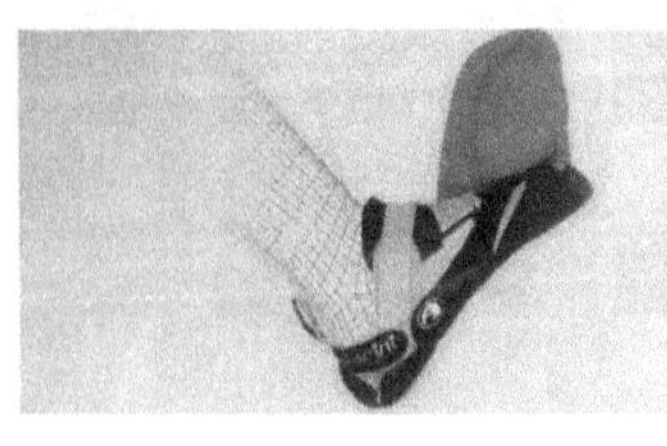

图 5-9-13

图 5-9-14

（四）攀岩的姿势

攀岩姿势对攀岩运动至关重要，它决定了整个过程中动作的完成质量。正确的攀岩姿势能够保证攀岩者在遇到任何一种情况，都可以做出适当的反应，有效地完成各种动作。

1. 手脚的交换：在攀岩运动中应适当地改变手脚的位置，为手脚留出足够的空间。（图5-9-15、图5-9-16）

2. 手脚同点：适用于脚部支点较少或没有支点的情况，只需要直接使用手部已经抓握的点即可。（图5-9-17）

图 5-9-15

图 5-9-16

图 5-9-17

3. 交叉动作：要点为一只手抓握住身体上方的抓握点，另一只手用来寻找下一个抓握点。（图5-9-18）

4. 水平动作：在如果只能一只脚踩在一个支撑点，寻找下一个点时使用。（图5-9-19）

图 5-9-18

图 5-9-19

六、攀岩的益处

攀岩运动是从登山活动中衍生出来的一项体育运动，是一项集智力、体力和技术于一体的体育项目。它不仅是一项富有冒险精神的竞技体育项目，同时任何喜爱攀岩的人都可以感受其独特的运动魅力。

（一）健身性

攀岩是一项手脚均衡发展的力与美运动，其负荷自己的体重，对抗地心引力，对力量、耐力和协调性等要求非常高，具有较强的健身功能。

（二）创造性

攀登的线路可能在天然岩壁上，也可能在人工岩壁上，线路复杂，种类繁多，须不断地实践并创造新的动作。

（三）挑战性

攀岩是一项对人的攀爬能力、毅力和心理都极具挑战性的运动。攀岩运动激励攀爬者在攀登过程中对线路的高度、难度和速度不断发起挑战。

主题三　柔韧性训练项目

第十节　瑜　伽

一、瑜伽概述

瑜伽起源于印度，是东方最古老的健身术之一。在现代，瑜伽也是适合男女老少练习的一种养生健身方法。初练瑜伽者，最好在老师或教练指导下进行，每一体位或动作保持5～10秒，并由易到难循序渐进。瑜伽练习可以选择空旷、安静、通风好的地方进行。（图5-10-1）

图 5-10-1

瑜伽对身体的各个重要器官和系统能进行有益的刺激，在练习过程中通过对呼吸的控制，使全身的脉络通畅。充分的身体练习可缓解肌肉的紧张，使身体更加柔韧，更具弹性和平衡力，同时可以对疾病产生预防和辅助治疗的作用。瑜伽的身体控制练习使练习者精神更加专注，呼吸、心境更为平静，可以深度放松身心，对预防和治疗心理疾病有辅助作用。

二、瑜伽练习方法

（一）瑜伽体位法

瑜伽体位多种多样，几千年来有很大的变化与发展。练习瑜伽要心情愉悦地以自己的节奏进行。在瑜伽中，那些看似简单的动作也能给身体深处带来很多刺激。另外，即使是看似很难的动作，以身体获得平衡的方式进行练习，也不会花费太多的力气。

1. 站的体位（图5-10-2）

伸展并收紧两侧腰部，有助于消化，并加强腿部力量。

活动身体各部位关节，能够锻炼脚踝、脚趾、膝盖、髋关节、肩关节、肘臂、双手和手指的肌肉。

活动腰椎周围肌肉和韧带，尤其对肩部和大腿内侧肌肉有牵拉作用。

对肩、背、大腿肌肉均有牵拉作用，能够扩展胸部，让胸部更加挺拔。

图 5-10-2

2. 坐的体位（图5-10-3）

调节两髋、双膝、脚踝的神经系统，平静心情。

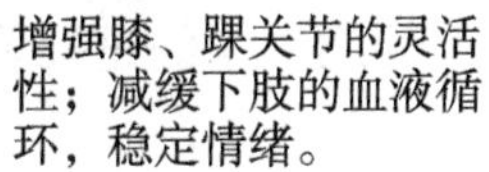
增强膝、踝关节的灵活性；减缓下肢的血液循环，稳定情绪。

使双腿更具韧性。

增强腹肌力量，消除腹部赘肉，能使大腿修长及腰围变小。这是一个提高体能的全身性练习。

图 5-10-3

3. 跪的体位（图5-10-4）

调节两髋、双膝、脚踝的神经系统，平静心情。

充分伸展背部、肩部和脊柱，改善血液循环，消除酸痛和疲劳。伸展脊柱，增加灵活性。

打开双腿韧带，收紧臂部；强化腰、臂和双腿线条。

有美化腰部、腿部和臂部的作用，有利于背部和颈部的血液循环，修复其劳损。

图 5-10-4

4. 卧的体位（图5-10-5）

形似一条“眼镜蛇”，双肩上顶，扩展胸部，眼睛向上看。能纠正脊椎、骨盆和肋骨错位，调理背部酸痛。

增强腰、背的肌肉群，灵活脊柱，收紧臂部和腹部，紧实背部肌肉，有很好的塑形效果。

活动和伸展整个脊柱，牵拉背部肌群，让脊柱保持弹性，消除腰酸背痛。

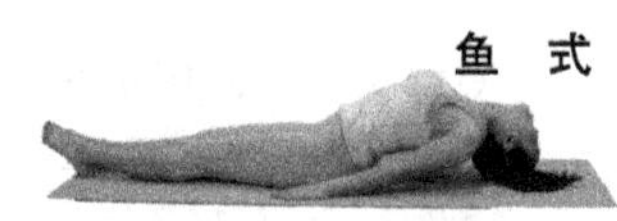

对腰部有很好的美化作用，有利于双臂更修长。

图 5-10-5

（二）椅子上的瑜伽（图5-10-6）

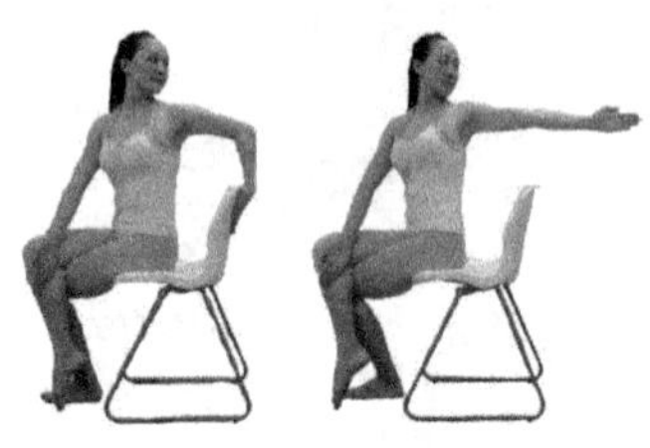

调节脊柱神经，促进血液循环，同时还能消除心理焦虑。将动作幅度逐渐增大，使得身体的伸展度更大，身体更柔软。

拉直脊椎，缓解久坐所造成的尾椎压力；伸展放松颈肩部肌肉，恢复肩颈的柔软度。

放松肩颈腰背，带动脊椎及全身肌肉的舒展；调节脊椎神经，促进血液循环，恢复肌肉弹性。

图 5-10-6

（三）瑜伽呼吸法

呼吸是瑜伽练习的一部分，具有独到之处，在体位法练习中也要配合有规律的呼吸。掌握好瑜伽呼吸才能达到瑜伽的练习效果。通常情况下伸展动作的过程要吸气，屈收动作的过程要呼气。以下为常见的呼吸方法。

1. 腹式呼吸法

身体放松，仰卧，单手轻轻放在肚脐上。吸气，将空气通过腹部用力吸入，吸到不能吸为止，这时会感到手被腹部微微地抬起。呼气，将腹部向内往脊椎方向收，借收缩腹部动作将浊气排除。

2. 胸式呼吸法

仰躺或是背挺直坐着用胸部的力量吸气，将空气吸入肺时，你会注意到胸部在鼓起；当吸气加深时，腹部就往脊椎方向贴紧。当你吐气时，肋骨会渐渐向下并往内收。

（四）向太阳致敬（拜日十二式）（图5-10-7）

挺身站立，两脚靠拢，双手合掌置于胸前，呼吸均匀。

呼气，慢慢将双臂向上伸直；将头往后仰，上体后弯，手臂尽量往后伸，双脚并拢。

呼气，上体慢慢向前弯曲，尽量向大腿靠近，头尽量靠膝，双手在双脚两侧触及地面。

双手和左脚稳定不动，吸气，右腿后伸触地，抬头挺胸，上体后仰。

双腿后伸，俯身两脚靠拢，呼气，臀部向上抬高，双臂和双腿尽量伸直，使身体成三角形。

吸气，臀部下降，双手撑地，手臂伸直用力撑起上体，上体尽量后仰。

呼气，双脚并拢，双膝跪地，慢慢抬高臀部。吸气，弯曲两肘使胸部、下额着地和双膝触地。

吸气，臀部向上抬高，双臂和双腿尽量伸直，使身体成三角形。

吸气，双手着地，左膝弯曲，右腿往后伸直触地。呼气，扩胸，上体后仰，头抬高，眼睛向上注视。

双脚站直并拢，上身前弯，头往膝盖靠近，臀部尽量向上提，最好使双臂置于头部两旁，手掌触地。

呼气，慢慢将身体抬起至直立，头往后仰，上体后弯，手臂尽量往后伸，双脚并拢。

呼气，身体回正，双脚站直并拢，双手合掌置于胸前，再缓缓放下，放在身体两侧。

图 5-10-7

（五）瑜伽冥想（图5-10-8）

瑜伽的冥想是帮助人们建立一种健康的意识状态，在冥想中进入一种沉思的专注状态，体会人与宇宙融为一体的和谐与宁静。

图 5-10-8

第十一节　太极拳

一、太极拳概述

（一）太极拳的起源和发展

太极拳是中华武术的著名拳种之一。早期，因其动作如长江之水，滔滔不绝，绵绵不断，故称之为“长拳”，也称“绵拳”；又因其内含8种基本技法（掤、捋、挤、按、采、列、肘、靠）和5种步法（进步、退步、左顾、右盼、中定），所以，太极拳又称“十三势”。清朝乾隆年间，山西王宗岳用阴阳太极哲理解释拳意，著《太极拳论》，从此普遍采用“太极拳”这一名称。

关于太极拳的起源主要有两种说法。一种说法认为太极拳是由北宋张三丰所创。张三丰之后的太极拳史，没有得到连续系统的记载，因此难以考证。而近代太极拳的传播，是以王宗岳为一代宗师，并由王宗岳传给蒋发而继承下来的。其后，蒋发传给陈家沟的陈长兴及赵堡镇的邢怀喜，陈长兴再传给杨露禅，之后便发展成各个流派。至于王宗岳师承何人，目前也难以查考。但是，一般认为另一种说法更为可信，即太极拳为明末清初河南温县人陈王廷所创。《温县志稿》中记载，陈王廷明末为“庠生”清初为“武痒生”，曾在河南温县任乡兵守备，入清后隐居乡里。晚年，“闷来时造拳，忙来时种田”。史料表明，他以戚继光《纪效新书·拳经》为蓝本，综合当时民间和军队中流行的名家拳法，结合古代导引与吐纳术，吸取阴阳学说与经络学说理论，创长拳“十三势”。这套拳，拳势螺旋缠绕，快慢相间，意、气、形密切结合，把养生、健身、技击合而为一，这就是最初的太极拳。

太极拳在长期的流行过程中形成了陈式、杨式、吴式、孙式、武式等技术流派。新中国成立以后，在杨式太极拳基础上编创了24式简化太极拳、48式太极拳等。20世纪初到80年代末，为了适应武术的国际交流与竞赛，在博采各派太极拳的基础上，创编了42式综合太极拳等竞赛套路。各式太极拳尽管在运动风格上有所不同，但其体松心静、柔和缓慢、连绵不断、圆活自然、协调完整的要求是基本一致的，所有动作的开合、起落、进退、刚柔、蓄发、顺逆、虚实、曲直等，无不和谐地体现出阴阳对立与统一的辩证规律。

（二）太极拳的锻炼价值

太极拳具有独特的强身健体、医疗保健、技击表演、防身自卫和陶冶情操等锻炼价值。这里主要从健身与健心两方面加以简述。

1. 促进生理机能健康

（1）对神经系统的影响：太极拳运动强调“松、静、自然”，以意导体，以意运气。这些要求，对中枢神经系统有着十分重要的保健作用。

（2）对心血管系统的影响：长期坚持锻炼，有利于预防高血压病和心血管系统的疾病。

（3）对呼吸、消化系统的影响：太极拳运动要求细、长、匀、深的腹式呼吸，对呼吸系统有良好的保健作用。同时，细长匀深的呼吸，还可以通过膈肌和胸廓的上下运动，对内脏器官起到按摩作用，使胸腹腔的各种器官血流旺盛，肠胃吸收机能加强，从而也可以对消化系统产生良好的防病治病作用。

（4）对骨骼与肌肉的影响：下肢骨骼相对受力时间较长，加上技术动作的不断变换，对锻炼下肢，延缓腿部衰老，培养灵活、柔韧、协调的身体素质均有良好作用。

2. 促进心理健康

（1）可使人具有积极健康的身心。

（2）修身养性，改变人的消极个性。

（3）提高人的社会适应性及人的社会行为水平。

（4）预防心理因素诱发的多种疾病。

二、太极拳功法要领

（一）心静体松

所谓“心静”，就是在练习太极拳时，思想上应排除一切杂念，不受外界干扰；所谓“体松”，可不是全身松懈疲塌，而是指在练拳时保持身体姿势正确的基础上，有意识地让全身关节、肌肉以及内脏等达到最大限度的放松状态。

（二）圆活连贯

“心静体松”是对太极拳练习的基本要求，而是否做到“圆活连贯”才是衡量一个人功夫深浅的主要依据。太极拳练习所要求的“连贯”是指多方面的，一是指肢体的连贯，即所谓的“节节贯穿”。肢体的连贯是以腰为枢纽的。在动作转换过程中，则要求：对下肢是以腰带跨，以跨带膝，以膝带足；对上肢是以腰带背，以背带肩，以肩带肘，再以肘带手。二是动作与动作之间的衔接，即“势势相连”——前一动作的结束就是下一个动作的开始，势势之间没有间断和停顿。而“圆活”是在连贯基础上的进一步要求，意指活顺、自然。

（三）虚实分明

要做到“运动如抽丝，迈步似猫行”，首先要注意虚实变换要适当，是肢体各部在运动中没有丝毫不稳定的现象。若不能维持平衡稳定，就谈不上“迈步如猫行”。一般来说，下肢以主要支撑体重的腿为实，辅助支撑或移动换步的腿为虚；上肢以体现动作主要内容的手臂为实，辅助配合的手臂为虚。总之虚实不但要互相渗透，还需在意识指导下变化灵活。

（四）呼吸自然

太极拳练习的呼吸方法有自然呼吸、腹式顺呼吸、腹式逆呼吸和拳势呼吸。以上几种呼吸方法，不论采用哪一种，都应自然、匀细，徐徐吞吐，要与动作自然配合。初学者采用自然呼吸。

三、24 式太极拳动作图解

第一组

（一）起　势

头颈正直，下颌微收，身体放松，收腹敛臀，气沉丹田，两臂自然垂于体侧。两臂上抬时配合吸气。两肩下沉，两肘松垂，手指自然微屈。屈膝、松腰、敛臀，身体重心落于两腿之间，两臂下落和身体下蹲的动作要协调一致。（图5-11-1）

图 5-11-1

（二）左右野马分鬃

两臂分开时要保持弧形，弓步动作与分手的速度要均匀一致；身体转动时要以腰为轴带动上肢做动作；移动重心时上体要保持平稳，不可前俯后仰；胸部宽松舒展。（图5-11-2）

图 5-11-2

（三）白鹤亮翅

两手抱球与右脚跟进半步要协调一致，重心后移和右手上提、左手下按要协调一致；转动动作要以腰带臂，虚步动作要收腹敛臀，臀部与脚跟在一条垂直线上。（图5-11-3）

图 5-11-3

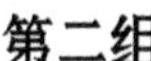

第二组

（四）左右搂膝拗步

腿成弓步的同时，手掌向前推出；身体不可前俯后仰，要松腰松胯；推掌时要沉肩垂肘、坐腕舒掌，同时须与松腰、弓腿上下协调一致；弓步时，两脚跟的横向距离保持在30厘米左右。（图5-11-4）

图 5-11-4

（五）手挥琵琶

图 5-11-5

身体重心转变带动上肢动作，上下协调一致；左手上起时要由左向上、向前，微带弧形；身体姿势要平稳自然，沉肩垂肘，胸部放松。（图5-11-5）

（六）左右倒卷肱

前推的手臂微屈，后撤的手随转体走弧线；前推时要转腰松胯，两手的速度要一致；转体时前脚以脚掌为轴扭正；退左脚略向左后斜，退右脚略向右后斜，避免使两脚落在一条直线上。（图5-11-6）

图 5-11-6

第三组

（七）左揽雀尾

掤出时，两臂肘部微屈保持弧形；分手、松腰、弓腿三者必须协调一致；揽雀尾弓步时，两脚跟横向距离不超过10厘米。向前挤时，上体要正直；挤的动作要与转腰、弓腿相一致。重心右移时，要松腰、坐胯，两手臂收至腹前；向前按时，两手须走曲线，按掌与弓腿协调一致，腕部高与肩平，两肘微屈。（图5-11-7）

图 5-11-7

（八）右揽雀尾

动作方法与“左揽雀尾”相同，只是方向相反。（图5-11-8）

图 5-11-8

第四组

（九）单　鞭

完成定势时，右肘稍下垂，左肘与左膝上下相对，两肩下沉；左手向外翻掌前推时，要随转体边翻边推出，不要翻掌太快或最后突然翻掌；全部过渡动作，上下要协调一致。如面向南起势，单鞭的方向（左脚尖）应向东偏北（大约为15°）。（图5-11-9）

图 5-11-9

（十）云　手

身体转动要以腰脊为轴，松腰、松胯，不可忽高忽低；两臂随腰转动而运转，动作自然圆活，速度缓慢均匀；下肢移动时，重心要稳，两脚掌先着地再踏实，脚尖向前；视线随左右手而移动；第3个“云手”的右脚最后跟步时，脚尖微向里扣，以便于接“单鞭”动作。（图5-11-10）

图 5-11-10

（十一）单　鞭

与前“单鞭”势相同。（图5-11-9）

第五组

（十二）高探马

上体左转与推右掌、收左掌协调一致；跟步转换重心时，上体保持自然正直，不要有起伏。（图5-11-11）

（十三）右蹬脚

两手分开时，腕部与肩平齐；蹬脚时，左腿微屈，右脚尖回勾，力达脚跟；分手和蹬脚要协调一致，右臂与右腿上下相对。如面向南起势，蹬脚方向应为正东偏南（约30°）。（图5-11-12）

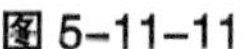

图 5-11-11　　　　图 5-11-12

（十四）双峰贯耳

完成本势时，头颈正直，松腰、松胯，两拳松握，沉肩垂肘，两臂均保持弧形。双峰贯耳式的弓步和身体方向与右蹬脚方向相同，弓步时两脚跟横向距离同“揽雀尾”式。（图5-11-13）

（十五）转身左蹬脚

与右蹬脚相同，只是左右方向相反。左蹬脚方向与右蹬脚成180°角，即正西偏北约30°角。（图5-11-14）

图 5-11-13　　　　图 5-11-14

第六组

（十六）左下势独立

左手、左小腿回收协调一致；做仆步时，左脚尖与右脚跟踏在中轴线上。上体要正直，独立的腿微屈，右腿提起时左手上挑。（图5-11-15）

图 5-11-15

（十七）右下势独立

右脚尖触地后再提起向下仆腿。其他均与“左下势独立”相同，只是左右相反。（图5-11-16）

图 5-11-16

第七组

（十八）左右穿梭

左右穿梭分别向左斜前方、右斜前方约30° ；架推掌与前弓腿上下要协调一致；上体保持正直。（图5-11-17）

图 5-11-17

（十九）海底针

身体要先向右转再向左转，完成姿势后向西，上体微前倾。（图5-11-18）

（二十）闪通臂

推掌、架掌与弓腿动作要协调一致；弓步时两脚横向距离同“揽雀尾”势，不超过10厘米。（图5-11-19）

图 5-11-18

图 5-11-19

第八组

（二十一）转身搬拦捶

向前冲拳时，右肩随拳略向前引伸，沉肩垂肘，右臂要微屈。（图5-11-20）

图 5-11-20

（二十二）如封似闭

身体后坐时，应避免后仰，臀部不可凸出；两臂随身体回收时，肩、肘部略向外松开，不要直着抽回；两手推出时，间距不超过肩宽。（图5-11-21）

图 5-11-21

（二十三）十字手

两手分开和合抱时，上体不要前俯；站起后，身体自然正直，头要微向上顶，下颌稍向后收；两臂环抱时要圆满舒适，沉肩垂肘。（图5-11-22）

（二十四）收　势

两手左右分开下落时，要全身放松，同时气徐徐下沉（呼气略加长）。呼吸平稳后，左脚收到右脚旁再走动。（图5-11-23）

图 5-11-22　　图 5-11-23

第十二节　八段锦

一、八段锦概述

八段锦功法是一套独立而完整的健身功法，起源于北宋，至今共八百多年的历史。古人把这套动作比喻为“锦”，意为五颜六色，美而华贵，体现其动作舒展优美，视其为“祛病健身，效果极好；编排精致；动作完美”。现代的八段锦在内容与名称上均有所改变，此功法分为八段，每段一个动作，故名为“八段锦”，练习无需器械，不受场地限制，简单易学，节省时间，作用极其显著；效果适合于男女老少，可使瘦者健壮，胖者减肥。

二、坐势和立势

八段锦之名，最早出现在南宋洪迈所著《夷坚志》中：“政和七年，李似矩为起居郎……尝以夜半时起坐，嘘吸按摩，行所谓八段锦者。”说明八段锦在北宋已流传于世，并有坐势和立势之分。

立势八段锦在养生文献上首见于南宋《道枢·众妙篇》：“仰掌上举以治三焦者也；左肝右肺如射雕焉；东西独托，所以安其脾胃矣；返复而顾，所以理其伤劳矣；大小朝天，所以通其五脏矣；咽津补气，左右挑其手；摆鳝之尾，所以祛心之疾矣；左右手以攀其足，所以治其腰矣。”但这一时期的八段锦没有定名，其文字也尚未歌诀化。

三、八段锦功法基本知识

（一）功法特点

“健身气功·八段锦”的运动强度和动作的编排次序符合运动学和生理学规律，属于有氧运动，安全可靠。整套功法增加了预备势和收势，使套路更加完整规范。其功法动作特点主要体现在以下几个方面。

1. 柔和缓慢，圆活连贯

柔和是指习练时动作不僵不拘，轻松自如，舒展大方；缓慢，是指习练时身体重心平稳，虚实分明，轻飘徐缓；圆活是指动作路线带有弧形，不起棱角，不直来直往，符合人体各关节自然弯曲的状态。它是以腰脊为轴带动四肢运动，上下相随，节节贯穿；连贯是要求动作的虚实变化和姿势的转换衔接，无停顿断续之处。既像行云流水连绵不断，又如春蚕吐丝相连无间，使人神清气爽，体态安详，从而达到疏通经络、畅通气血和强身健体的效果。

2. 松紧结合，动静相兼

松是指习练时肌肉、关节以及中枢神经系统、内脏器官的放松。在意识的主动支配下，逐步达到呼吸柔和、心静体松，同时松而不懈，保持正确的姿态，并将这种放松程度不断加深；紧是指习练中适当用力，且缓慢进行，主要体现在前一动作的结束与下一动作的开始之前。“健身气功·八段锦”中的“双手托天理三焦”的上托、“左右弯弓似射雕”的马步拉弓、“调理脾胃须单举”的上举、“五劳七伤往后瞧”的转头旋臂、“攒拳怒目增气力”的冲拳与抓握、“背后七颠百病消”的脚趾抓地与提肛等，都体现了这一点。紧在动作中只在一瞬间，而放松须贯穿动作的始终。松紧配合得适度，有助于平衡阴阳、疏通经络、分解黏滞、滑利关节、活血化瘀、强筋壮骨、增强体质。

本功法中的动与静主要是指身体动作的外在表现。动就是在意念的引导下，动作轻灵活泼、节节贯穿、舒适自然；静是指在动作的节分处做到沉稳，特别是在前面所讲八个动作的缓慢用力之处，在外观上看略有停顿之感，但内劲没有停，肌肉继续用力，保持牵引抻拉。适当地用力和延长作用时间，能够使相应的部位受到一定的强度刺激，有助于提高锻炼效果。

3. 神与形合，气寓其中

神是指人体的精神状态和正常的意识活动，以及在意识支配下的形体表现。“神为形之主，形乃神之宅”。神与形是相互联系、相互促进的整体。本功法每势动作以及动作之间充满了对称与和谐，体现出内实精神、外示安逸，虚实相生、刚柔相济，做到了意动形随、神形兼备。

气寓其中是指通过精神的修养和形体的锻炼，促进真气在体内的运行，以达到强身健体的功效。习练本功法时，呼吸应顺畅，不可强吸硬呼。

（二）练习要领

1. 松静自然

松静自然是练功的基本要领，也是最根本的法则。松是指精神与形体两方面的放松。精神的放松主要是解除心理和生理上的紧张状态；形体上的放松是指关节、肌肉及脏腑的放松。放松是由内到外、由浅到深的锻炼过程，使形体、呼吸、意念轻松舒适无紧张之感；静是指思想和情绪要平静安宁，排除一切杂念。放松与入静是相辅相成的，入静可以促进放松，而放松又有助于入静，二者缺一不可。

自然是指形体、呼吸、意念都要顺其自然。具体来说，形体自然，要合于法，一动一势要准确规范。呼吸自然，要莫忘莫助，不能强吸硬呼。意念自然，要“似守非守，绵绵若存”，过于用意会造成气滞血瘀，导致精神紧张。需要指出的是，这里的“自然”决不能理解为“听其自然”“任其自然”，而是指“道法自然”，需要习练者在练功过程中仔细体会，逐步把握。

2. 准确灵活

准确主要是指练功时的姿势与方法要正确，合乎规格。在学习初始阶段，基本身形的锻炼最为重要。本功法的基本身形通过功法的预备势进行站桩锻炼即可，站桩的时间和强度可根据不同人群的不同健康状况灵活掌握。在锻炼身形时，要认真体会身体各部位的要求和要领，克服关节肌肉的酸痛等不良反应，为放松入静创造良好条件，为学习掌握动作打好基础。在学习各式动作时，要对动作的路线、方位、角度、虚实、松紧分辨清楚，做到姿势工整，方法准确。

灵活是指习练时对动作幅度的大小、姿势的高低、用力的大小、习练的数量、意念的运用、呼吸的调整等，都要根据自身情况灵活掌握，特别是老年人群和体弱者，更要注意。

3. 练养相兼

练是指形体运动、呼吸调整与心理调节有机结合的锻炼过程；养是通过上述练习，身体出现的轻松舒适、呼吸柔和、意守绵绵的静养状态。习练本功法在求动作姿势工整、方法准确的同时，要根据自己的身体情况，调整好姿势的高低和用力的大小，对有难度的动作，一时做不好的，可逐步完成。对于呼吸的调节，可在学习动作期间采取自然呼吸，待动作熟练后再结合动作的升降、开合与自己的呼吸频率有意识地进行锻炼，最后达到“不调而自调”的效果。对于意念的把握，在初学阶段重点应放在注意动作的规格和要点上，动作熟练后要遵循似守非守，绵绵若存的原则进行练习。

练与养，是相互并存的，不可截然分开，应做到“练中有养”“养中有练”。特别要合理安排练习的时间、数量，把握好强度，处理好“意”“气”“形”三者的关系。从广义上讲，练养相兼与日常生活也有着密切的关系。能做到“饮食有节、起居有常”，保持积极向上的乐观情绪，将有助于提高练功效果，增进身心健康。

4. 循序渐进

八段锦对于初学者来说有一定的学习难度和运动强度，因此，在初学阶段，习练者首先要克服由于练功而给身体带来的不适，如肌肉关节酸痛、动作僵硬、紧张、手脚配合不协调、顾此失彼等。只有经过一段时间和数量的习练，才会做到姿势逐渐工整，方法逐步准确，动作的连贯性与控制能力得到提高，对动作要领的体会不断加深，对动作细节更加注意，等等。

在初学阶段，本功法要求习练者采取自然呼吸方法。待动作熟练后，逐步对呼吸提出要求，习练者可采用练功时的常用方法——腹式呼吸。在掌握呼吸方法后，开始注意同动作进行配合，这其中也存在适应和锻炼的过程，不可急于求成。最后，逐渐达到动作、呼吸、意念的有机结合。

由于练功者体质状况及对功法的掌握与习练上存在差异，其练功效果不尽相同。良好的练功效果是在科学练功方法的指导下，随着时间和习练数量的积累而逐步达到的。因此，习练者不要“三天打鱼，两天晒网”，应持之以恒，循序渐进，合理安排好运动负荷。

四、动作说明

（一）手型、步型

1. 基本手型（图5–12–1）

（1）拳

大拇指抵掐无名指根节内侧，其余四指屈拢收于掌心（即握固）。

（2）掌

掌一：五指微屈，稍分开，掌心微含。

掌二：拇指与食指竖直分开成八字状，其余三指第一、二指节屈收，掌心微含。

（3）爪

五指并拢，大拇指第一指节，其余四指第一、二指节屈收扣紧，手腕伸直。

2. 基本步型

马步：开步站立，两脚间距约为本人脚长的2～3倍，屈膝半蹲，大腿略高于水平。

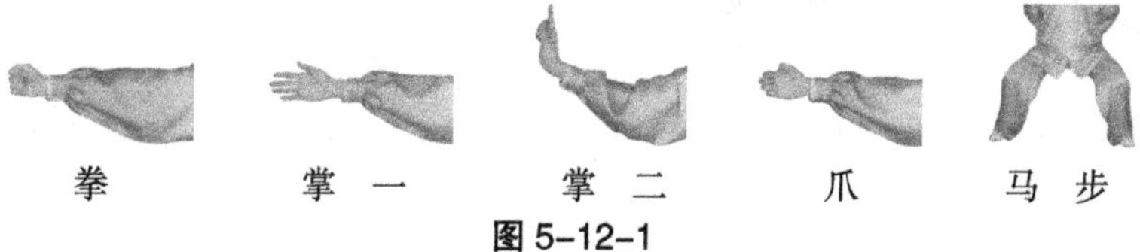

拳　　掌一　　掌二　　爪　　马步

图 5–12–1

（二）动作图解

预备动作（图5-12-2～图5-12-5）

动作说明：① 两脚并步站立；两臂自然垂于体侧；身体中正，目视前方；② 随着松腰沉髋，身体重心移至右腿；左脚向左侧开步，脚尖朝前，约与肩同宽；目视前方；③ 两臂内旋，两掌分别向两侧摆起，约与髋同高，掌心向后；目视前方；④ 上动不停。两腿膝关节稍屈；同时，两臂外旋，向前合抱于腹前成圆弧形，与脐同高，掌心向内，两掌指间距约10厘米；目视前方。

图 5-12-2

图 5-12-3

图 5-12-4

图 5-12-5

1. 两手托天理三焦（图5-12-6~图5-12-9）

（1）接上式。两臂外旋微下落，两掌五指分开在腹前交叉，掌心向上；目视前方。

（2）上动不停。两腿徐缓挺膝伸直；同时，两掌上托至胸前，随之两臂内旋向上托起，掌心向上；抬头，目视两掌。

（3）上动不停。两臂继续上托，肘关节伸直；同时，下颌内收，动作略停；目视前方。

（4）身体重心缓缓下降；两腿膝关节微屈；同时，十指慢慢分开，两臂分别向身体两侧下落，两掌捧于腹前，掌心向上；目视前方。

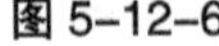
图 5-12-6

图 5-12-7

图 5-12-8

图 5-12-9

本式托举、下落为一遍，共做六遍。

2. 左右开弓似射雕（图5-12-10~图5-12-18）

（1）接上式。身体重心右移；左脚向左侧开步站立，两腿膝关节自然伸直；同时，两掌向上交叉于胸前，左掌在外，两掌心向内；目视前方。

（2）上动不停。两腿徐缓屈膝，半蹲成马步；同时，右掌屈指成“爪”，向右拉至肩前；左掌成八字掌，左臂内旋，向左侧推出，与肩同高，坐腕，掌心向左，犹如拉弓射箭之势；动作略停；目视左掌方向。

（3）身体重心右移；同时，右手五指伸开成掌，向上、向右划弧，与肩同高，指尖朝上，掌心斜向前；左手指伸开成掌，掌心斜向后；目视右掌。

（4）上动不停。重心继续右移；左脚回收成并步站立；同时，两掌分别由两侧下落，捧于腹前，指尖相对，掌心向上；目视前方。

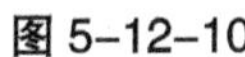
图 5-12-10

图 5-12-11

图 5-12-12

图 5-12-13

（5）动作五至动作八：同动作一至动作四，只是左右相反。

（6）本式一左一右为一遍，共做三遍。第三遍最后一动时，身体重心继续左移；右脚回收成开步站立，与肩同宽，膝关节微屈；同时，两掌分别由两侧下落，捧于腹前，指尖相对，掌心向上；目视前方。

图 5-12-14

图 5-12-15

图 5-12-16

图 5-12-17

图 5-12-18

3. 调理脾胃须单举（图5-12-19~图5-12-23）

（1）接上式。两腿徐缓挺膝伸直；同时左掌上托，左臂外旋上穿经面前，随之臂内旋上举至头左上方，肘关节微屈，力达掌根，掌心向上，掌指向右；同时，右掌微上托，随之臂内旋下按至右髋旁，肘关节微屈，力达掌根，掌心向下，掌指向前，动作略停；目视前方。

（2）松腰沉髋，身体重心缓缓下降；两腿膝关节微屈；同时，左臂屈肘外旋，左掌经面前落于腹前，掌心向上；右臂外旋，右掌向上捧于腹前，两手掌指尖相对，相距约10厘米，掌心向上；目视前方。

（3）同动作一、二，只是左右相反。

（4）本式一左一右为一遍，共做三遍。第三遍最后一动时，两腿膝关节微屈；同时，右

臂屈肘，右掌下按于右髋旁，掌心向下，掌指向前；目视前方。

图 5-12-19

图 5-12-20

图 5-12-21

图 5-12-22

图 5-12-23

4. 五劳七伤往后瞧（图5-12-24~图5-12-30）

（1）接上式。两腿徐缓挺膝伸直；同时，两臂伸直，掌心向后，指尖向下，目视前方。然后上动不停。两臂充分外旋，掌心向外；头向左后转。动作略停；目视左斜后方。

（2）松腰沉髋，身体重心缓缓下降；两腿膝关节微屈；同时，两臂内旋按于髋旁，掌心向下，指尖向前；目视前方。

图 5-12-24

图 5-12-25

图 5-12-26

（3）同动作一，只是左右相反。

（4）同动作二。

（5）本式一左一右为一遍，共做三遍。第三遍最后一动时，两膝关节微屈，同时，两手掌捧于腹前，指尖相对，掌心向上，目视前方。

图 5-12-27

图 5-12-28

图 5-12-29

图 5-12-30

5. 摇头摆尾去心火（图5-12-31~图5-12-40）

（1）接上式。身体重心左移；右脚向右开步站立，两腿膝关节自然伸直；同时，两手掌上托与胸同高时，两臂内旋，两掌继续上托至头上方，肘关节微屈，掌心向上，指尖相对；目视前方。

（2）上动不停。两腿徐缓屈膝半蹲成马步；同时，两臂向两侧下落，两掌扶于膝关节上方，肘关节微屈，小指侧向前；目视前方。

（3）身体重心向上稍升起，而后右移；上体先向右倾，随之俯身；目视右脚。

（4）上动不停。身体重心左移；同时，上体由右向前、向左旋转；目视右脚。

（5）身体重心右移，成马步，同时，头向后摇，上体起立，随之下颏微收；目视前方。

图 5-12-31

图 5-12-32

图 5-12-33

图 5-12-34

图 5-12-35

（6）动作六至动作八：同动作三至动作五，只是左右相反。

（7）本式一左一右为一遍，共做三遍。做完三遍后，身体重心左移，右脚回收成开步站立，与肩同宽；同时，两掌向外经两侧上举，掌心相对；目视前方。随后松腰沉髋，身体重心缓缓下降。两腿膝关节微屈；同时屈肘，两掌经面前下按腹前，掌心向下，指尖相对；目视前方。

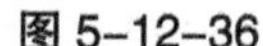

图 5-12-36

图 5-12-37

图 5-12-38

图 5-12-39

图 5-12-40

6. 两手攀足固肾腰（图5-12-41~图5-12-46）

（1）接上式。两腿挺膝伸直站立；同时，两掌指尖向前，两臂向前、向上举起，肘关节伸直，掌心向前；目视前方。

（2）两臂外旋至掌心相对，屈肘，两掌下按于胸前，掌心向下，指尖相对；目视前方。

（3）上动不停。两臂外旋，两掌心向上，随之两掌掌指顺腋下向后插；目视前方。

（4）两手掌心向内沿脊柱两侧向下摩运至臀部；随之上体前俯，两掌继续沿腿后向下摩运，经脚两侧置于脚面；抬头，动作略停；目视前下方。

（5）两掌沿地面前伸，随之用手臂举动上体起立，两臂伸直上举，掌心向前；目视前方。

（6）本式一上一下为一遍，共做六遍。做完六遍后，松腰沉髋，重心缓缓下降；两腿膝关节微屈；同时，两掌向前下按至腹前，掌心向下，指尖向前；目视前方。

图 5-12-41

图 5-12-42

图 5-12-43

图 5-12-44

图 5-12-45

图 5-12-46

7. 攒拳怒目增气力（图5-12-47~图5-12-56）

（1）接上式。身体重心右移，左脚向左开步；两腿徐缓屈膝半蹲成马步；同时，两掌握固，抱于腰侧，拳眼朝上；目视前方。

（2）左拳缓慢用力向前冲出，与肩同高，拳眼朝上；瞪目，视左拳冲出方向。

（3）左臂内旋，左拳变掌，虎口朝下；目视左掌左臂外旋，肘关节微屈；同时，左掌向左缠绕，变掌心向上后握固；目视左拳。

（4）屈肘，回收左拳至腰侧，拳眼朝上；目视前方。

图 5-12-47

图 5-12-48

图 5-12-49

图 5-12-50

图 5-12-51

（5）动作四至动作六：同动作一至动作三，只是左右相反。

（6）本式一左一右为一遍，共做三遍。做完三遍后，身体重心右移，左脚回收成并步站立；同时，两拳变掌，自然垂于体侧；目视前方。

图 5-12-52

图 5-12-53

图 5-12-54

图 5-12-55

图 5-12-56

8. 背后七颠百病消（图5-12-57~图5-12-61）

（1）接上式。两脚跟提起；头上顶，动作略停；目视前方。

（2）两脚跟下落，轻震地面；目视前方。

（3）本式一起一落为一遍，共做七遍。

收　势

（1）接上式。两臂内旋，向两侧摆起，与髋同高，掌心向后；目视前方。

（2）两臂屈肘，两掌相叠置于丹田处（男性左手在内，女性右手在内）；目视前方。

（3）两臂自然下落，两手掌轻贴于大腿外侧；目视前方。

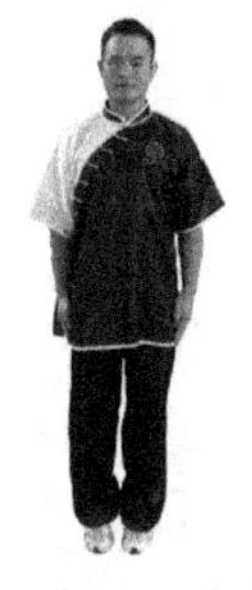

图 5-12-57

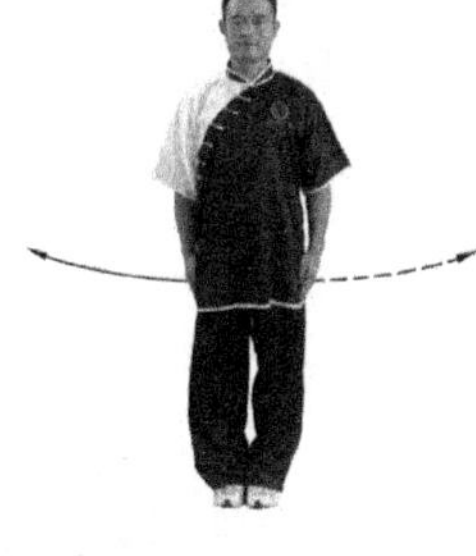

图 5-12-58

图 5-12-59

图 5-12-60

图 5-12-61

第六章　技能体适能训练项目

主题一　灵敏、反应时间训练项目

第一节　跆拳道

一、跆拳道概述

（一）起源与发展

跆拳道起源于朝鲜半岛，早期由朝鲜三国时代的跆跟、花郎道演化而来，是韩国民间流行的一项技击术。

1955年以前，韩国是没有“跆拳道”一词的，韩国的武术也以空手道、唐手道和民间少数的跆跟等为主。日治时期，大量韩国青年学生赴日留学，在日本接受了系统的松涛馆空手道训练，回国后他们开始创立道馆教授学生。日本战败后，韩国获得民族独立，大批空手道、唐手道道馆兴起。韩国早期空手道传播者们将民族传统武术跆跟与空手道相结合，称之为唐手道，并出现了最早的一批韩国道馆，这就是后来的九大道馆。

“跆拳道”一词，是1955年由韩国的崔泓熙将军命名。崔泓熙将军早年在留学日本时，

学习了日本松涛馆流空手道，并将其与韩国传统武技跆跟、手搏等技术融合。总之，现代的跆拳道是结合当代东亚武技之长的韩国武术运动之一。

跆拳道于1988年奥运会时成为示范项目；于1992年巴塞罗那奥运会成为试验比赛项目；到2000年的悉尼奥运会成为正式比赛项目。

（二）运动特点

1. 以腿法为主，拳脚并用

由于竞赛的需要、规则的限制和跆拳道进攻方法的特点，使得跆拳道是以腿法攻击为主。腿击无论在攻击范围、攻击力量等方面都远远超过拳法的攻击，而拳法的招式，一般偏重于防守和格挡。

2. 动作追求速度、力量和效果，以击破为测试功力的手段

跆拳道不讲究花架子，所有动作都以技击格斗为核心，要求速度快、力量大、击打效果好。在功力的检测方面，则以击破力为测试的手段。就是分别以拳脚击碎木板等，以击碎的厚度来判定功力。

3. 强调呼吸，发声扬威

在跆拳道的练习当中，要求在气势上给人以威严的感觉，练习者常以洪亮并带有威慑力的声音来显示自己的威力。

4. 以刚制刚，方法简练

受跆拳道精神影响，运动员在比赛当中多是直击直打，接触防守、躲闪技术运用得比较少。进攻都采用直线连续进攻，以连贯快速的脚法组合击打对手。防守多采用格挡技术，或采取以攻对攻、以攻代防的战术。

5. 礼始礼终，内外兼修

在任何场合下，跆拳道练习者要始终以礼相待。练习活动都要以礼开始、以礼结束，以养成谦虚、友好、忍让的作风，在道德修养方面不断地提高自己。

二、跆拳道基本技术

（一）实战姿势和步法

1. 标准实战姿势

左脚在前叫左势，右脚在前叫右势。

（1）动作规格：两脚前后开立与肩同宽，前脚尖45° 斜向右前方，后脚跟抬起，膝关节微弯曲，重心在两脚之间。上身自然直立，45° 斜向右前方，双手握拳，拳心相对两臂弯曲置于胸前，头部直立向前，目视正前方。

（2）动作要领：身体自然，肌肉放松，膝关节松而不懈，富有弹性，心无杂念，以无意为有意。

（3）易犯错误：全身紧张，肌肉僵硬，重心偏前或偏后，不利于启动，膝关节不弯曲，缺乏弹性。

2. 基本步型（图6-1-1~图6-1-12）

跆拳道的步型是指在跆拳道的练习和实战过程中，站立位置姿势和脚步形状。基本步型有多种，每一种站法都跟后面的步法动作有着直接的联系，是练习跆拳道必要的和最基本的姿势。练习者一定要按规格要求练习每一种步型。

（1）并步：两脚并拢，身体直立，两脚内侧贴紧并拢。

（2）开立步：亦称自然站立。两脚左右开立与肩同宽，两脚尖微外展，两臂自然下垂于体侧，两手轻握拳，身态自然。

（3）准备势：两脚分开与肩同宽，两脚尖微外展，两手握拳抱于腹前，拳面相对，拳心向内。

（4）马步：亦称骑马式站立。两脚左右开立大于肩宽，两脚平行，挺胸立腰，上体正直；两膝关节微屈下蹲，重心在两脚之间。

图 6-1-1　　图 6-1-2　　图 6-1-3　　图 6-1-4　　图 6-1-5

（5）侧马步：亦称半月立。由马步站法为基础，上体向侧（左或右）转，屈膝略内扣，身体重心偏重于前脚。

（6）弓步：亦称前屈立步，两脚前后开立，相距约一步半；前腿屈膝，后腿伸直，后脚前后开立与前脚的延长线成30°角；前腿膝关节和脚面垂直，重心偏于前脚。

（7）前行步：亦称高前屈立。两脚前后开立，姿态和平时向前走路时相似，步幅不大，重心偏于前脚。

（8）三七步：亦称后屈立。两脚前后相距一步，后脚尖外展约90°角，后膝屈曲，前膝微屈，脚尖朝前。

（9）虚步：亦称猫足立。身体姿势和三七步相似，只是前脚的脚尖点地，脚跟提起，两膝关节微内扣，重心落于后脚。

（10）独立步：亦称鹤立步。一腿直膝站立，脚尖外展约90°角；另一腿屈膝上提，脚贴于支撑腿内侧或膝窝处。

（11）交叉步：亦称交叉立。有两种形式：一种是一脚向另一脚的后面插步，脚掌着地，两腿膝关节交叉叫后叉步；一种是一脚向另一脚前面插步，脚掌着地，两腿膝关节做前

交叉步。

图 6-1-6　图 6-1-7　图 6-1-8　图 6-1-9　图 6-1-10　图 6-1-11　图 6-1-12

3. **基本步法（图6-1-13~图6-1-16）**

跆拳道是一种以腿法为主的武技，实战中步法的灵活运用对充分发挥腿的威力，取得实战的胜利具有极其重要的意义。脚法使用时多以后腿进攻，因此，跆拳道的步法具有鲜明的特点，即重心落在两脚之间或偏于前腿，而且身体姿势大都以侧向站立，以便保护身体和正中的要害部位，使后腿通过拧腰转髋发力，增加击打的力量和速度。

跆拳道的步法在实战中具有极其重要的意义。首先，步法是连接技术动作的关键环节。跆拳道实战中，不论是进攻、防守，还是防守反击动作，绝大多数是在运动中完成的，因此需要灵活、快速、敏捷、多变的步法连接技术，以保证后面技术动作的完成和发挥，否则就会处于被动挨打的地位；其次，通过灵活多变的步法移动，使对方的进攻或防守落空，同时自己抢占有利的攻击或防守位置，为反击创造条件；第三，灵活多变的步法可以保持身体姿势的平衡，因为身体只有在相对平衡的状态下，才能更有力、更有效地攻击对方，达到攻击目的。跆拳道的实战是在运动中进行的，没有正确、灵活、多变的步法，就难以取得实战的胜利；第四，灵活机智地运用多种步法，可以给对方心理造成压力，使对方产生无所适从的感觉，为战胜对方创造条件。

实战中常用的基本步法包括以下几种。

（1）前进步

标准实战姿势开始，两脚成斜马步，两手握拳置于胸前。前进时后脚蹬地向前迈步，身体侧转成另一侧斜马步，可连续进行。这是前进步的一种——上步。注意拧腰转髋。前进时，后脚蹬地，前脚向前滑行称之为前滑步；后蹬地，前脚向前跳跃为前跃步。前滑步和前跃步都属于前进步，是主动进攻时采用的步法。也可用于假动作，配合手臂的动作进行，便于快速接近对方。

（2）后退步

由标准实战姿势开始，前脚掌用力蹬地，后脚先退后一步，前脚随即后退，两脚以及身体仍保持原来姿势。若前脚掌蹬地后，后脚沿地向后滑行一步，前脚随即同样向后滑行一步，两脚以及身体仍保持原来姿势叫作后滑步退。这种步法可以拉开和对手的距离，避开对方的进攻，准备做反击动作。

（3）后撤步

从标准实战姿势开始，以后脚前脚掌为轴，前脚抬起向后经后脚内侧向后撤一步，形成和原来相反的实战姿势。后撤步可根据实战需要左右变化，调整与对方的相对距离，准备进行攻击或反击。

（4）侧移步

由标准实战姿势开始，两脚前脚掌同时向左右侧蹬地，向左右侧移动，离开原来的位置。向左移叫左移步，向右移叫右移步。侧移步的作用是避开对方有力的攻击，移动到对方的侧面，准备进行反击。

图 6-1-13

图 6-1-14

图 6-1-15

图 6-1-16

（5）跳换步

由标准实战姿势开始，两脚同时蹬地使身体腾空，空中两脚前后交换，同时转体；落地时身体姿势成另一侧的准备姿势。跳换步的腾空不宜高，略离地面即可；换步时要拧腰转髋，迅速敏捷，其目的是干扰对方的攻防思路，选择适宜自己进攻的方位和转换自己身体的得分部位使对方不能得分。同时争取反击的空间和时间，马上转入进攻。

（6）弧形步

由标准实战姿势开始，前脚的前脚掌原地踝地面，后脚同时向左（右）蹬地后右（左）跨移一脚，成为和原来准备姿势不同方向的准备姿势。向左跨为左弧形步（或左环绕步），向右跨步为右弧形步（右环绕步）。

（7）前（后）垫步

由标准实战姿势开始，后（前）脚向前（后）脚并拢的同时，前（后）脚蹬地向前（后）迈（退）步，仍成原来的实战姿势。垫步动作的要点是后（前）脚向前（后）要迅速，不等后（前）脚落定，前（后）脚就要蹬地前（后）移动，前（后）脚移动的垫步动作要迅速、轻捷、连贯，要快速接近或远离对方。后面的连接动作，无论是进攻还是防守，都要连续迅速，可在垫步过程中做动作，不给对方任何机会。

（8）前冲步

由实战姿势开始，后脚向前迈进一步，身体姿势同时转正，随即前脚向前冲一步仍成为实战姿势。可连续冲几步成实战姿势。

前冲步的动作要点是两腿动作要连贯快速，类似加速冲刺。步幅小、频率要快，灵活多变，是主动追击对方的有效步法。连续动作要轻捷快速，给对方造成慌乱，亦可采用向后退

的类似方法避守。

（二）基本腿法

跆拳道的基本腿法有9种：前踢、横踢、后踢、下劈、侧踢、后旋踢、旋风踢、双飞踢和侧摆踢。

1. 前　踢

（1）动作规格

以左势实战姿势开始，右脚向后蹬地，身体重心前移至左脚；右脚蹬地顺势屈膝提起，左脚以前脚掌为轴外旋约90°，同时，右腿迅速以膝关节为轴伸膝、送髋、顶髋，小腿快速向前踢出，力达脚尖或前脚掌。踢击目标后右腿迅速放松弹回，落回原地仍成左势实战姿势。（图6–1–17）

图 6–1–17

（2）动作要领

① 膝关节上提时大小腿折叠，膝关节夹紧，小腿和踝关节放松，有弹性。

② 踢击时顺势往前送髋；高踢时往上送髋。

③ 进攻部位：腹部、肋部、胸部、颌部。

（3）易犯错误

① 直腿上撩，大小腿没有折叠，膝关节不夹紧。

② 上体后仰过大，失去平衡。

③ 踢击目标时向前用力，与推踢动作混淆。

2. 横　踢

（1）动作规格

右脚蹬地，重心移到左脚，右脚屈膝上提，两拳置之于胸前；左脚前脚掌蹍地内旋，髋关节左转，左膝内扣；随即左脚掌继续内旋转180°，右脚膝关节向前抬至水平状态；小腿快速向左前横踢出；击打目标后迅速放松收回小腿。右脚落回成实战姿势。（图6–1–18）

图 6-1-18

（2）动作要领

膝关节夹紧，向前提膝，尽量走直线；支撑脚外旋180°；髋关节往前顺，身体与大小腿成直线，严格注意击打的力点正脚背；踝关节放松，击打的感觉是“面团”“鞭梢”。横踢攻击的主要部位有头部、胸部、腹部和肋部。

（3）易犯错误

① 膝关节不夹紧，大小腿折叠不够。

② 外摆的弧形太大。

③ 上身太直、太往前、重心往下落。

④ 踝关节不放松，脚内侧击打（应为正脚背）。

3. 后　踢

（1）动作规格

左脚掌为轴内旋约90°，上身旋转重心移到右脚，屈膝收腿直线踢出，重心前移落下。（图6-1-19）

图 6-1-19

（2）动作要领

① 起腿后上身于小腿折叠成一团。

② 动作延伸，用力延伸。

③ 转身，提膝，出腿一次性完成，不能停顿。

④ 击打目标在正前方稍偏右。

（3）易犯错误

① 上身、大小腿不折叠，直腿往上撩。

② 转身、踢腿有停顿，不连贯。

③ 击打成弧线，旋转发力。

④ 肩、上身跟着旋转，容易被反击。

4. 下　劈

（1）动作规格

由实战姿势开始，右脚蹬地，重心前移至左脚。同时，右腿以髋关节为轴屈膝上提，两手握拳置于胸前；随即充分送髋，上提膝关节至胸部，右小腿以膝关节为轴向上伸直，将右腿直举于体前，右脚过头。然后放松向下以右脚后跟（或脚掌）为力点劈击，一直到落地，成实战姿势。（图6-1-20）

图 6-1-20

（2）动作要领

腿尽量往高、往头后举，要向上送髋，重心往高起；脚放松往前落，落地要有控制；起腿要快速、果断；踝关节要放松。劈腿的主要攻击部位有头项、脸部和锁骨。

（3）易犯错误

① 起腿不够高，不够充分，重心不往高起。

② 踝关节紧张，往下压太用力。

③ 重心、腿控制得不好，落地太重。

④ 上身后仰太多，应随重心一起前移，保持直立。

5. 推　踢

（1）动作规格

实战姿势开始。右脚蹬地，重心前移，右脚以髋关节为轴提膝前蹬，用右脚脚掌向前蹬推，力点在脚掌，推力向正前方。（图6-1-21）

图 6-1-21

（2）动作要领

提膝后尽量收紧膝关节；重心往前移，利用身体的重量为力量；推的时候腿往前伸展、送髋；推的路线水平往前。推踢的攻击目标是腹部。

（3）易犯错误

① 收腿不紧，直腿起，容易被阻截。

② 上身太直重心往下落，腿不能水平前推。

③ 上身过于后仰，重心不能前移，不利于衔接下一个技术。

6. 勾　踢

（1）动作规格

从左势实战姿势开始，右脚向后蹬地，身体重心前移至左脚，左脚支撑，右腿屈膝提起；左脚以前脚掌为轴，脚跟向内旋转约180°，右腿膝关节内扣，右腿向左前方伸出，伸直后用脚掌向右侧用力屈膝鞭打，然后右腿顺势放松屈膝回收，落回原地成实战姿势。（图6–1–22）

（2）动作要领

① 起腿后右腿屈膝抬过水平，然后内扣。

② 右脚要随转体尽量向左前伸展。

③ 右脚掌向右鞭打时要屈膝扣小腿。

④ 鞭打后顺势放松。

⑤ 进攻部位是头部、面部、胸部。

（3）易犯错误

① 提膝后直接向前方伸直右腿，没有做膝内扣动作，因而影响动作完成。

② 鞭打后不放松，落地姿势改变。

7. 双飞踢

（1）动作规格

两人从闭势实战姿势开始，攻方先用右横踢攻击对方左肋部，同时，左脚蹬地起跳，身体腾空右转，腾空高度在膝关节以上，但不宜过高；左脚起跳后在空中用左横踢迅速踢击对方胸部或腹部；左右脚交换，右脚落地支撑，左脚横踢目标后迅速前落，成左势实战姿势。（图6–1–23）

图 6–1–22　　　　图 6–1–23

（2）动作要领

① 右腿横踢目标的同时，左脚蹬地跳。

② 左脚起跳后迅速随身体右转横踢目标。

③ 两腿在空中交换，右脚先落地。

④ 进攻部位是肋部、胸部、腹部、头部。

（3）易犯错误

① 右横踢和左脚起跳时机不对，或早或晚；应该先利用踢击沙袋练习右横踢同时左脚起跳的动作，熟练后再起左腿横踢。

② 右横踢和左横踢之间间隔过长；可利用原地右横踢起跳左横踢空击练习，提高出腿和起跳的速度。

8. 后旋踢

（1）动作规格

实战姿势开始，两脚以两脚掌为轴均内旋约180°，身体右转约90°，两拳置于胸前。上体右转，与双腿拧成一定角度。右脚蹬地将蹬地的力量与上体拧转的力量合在一起，将右腿向后上以髋关节为轴直腿摆起，右腿继续向右后旋摆鞭打，同时上体向右转，带动右腿弧形摆至身体右侧，右腿屈膝回收；右脚落至右后成实战姿势。（图6–1–24）

图 6–1–24

（2）动作要领

转身、旋转、踢腿连贯进行，一气呵成，中间没有停顿；击打点应在正前方，成水平弧线；屈膝起腿的旋转速度要快；重心在原地旋转360°。后旋腿攻击的主要部位有前额和胸部。

（3）易犯错误

① 转身、踢腿中有停顿，二次发力。

② 起腿太早，最高点不在正前方。

③ 上身往前、往侧、往下，推动平衡。

（三）防守方法

跆拳道的主要防守方法有三种：一是利用闪躲、贴近等方法，通过脚步的移动，使对方的进攻落空；二是利用手臂的格挡阻截对方的进攻；三是以攻对攻，用进攻的方法阻止对方的进攻。

1. 利用闪躲、贴近等方法进行防守

闪躲就是当对方进攻时通过脚步的移动，向左右两侧或向后闪躲，从而使对方的进攻落空。而贴近就当对方进攻时快速上步与对方靠贴在一起，使对方由于距离过近而无法发挥进攻的威力，如当乙方使用后腿下压技术进攻甲方时，甲向左侧或右侧移动身体，避开对方的下压进攻。例如，当乙方前旋踢进攻时，甲方可快速后撤一步或是立即上前一步，贴近乙方，使其不能用规则允许的踝关节以下的部位击打得分。

2. 利用格挡的方法进行防守

按照防守方向来划分，格挡的方法基本上有向上、向（左右）斜下、向（左右）斜上防守三种。一般来说，运动员采用格挡的方法是出于以下的原因：一是对方进攻速度较快，自己来不及使用闪躲、贴近等方法时，下意识地用格挡进行防守；二是已预测到对方使用的技术，使用针对性的格挡是为了迅速做出反击动作，使格挡成为转化攻防的连接技术，为比赛得分创造条件。（图6–1–25）

（1）向上格挡。

（2）向（左右）斜下格挡。

（3）向（左右）斜上格挡。

图 6–1–25

3. 利用进攻动作进行防守

就是在对方进攻的同时，防守者也使用进攻的动作，即以攻代守。这种防守的方法在当前跆拳道比赛中被广泛使用，原因在于：当对方进攻时，身体重心发生了移动，他必然有一个调整身体重心的阶段，防守者抓住此阶段实施进攻动作，往往会使得进攻者无法快速回撤身体而陷于被动或者失分。此时防守者的进攻动作属于后发制人的动作，与平常使用的进攻动作在移动方向或身体姿势上有一定的差别。

（四）变化组合腿法

1. 横踢变后旋踢（图6-1-26）

图 6-1-26

2. 劈腿变后踢（图6-1-27）

图 6-1-27

3. 横踢、后踢变后旋踢（图6-1-28）

图 6-1-28

4. 前踢变劈腿（图6-1-29）

图 6-1-29

5. **连变横踢**（图6-1-30）

图 6-1-30

6. **俯身变横踢**（图6-1-31）

图 6-1-31

7. **前踢变横踢**（图6-1-32）

图 6-1-32

8. **旋踢变前踢**（图6-1-33）

图 6-1-33

9. **格挡变后旋踢**（图6-1-34）

图 6-1-34

（五）品　势

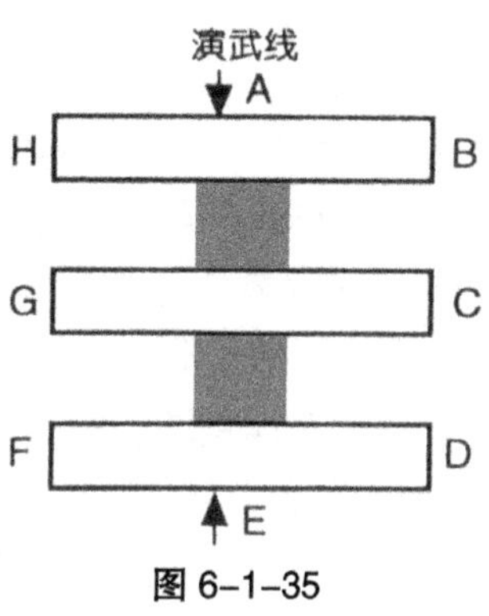

图 6-1-35

跆拳道品势（又称型）是指练习者以技击为主要内容，通过攻守进退的动作编排，达到强身健体、培养意志的一种练习形式。它与中国武术中所说的套路相似，即将一定数量的动作编排起来，形成固定模式的套路。

通过品势的练习，可使身体各部位得到较为全面的训练，并能有效地增强体质。跆拳道的品势有许多种，基本品势有太极、高丽、金刚等。下面重点介绍太极一章。

准备姿势：站于A方向位置（见太极一章演武线，以下文中字母位置均参见演武线图），两脚与肩同宽，自然开立，两手握拳屈臂于腹前，拳心向内，眼睛平视前方。（图6-1-35～图6-1-57）

1. 左转身体，左脚转向B方向（简称向B，以下同）成左前探步，左臂下截（防左下段），右拳回收腰侧。

2. 右脚向B迈进一步成右前探步，右拳前冲拳（攻中段），左拳回收腰侧。

3. 身体右转180°，右脚向H迈进一步成右前探步，右臂下截（防右下段）。

4. 左脚向H迈进一步成左前探步，左拳前冲拳（攻中段），右拳回收腰侧。

图 6-1-36

图 6-1-37

图 6-1-38

图 6-1-39

图 6-1-40

5. 身体左转90°，左脚向E迈进成左弓步，左拳屈肘下截（防左下段），右拳回收腰侧。

6. 两脚不动，右拳前冲拳（攻中段），左拳回收腰侧。

7. 左脚不动，右脚向G移步成右前探步，身体右转，左臂外格（防左中段），拳心向上，右拳回收腰侧。

8. 左脚向G迈进一步成左前探步，右拳前冲拳（攻中段），左拳回收腰侧。

9. 身体向C转180°，左脚向C迈进一步成左前探步，右臂屈肘向里格挡左拳前冲拳（防中段）。

图 6-1-41　图 6-1-42

图 6-1-43

图 6-1-44

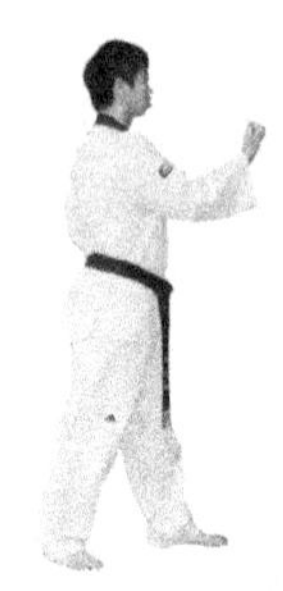

图 6-1-45

10. 右脚向C迈进成左弓步，左拳前冲拳（攻中段），右拳回收腰侧。

11. 以左脚为轴，身体右转，左脚向E移步成右弓步，右臂屈肘上抬至左肩，然后向下截拳（防右下段），左拳回收腰侧。

12. 两脚不动，左拳前冲拳（攻中段），右拳回收腰侧。

13. 身体左转，左脚向D移步成左前探步，左臂屈肘上架（防左上段），置于额前，拳心朝外。

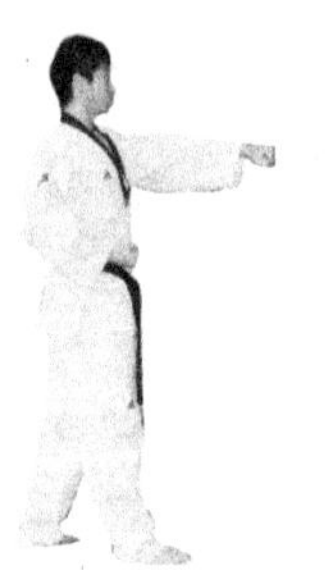

图 6-1-46

图 6-1-47

图 6-1-48

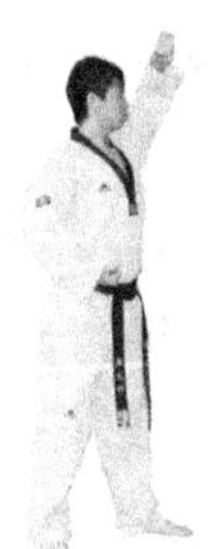

图 6-1-49

14. 上提重心，左脚跟稍提，右脚前踢，两臂下截，置于体侧；右腿下落成右前探步，右拳前冲拳（攻中段），左拳回收腰侧。

15. 以左脚为轴，身体右后转，右脚向F移步成右前探步，右臂屈肘上架（防右上段），置于额前，拳心朝外。

16. 上提重心，右脚跟稍提，左脚前踢，两臂下截，置于体侧。左腿下落成左前探步，左拳前冲拳（攻中段），右拳回收腰侧。

图 6-1-50

图 6-1-51

图 6-1-52

图 6-1-53

图 6-1-54

17. 以右脚为轴，身体右转，左脚向A移步成左弓步，左臂屈肘上抬至右肩，然后向下截拳（防左下段），右拳回收腰侧。

18. 右脚向A迈进一步成右弓步，右拳前冲拳（攻中段）并发声，左拳回收腰侧。

收势：以右脚为轴，身体左后转，左脚向后撤与右脚平行，两手握拳屈臂于腹前成准备姿势。

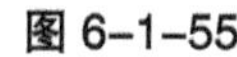

图 6-1-55

图 6-1-56

图 6-1-57

第二节　乒乓球

一、乒乓球概述

乒乓球运动起源于19世纪末的英国，是一项在快速移动中对体能要求很高的球拍类运动。其竞赛项目有男子团体、女子团体、男子单打、女子单打、男子双打、女子双打和混合双打等7项。乒乓球是世界上参与人数众多的球类运动之一，全世界大概有3亿人参与过这项运动。尤其是在中国、韩国等亚洲国家非常普及。

（一）乒乓球的锻炼价值

1. 全身的肌肉和关节组织得到活动，从而提高动作的速度和上下肢活动的能力。
2. 发展人的灵敏性和协调性。
3. 培养勇敢顽强、机智果断等品质，是保健、医疗和康复的有效手段。（图6–2–1）

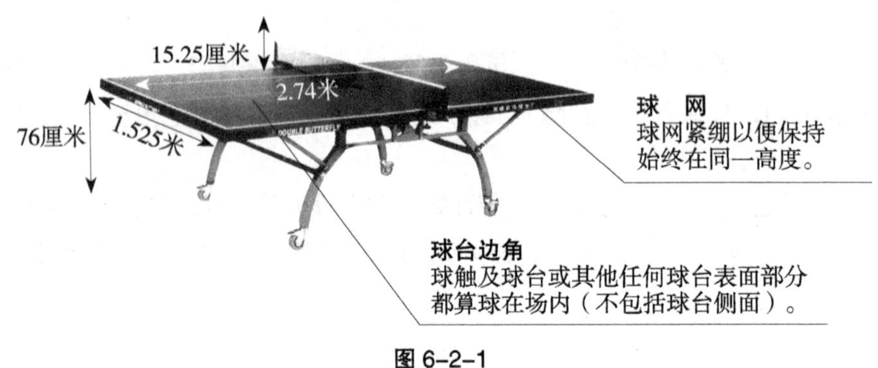

图 6–2–1

（二）球 台

球台是由纤维板或者类似质地的硬木再铺上光滑、低摩擦表面构成的。球台通常是深绿色或蓝色。

（三）乒乓球的握法

乒乓球拍的握法有多种，最为常见的有两大类：直式握拍法和横式握拍法。（图6–2–2）

图 6–2–2

二、乒乓球基本技术

（一）准备姿势

图 6–2–3

两脚开立约与肩宽，两膝微屈稍内扣以前脚掌内侧着地，

身体重心在两脚中间，上体微前倾，下颌微收，两眼注视来球，持拍手臂自然弯曲，手腕放松，置于腹前，左手自然弯曲抬起高于台面。（图6–2–3）

（二）基本步法

乒乓球运动的技术由两个重要因素组成，一是手法，二是步法。手法是乒乓球技术的生命，步法是乒乓球技术的灵魂。步法不到位，技术就无法正常发挥，手法也就无法体现。在此，我们着重介绍其中几种基本步法。

1. 单　步

以一脚为轴，另一脚向前、后、左、右任何一个需要的方向移动一步，移步完成时身体重心也随之落到移动的脚上。（图6–2–4）

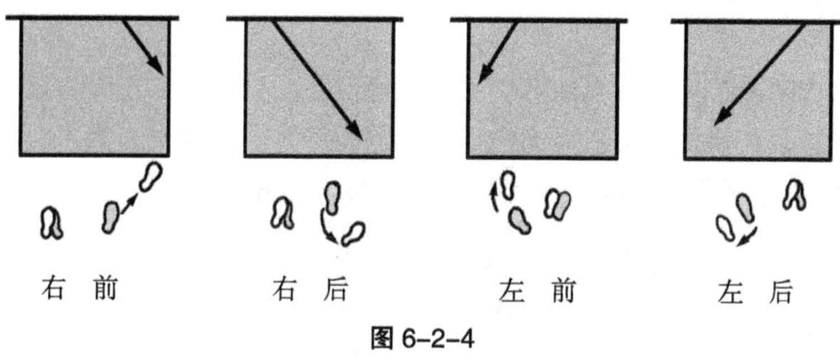

图 6–2–4

2. 跨　步

以远离来球的一脚蹬地，靠近来球的脚向移动方向跨出一大步，身体重心随即落到该脚上，另一只脚再跟着移动一步。（图6–2–5）

3. 跳　步

以远离来球的一脚蹬地，两脚同时离地向来球方向跳动，最先移动的脚先落地，另一只脚跟着着地。（图6–2–6）

4. 交叉步

靠近来球方向的脚先做一小垫步并用力蹬地起动，身体向来球方向转动，远离来球的脚越过靠近来球方向的脚跨出一大步，两脚在身体前形成交叉状。远离来球的脚将要落地时击球，同时上体顺势面向球台，靠近来球方向的脚随之落在另一只脚的侧后方。（图6–2–7）

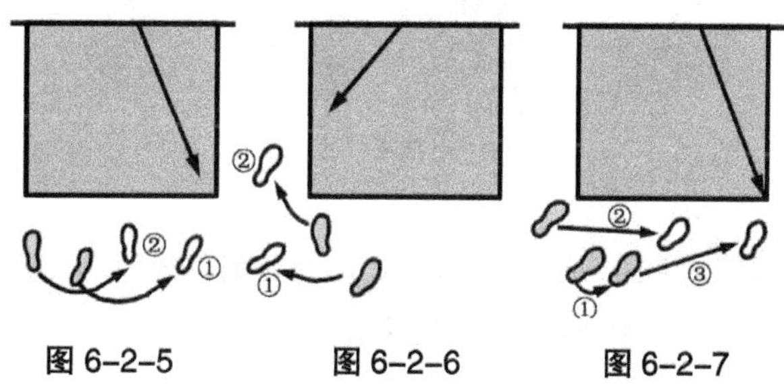

图 6–2–5　　图 6–2–6　　图 6–2–7

（三）技术与练习方法

1. 基本技术

（1）推　挡

离台40厘米左右，站在球台左半台的1／3处成准备姿势，拍面成半横状，拍形稍前倾。在来球的上升期，击球的中上部，前臂和手腕用力向前并略向上推出，食指稍用力压拍，拇指略放松。（图6–2–8）

（2）正手近台快攻

站位近台，前臂与地面略平，以前臂发力为主，拍面前倾，在来球的上升期触球中上部以向前上方发力为主。前臂挥动要快，用力适当。球击出后，还原要迅速，放松准备下一板击球。（图6–2–9）

（3）反手拨球

站位近台右脚稍前，持拍手自然弯曲置于腹前偏左，重心偏于左脚，顺来球线路向后引拍。当球从台上弹起，持拍手由左后向右前上加速挥拍，前臂以发力为主，手腕外转，拍面前倾，重心移至右脚，在来球的上升期击球的中上部。（图6–2–10）

图 6–2–8

图 6–2–9

图 6–2–10

（4）反手慢搓

近台站位，右脚稍前，持拍手臂自然弯曲。击球时用前臂和手腕向前下方用力，拍面后仰，在下降期击球的中下部。（图6–2–11、图6–2–12）

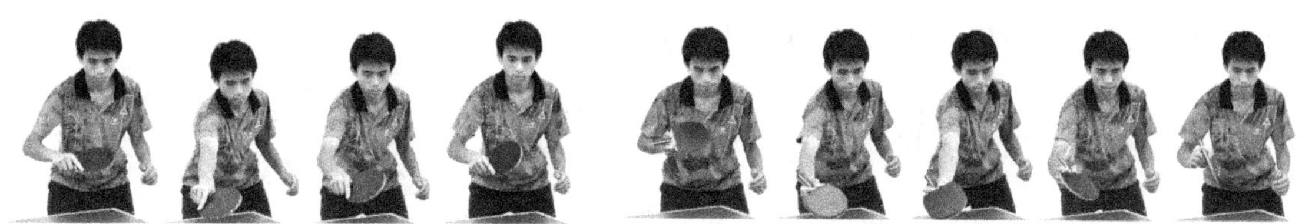

图 6-2-11　　　　图 6-2-12

（5）反手直拍横打

身体重心放低，左脚在前，右脚在后，前臂抬起，自然放松。腰部左转，带动手臂引拍，前臂以及手腕内收。击球时，向右转腰，带动手臂自然迎前，在来球的上升期向前上方击球。击球瞬间，前臂以及手腕向外展，触球的中上部。（图6-2-13）

图 6-2-13

（6）弧圈球（横板、直板）

拉球的准备动作是左脚在前，右脚在后，身体向右扭转，右肩略低于左肩。拉加转球，手臂自然下垂，在来球的下降期，拍面稍前倾，摩擦球的中部偏上位置，发力向上为主略带向前。以转腰带动肩、上臂、前臂和手腕发力将球击发。（图6-2-14、图6-2-15）

图 6-2-14

图 6-2-15

2. 发球技术

（1）平击发球

发球时，持球手向上将球轻轻抛起，同时持拍手向后引拍。球从高点下降至低于球网，持拍手以肘部为轴心，前臂向右前方横摆击球。向前挥拍时，拍面前倾，击球中上部。击球

后第一落点在本方球台的中部。（图6-2-16、图6-2-17）

图 6-2-16

图 6-2-17

（2）正手发下旋球

拍面稍后仰，引拍至身体右后上方。当球下降至低于球网时，前臂迅速向前下方用力摩擦球，触球的中下部。第一落点在本方球台端线附近。（图6-2-18、图6-2-19）

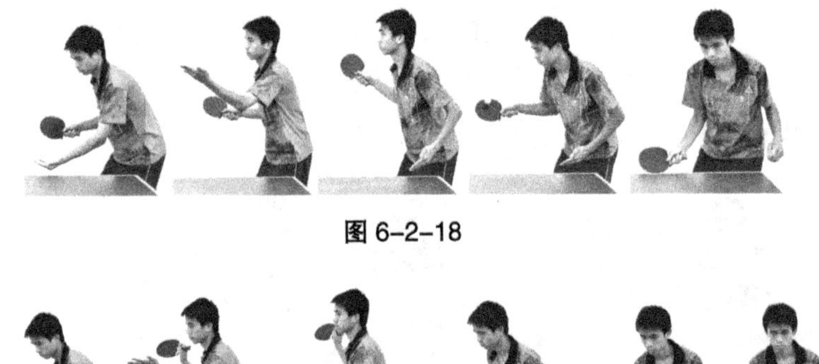

图 6-2-18

图 6-2-19

3. 接发球技术

（1）接平击发球

站位靠近球台，借助来球的反弹力，用推挡、反手直拍横打、反手拨球、正手近台快攻等动作，在来球的上升期或高点期击球，以向前用力为主略向上。

（2）接下旋球

发过来的球球速较慢，触拍后向下反弹，可用搓球回接，注意拍面后仰以增加向前上方的发力，击球时间为下降前期。也可以用拉球回接，击球时间为下降前期，多向上用力，增加摩擦球的动作。

（3）接左（右）侧上旋球

一般采用推挡、攻球回击最好，接球时拍面角度要稍前倾，拍面朝向左（右）偏斜来抵消来球的左（右）侧旋，加大向前下方的用力，防止球触拍时向自己的右（左）上方反弹。

（4）接左（右）侧下旋球

一般采用搓球，接球时拍面角度要稍后仰，拍面朝向左（右）偏斜来抵消来球的左（右）侧旋，稍向上方用力，防止球触拍时向自己的右（左）下方反弹。（图6-2-20）

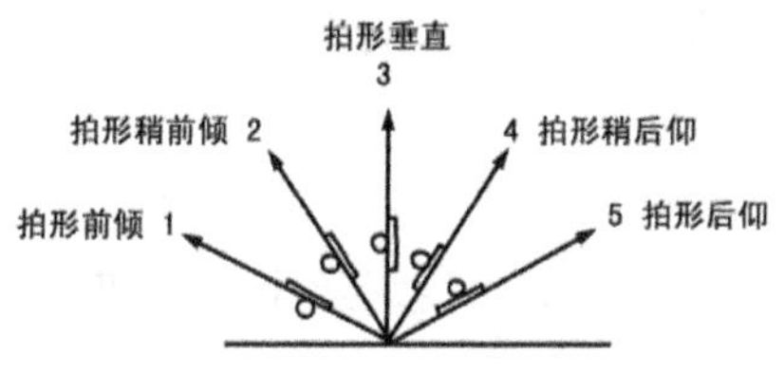

上升前期　上升后期　高点期　下降前期　下降后期

拍　形
拍形是指拍面与台面所形成的角度，它分为前倾、稍前倾、垂直、后仰和稍后仰5种。在击球的过程中，要保持合理的拍形。

击球时间
指来球在本方台面弹起后第二弧线的不同阶段，大致可以分5个时期：上升前期、上升后期、高点期、下降前期、下降后期。

图 6-2-20

4. 练习方法

（1）单线练习法

① 右方斜线对攻。

② 左方斜线反手拨球或直拍横打。（图6-2-21）

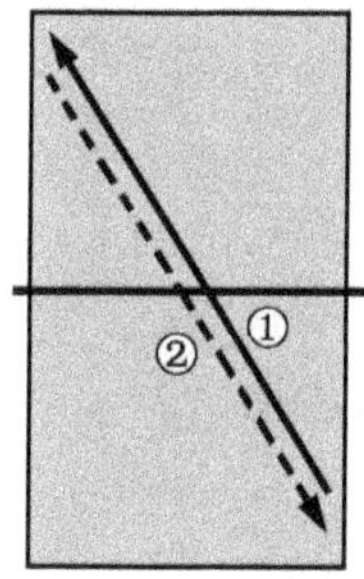

右方斜线对攻

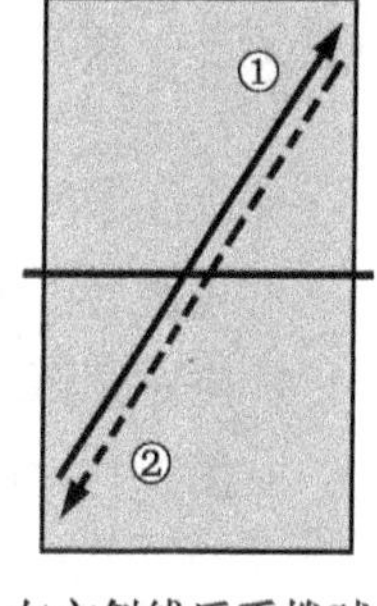

左方斜线反手拨球

图 6-2-21

（2）复线练习法

① 两点打一点练习。练习者在规定的两个点上左右循环移动击球，移动步法一般采用跨步。两点设置可以是1 / 2台，也可以是全台。

② 三点打一点规定落点练习。练习者在全台3个点上依次进行移动击球。

③ 两斜对两直结合练习。一方只打两条斜线，另一方只打两条直线。用正、反手回球，移动步法一般采用跨步。（图6-2-22）

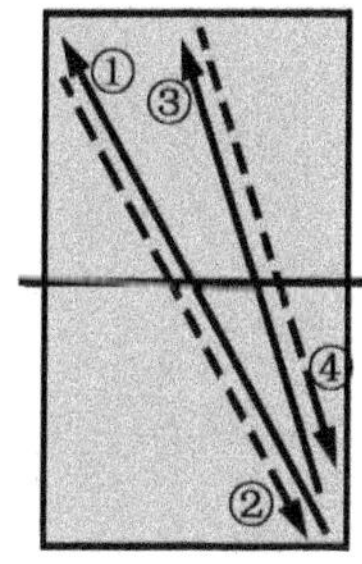

正手快攻1 / 2台跑位

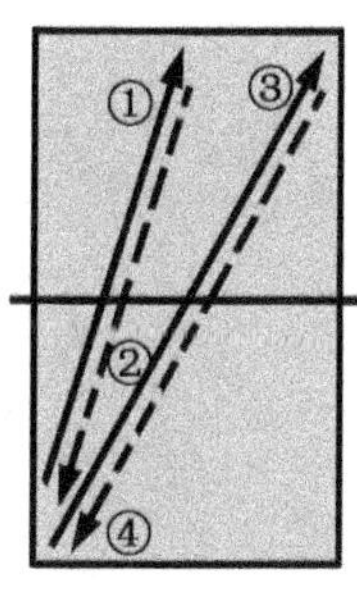

侧身快攻1 / 2台跑位

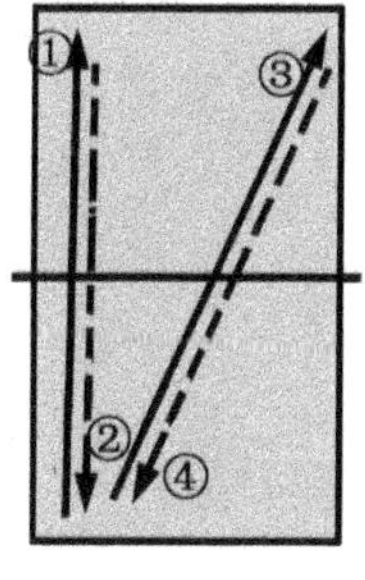

左推（拨）右攻

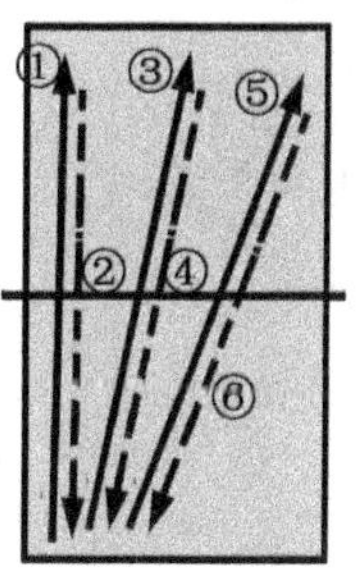

三点打一点

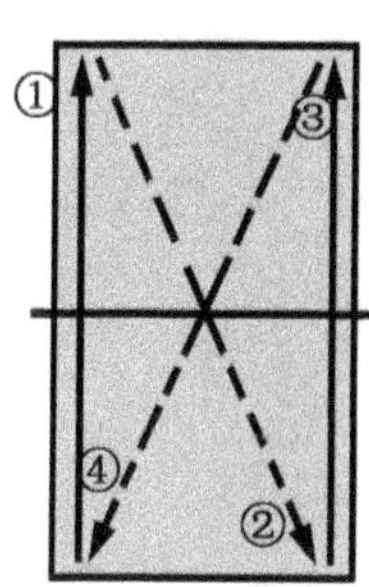

两斜对两直

图 6-2-22

三、乒乓球基本战术

一个人不可能样样技术都精通，总会有好有差，运用战术就是为了扬长避短，从而战胜对手。

（一）发球抢攻

运用发球抢攻时，要注意发球与抢攻的配合，所选的发球方式要与自己的技术特长密切结合。发球前，要做到心中有数，预先估计对方可能怎样回接、接到什么位置、自己如何抢攻，以免错失机会。

1. 侧身用正手发平击球后抢攻。通常发球至对手中路偏反手底线大角，再配合正反手攻球。若对方侧身攻我方反手，可用推挡压直线，也可侧身攻直线还击，迫使对方扑救正手位，我方可寻机抢攻。

2. 正手发转与不转球后抢攻。这是中国选手的拿手好戏，尤其是直拍选手的绝招。

3. 反手发右侧上、下旋球后抢攻。如果我方的正、反手都有一定的进攻能力，不妨也掌握这种战术，以增加变化的余地。

（二）搓攻战术

搓攻战术的几种方式。

1. 先搓反手大角再变直线。

2. 搓对方薄弱环节后抢攻。

3. 摆脱搓攻的战术。

（三）对攻战术

尽管“前三板”是乒乓球制胜的一大法宝，但它毕竟不是万能的，还有许多球无法在“前三板”中见胜负，必须运用对攻相持的战术。常用的对攻战术如下。

1. 连压反手，伺机抢攻。

2. 压反手变正手。

3. 调正手压反手（调右压左）。

4. 压中路配合压两大角。

第三节　网　球

一、网球概述

网球运动起源于法国，时间可以追溯到12—13世纪，当时是作为一种游戏活动在宫廷和贵族中开展。16—17世纪这种活动逐渐兴旺并形成比赛。1874年英国人沃尔特·克洛普坎·温菲尔德对此进行了一系列的改革，提出了一套接近于现代网球的打法并制定了有关规则，逐步形成了现代网球。

1896年第1届现代奥运会上，网球成为比赛项目之一，也是唯一的球类比赛项目，但自1924年起因故未列入奥运会，直到1988年才恢复为奥运会正式比赛项目。

（一）锻炼价值

网球是一项“绅士”的运动，它能培养参与者优雅的气质、文明的举止和良好的精神风范。

网球是一项综合运动，它不仅能全面提高参与者的身体素质，如速度、力量、耐力、协调和灵敏等，还能强化参与者的心理素质，如反应、判断、平衡、控制和意志等。

网球是一种社交活动，它能培养参与者的社会交往与沟通能力，全面提升参与者的社会适应能力，开拓他们的社会空间，以便更好地融入社会，实现自身价值。

网球是一项全身运动，有利于矫正和改善身体姿势，使参与者的身体协调发展，形成健美的体型。

（二）场　地

尽管网球场地有各种不同的种类，但其尺寸规格都是不变的（双打场地的标准尺寸是：23.77米×10.97米，单打场地的标准尺寸是：23.77米×8.23米）。大部分球场都是既可以单

网球短裤
男运动员应该穿短裤。女运动员通常穿裙子，也可以穿短裤。

球拍面
球拍面用羊肠弦或牛筋弦、尼龙线穿织而成。

鞋
因为比赛期间的挤压和滑动，高质量的鞋也需要在脚趾和鞋的四周进行加固。鞋底根据场地的不同来制作。

球拍柄
球拍柄上有8个面，以方便运动员找到正确的握拍方法。

图 6-3-1

打也可以双打，但也有一些是只能用来单打的球场。比赛前，裁判员或运动员必须确认球网高度是否符合标准，松紧度是否合适。（图6-3-1）

（三）比赛用具

1. 球

比赛用球必须符合国际网联的规定。球的外部需有黄色或白色的纤维外壳。球的重量和尺寸都要按照规定制作。在比赛中，换球一般在事先协商好的奇数局后，通常是5局后，然后是7局后换球。（图6-3-2）

2. 球　拍

国际网球联合会规定了球拍的尺寸。近年来，球拍框多采用碳材料制作。碳材料的拍子可以产生更大力量，但碳材料的拍子柔韧性不强，因此选择合适的网绳及松紧度对于加强球的控制是非常关键的。（图6-3-3）

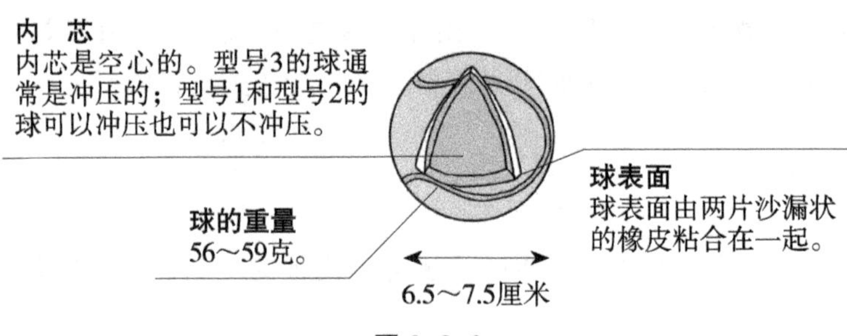

图 6-3-2

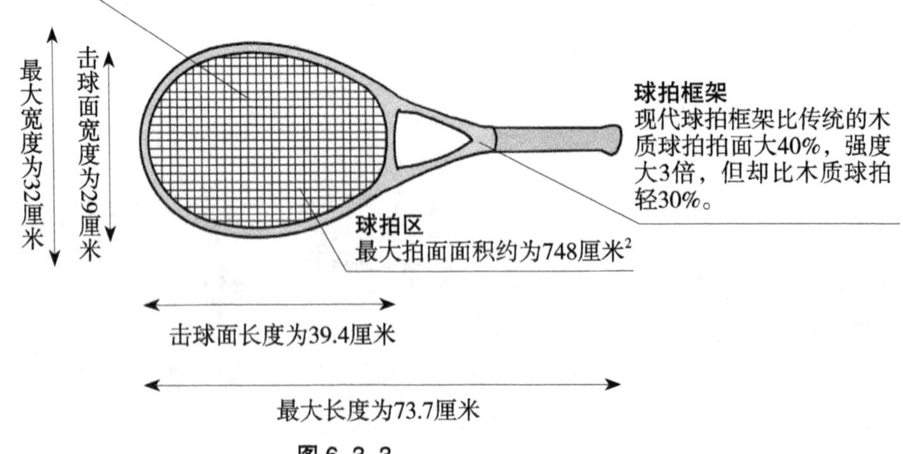

图 6-3-3

（三）网球科技

利用高速相机拍摄系统追踪球轨迹的电子回放技术首次应用在2006年美国网球公开赛上，它的成功应用也为其他大满贯赛事打下了基础。澳大利亚公开赛和温布尔顿公开赛都在2007年首次应用了电子回放技术。在美国和澳大利亚公开赛中，每个球员每盘都有两次机会，在决胜局中有一次机会使用电子回放技术。即便运动员的质疑是正确的，也仍然只有相同的使用机会。

二、网球基本技术

（一）基本技术

1. 握拍法

握拍的基本方法有4种：东方式握拍法、大陆式握拍法、西方式握拍法和双手握拍法。（图6-3-4）

东方式正手握拍法
如同我们与对方握手一样，先把手平贴在拍面上，保持手掌与拍面平行，手顺着拍面滑下到拍柄，手握紧拍柄。

东方式反手握拍法
在正手握拍的基础上向左移动1/4，使虎口对准拍柄的左上斜面，拇指末节贴住左下斜面，食指第三指节压在右上斜面。

大陆式握拍法
虎口对准上平面与左上斜面的交界线处，手掌根部贴住右上平面，拇指直伸围住拍柄，食指第三指节紧贴在右上斜面。

西方式握拍法
将虎口对准拍柄的右垂直面，正反手用同一拍面击球。

双手反手握拍法
右手是东方式反手握拍法，握在拍柄的底部，手掌根与拍柄对齐；左手握在右手上方，是东方式正手握拍法。

图 6-3-4

2. 正手击球

正手击球动作由4个技术环节组成：准备姿势、后摆引拍、挥拍击球和随挥跟进。

动作要领：在击球过程中，眼睛始终盯住球；尽早、尽快地后摆引拍；击球时，握紧球拍，绷紧手腕；球拍随球送出，充分随挥至左前方。（图6-3-5）

图 6-3-5

现在多数职业球员的正手采用半西方式握拍击球，其动作过程如图6-3-6所示。

准备姿式　　拉　拍　　向前挥拍击球　　随　挥

图 6-3-6

3. 反手击球

反手击球可以用单手或双手，同正手击球一样，由准备姿势、后摆引拍、挥拍击球和随挥跟进4个环节组成。

（1）双手反手击球。动作过程如图6-3-7所示。

准备姿势　　后摆引拍　　挥拍击球　　随挥跟进

图 6-3-7

（2）单手反手击球。转体、转肩要迅速，球拍及早后摆；在击球过程中，眼睛紧盯住球；握紧球拍，绷紧手腕；向上挥拍，球拍随球送出（反拍下旋球是向下、向前挥拍）；随挥动作在旁侧的高处结束。（图6-3-8）

准备姿势　　后摆引拍　　随挥跟进　　挥拍击球

图 6-3-8

4. 截击球

截击球是在来球落地前直接在空中回击的一种技术，它是中场和网前得分的关键手段。

（1）正拍截击。正拍截击的握拍姿势及动作过程如图6-3-9所示。

准备姿势　拉　拍　挥拍击球　随挥动作

图 6-3-9

（2）反拍截击。反拍截击的准备姿势与正拍截击相同，其他动作过程如图6-3-10所示。

准备姿势　拉　拍　挥拍击球　随　挥

图 6-3-10

动作要领：眼睛始终盯球；握紧球拍，绷紧手腕；在身体前面击球；保持拍头向上；用较短的撞击或推击动作击球。

5. **发　球**

发球是网球运动中最为重要的击球，它是每一局的开始，是第一个控制得分的机会。发球的关键在于稳定性、精确性、多样性、力量和掩饰的结合。

动作要领：使用大陆式或东方式反手握拍法；用指尖轻轻拿住球，抛球到位；将球拍正确地置于背后并抬起肘关节；保持抬头看球；击球时，在身体前做扣腕动作，并使重心跟进；球拍随挥至身体的另一侧，完成随挥动作。（图6-3-11）

准备姿势　抛球与后摆　击球动作　随挥动作

图 6-3-11

6. 高压球

高压球多用于网前的击球动作，可分为原地高压球、跳起高压球和后退高压球。高压球要及时侧身，早举球拍，眼睛看准球，找准击球点。高压球一般以平击高压为主，也可以用切削高压打出好的角度和落点。当对方挑高球挑得很高、很深时，可打落地高压球。打这种球要快速侧身后退，后退时眼睛不能离开球，要求步子退后，然后再向前做高压击球动作。

高压球的动作与发球动作相似，只是没有向后拉拍的挥拍动作，而是直接把球拍引向头后。在向来球方向跑动中，抬头仰视球，上体右转，同时使球拍垂向背后，完成击高压球的准备动作。当球下落到合适高度，左脚蹬地起跳，在头部上方跳起向前下挥击，完成高压动作。（图6–3–12）

图 6–3–12

（二）练习方法

1. 正反手击球练习方法

（1）单人练习方法（图6–3–13）

① 原地进行徒手挥拍练习，体会正确的正反手挥拍技术。

② 原地对着挡网站立，自抛球，用正手打不落地球。

③ 原地对着挡网站立，进行反手的自抛落地击球练习。

原地徒手挥拍或自抛球正反手击球练习

对着挡网站立，进行反手击球练习

图 6–3–13

（2）双人练习方法（图6-3-14）

① 一人站在底线中间，另一人站在前方3米左右的地方抛球给他，让其进行多球的正反手练习，练习多次后相互交换。

② 在发球区内进行小场地对打落地球练习。

③ 多人底线正反手练习。

图 6-3-14

2. 发球练习方法

（1）在发球线后蹲下，左手抛球，右手持拍由下而上挥动，将球击打到对方发球区。

（2）在发球线后站立，向对方发球区发球。

（3）坐在凳子上或蹲下发球。（图6-3-15）

图 6-3-15

3. 正反手截击球练习方法

（1）一人对墙练习（图6-3-16）

① 对墙高2米左右处直接进行正手截击球练习。

② 方法同上，进行反手截击球练习。

（2）两人的截击球练习（图6-3-17）

① 正手截击球练习时，1人在网前依次用左、右手接住同伴扔向右侧的球。

② 反手截击球练习时，方法同上。2人相距2米左右，1人用球拍颠球5次后，将球传送给同伴；同伴接住球也颠球5次，再送回对方。

图 6-3-16

图 6-3-17

三、网球基本战术

（一）单打基本战术

单打比赛需凭借球员个人的技术、智慧和体力，扬长避短，争取主动，取得胜利。在战术运用上，要力争使对方随着自己的节奏走，而不能反过来跟着对方走。单打战术可分为发球战术、接发球战术、底线打法战术、上网战术、截击球战术、挑高球战术和高压球战术等。下面重点介绍发球战术、接发球战术、底线打法战术和上网战术。

1. 发球战术

发球是进攻的开始，取得发球局的胜利是赢得比赛胜利的关键。如果发过去的球，对方不需要移动就能还击，说明发球落点欠佳；如果发出的球迫使对手离开基本位置进行接发球，则发球效果良好。因此发球要考虑落点、力量和旋转等因素才能有良好的效果。由于发球都有两次机会，第一次发球就可以使用攻击性最强的发球方式。一种是大力发球，利用速度制胜，找最短的发球路线发直线球；另一种是找落点发球，利用准确的落点造成对方接发球的困难，发到接发球员的薄弱处（通常是其反手位置），或者使对方在移动较大的情况下接球。为了增加对方接发球的难度，还可以利用球的旋转，使球沿弧线飞行。第二次发球时，必须在注意发球的把握性的前提下尽量增加发球的攻击性。

2. 接发球战术

接发球的质量不仅与接发球技术有关，同时与接发球时采用的战术有很大关系。接发球战术包括接发球时的站位、移动和击球等。

（1）站位：站位时应考虑到正、反手各有1／2的机会接球，一般站在对方可能发球角度的分角线上。如果对手善于发侧旋球，接发时要相应地稍向右或向左移。此外，还要根据自己的技术条件，尽量向前站，以缩短反击的距离，使对方没有充足的时间准备。切忌在中场等球，应将中场视为禁区，如果不得不在禁区内击球，那么击球后要快速离开此区域，或向前上网截击或退回到端线击球。（图6–3–18、图6–3–19）

（2）移动：接大角度球时，不要向后跑，而应向前迎球，边移动边引拍。接发球的移动方向应向侧前方，即上步击球。如果球朝身体正面击来，来不及移开时，可采取撤步转体的方法，保持侧身对网进行击球。

（3）击球：接发者要想由被动防守快速地转为积极进攻，必须加强接发球的反击。要根据具体情况采用不同的击球方法。当对方发球后立即上网，可以用上旋击球打到后场或使球过网后急坠，对方不能在较高点做攻击性截击球的动作，还可采用挑高球技术，但要注意高度和深度；当对方发球到达反手位，并且带侧旋又有一定角度时，则以削球向对方反手位较斜角度还击。

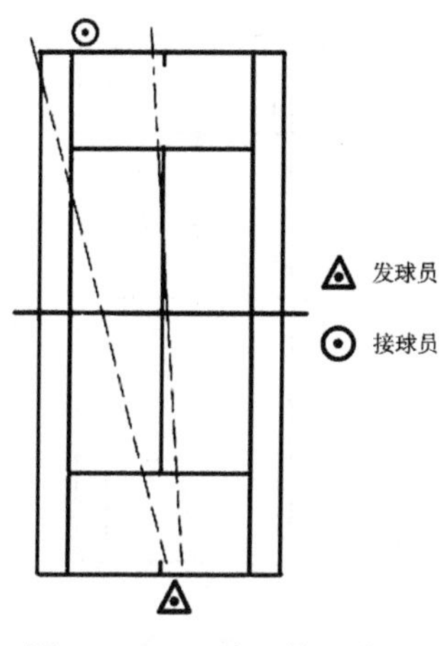

图 6-3-18　站　位

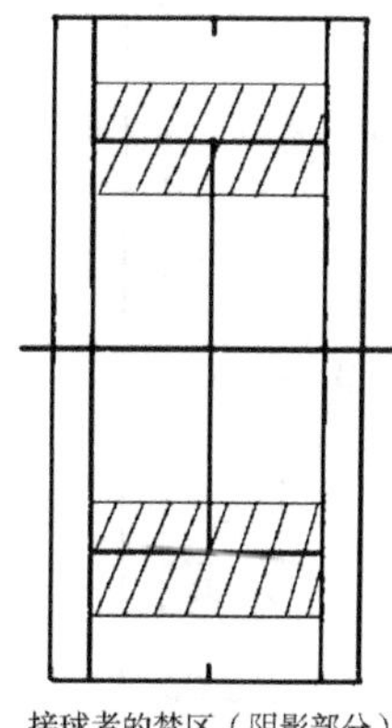

图 6-3-19　接球者的禁区（阴影部分）

3. 底线打法战术

底线打法战术是以底线正、反手抽击球为基础组织的战术。底线击球的原则就是用速度、旋转和落点调动对方，把球尽量打到对方够不着的地方，或攻击对方的弱点，迫使其失误。

（1）击球深度（图6-3-20）

向对方底线处击球，使球在离网的上空大约1.5米的高处通过，这样一方面能将对手压在底线附近，使得其回击球的距离加长，另一方面使对手回击球的角度减小。另外，将球打深也有利于随球上网。另外，当对手远离球网，回击的球速慢又很浅时，或对手因救斜线球而远离场地时都可运用放小球技术，调动对手前后移动。

（2）击球角度

控制击球角度是调动对手移动的前提，能使自己免于被对方操纵。一般通过打斜线球和打直线球来控制击球角度。斜线球尽量打到对方场区的底角或边线附近，这样才能最大限度地调动对手。直线球飞行距离较斜线球短，能加快回击速度。当对方打来斜线球时，以直线球还击，可以左右调动对手。

4. 上网打法战术

上网打法战术是利用网前技术为主要进攻手段的重要战术，也是进攻性最强的战术。上网的时机很重要，上网前的那次击球，不仅要注意方向，同时也要注意击球的速度不宜过快，使自己有移动上网的时间。一般来说应该是击向对方场区的中间且接近端线的长球，这样就可以造成对方最小的回击角度。网前的站位一般在对方可回击角度的分角线上，离网2～2.5米处。采用截击球技术将球回向远离对手的一侧，并且积极移动，根据对手的位置来确定自己的站位。同时防范挑高球，对手一旦打出挑高球，应当立即判断，如落点不够深，则采用高压球还击，如落点较深，则要追到球的侧前方进行回球。（图6-3-21）

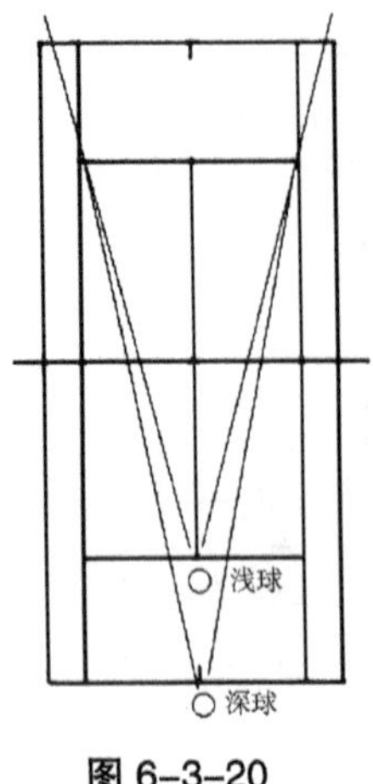

图 6-3-20

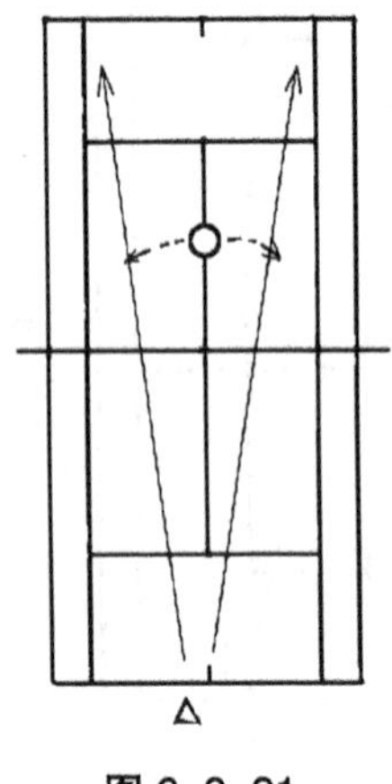

图 6-3-21

（二）双打基本战术

双打比赛相对于单打来说，场地加宽了，但每个人占据的区域缩小了，需要两名队员合理地处理好各自的分工和位置，当同伴场区出现防守漏洞时，能够及时补位，默契配合，协同作战。争取上网是双打比赛的战术原则，迅速占据网前位置就能占优势。一有机会，就应上网用截击球的方法进行攻击，网前截击技术和高压球技术是双打比赛的主要得分手段，其速度比单打的速度更快，要求运动员的反应快，动作迅速，判断准确。

1. 双打基本站位

一名球员站在网前，另一名站底线处是常见的双打站位。如果网前球员到球场另一侧试图接球，那么他身后就会出现空当，这时他的搭档必须意识到去补位。为避免两人向同一位置跑去接球，必须用“我接”“换位”等语言来进行交流（图6-3-22）。还有一种发球时的站位叫澳大利亚式站位（图6-3-23），是指发球员和他的同伴都站在场上同一侧或是场地中间的站位方式。如果接球员能打威力较强的斜线球，那么选择澳大利亚式站位使得发球员的同伴可以在网前轻松截击。有时接发球员的同伴不直接站在网前而是站在发球线附近，当对手打球后再根据来球情况来移动。

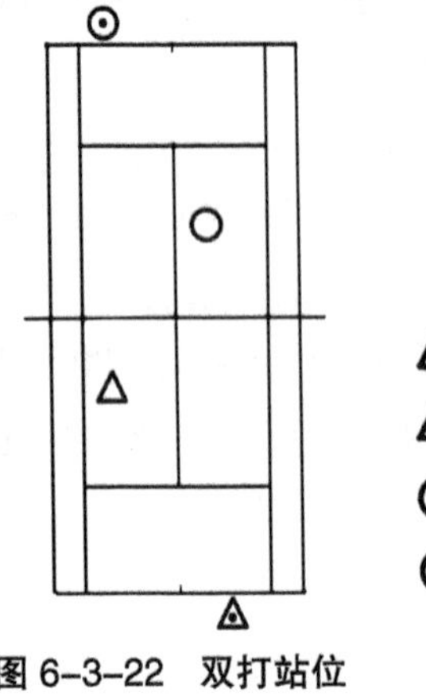

图 6-3-22　双打站位

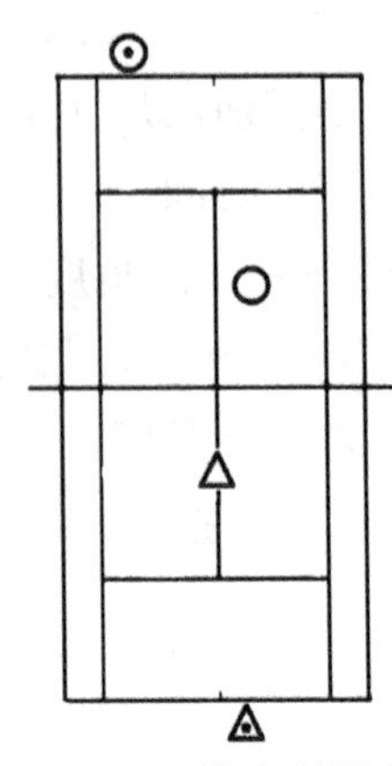

图 6-3-23　澳大利亚式站位

2. **发　球**

（1）发球上网战术

在发球时，尽量争取较高的第一发球的成功率。落点要深，并不断变换发球落点，然后快速上网；第二发球利用旋转和落点的变化为上网创造条件。上网后的第一次拦截，一般应打得平而深，但是如接发球员也上网时，就应打低而浅的截击球，迫使其把球挑高，这时就应使用高压球回击。

（2）发球截抢战术

此战术要求发球员的一发成功率要高，角度的变化要多，扼制接发球员回球的力量和角度，为同伴制造截击的机会。发球员的同伴在对手接发球后，可以向斜前方移动，截出平而深的球。（图6-3-24）

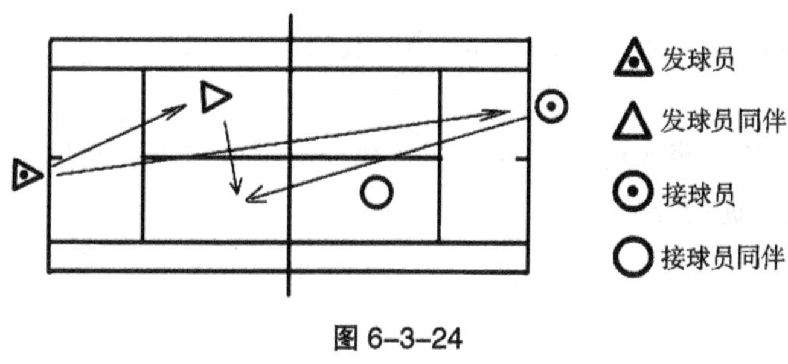

图 6-3-24

（三）接发球

对方发球时，接发球员的同伴一般站在发球线附近，根据接发球员回球的情况来组织战术行动。

第四节　排　球

一、排球概述

排球发明于1895年，最初叫作“mintonette（小网子）”。有记录以来的第一场比赛于1896年在美国马萨诸塞州的斯普林菲尔德大学举行。20世纪早期，该运动在北美流行开来。1949年，首届排球锦标赛在布拉格举行。1924年，排球作为表演项目亮相巴黎奥运会，并于1964年成为正式奥运项目。

排球是一项高体能的、在两支各6人的队伍之间进行的比赛。目的是击球过网使对方在球落地之前不能有效回球以得分。防守队员全场跑动救球并将球传给其他处于进攻状态的队友，进攻球员跳起将球猛扣过网。排球也是一项受欢迎的休闲运动，各年龄段、各种水平的人均可参与。据统计，全世界有超过8亿人每周至少打一次排球，因此，有人称排球是世界上最受欢迎的运动之一。

（一）锻炼价值

打排球会刺激拇指、食指、中指、无名指和小指上分布的三阴三阳经，它们分别对应脾、肝、心、肺、肾、胃、胆、小肠、大肠、膀胱，因此打排球会对这些脏器产生积极影响。

打排球能有效地增强腰背肌力，消除腰背部肌肉劳损，是适宜久坐、久立职业工作者的一项运动；排球也是弹跳、上肢活动较多的运动，能提高人的时空预判能力。建筑施工专业、烹饪专业、机械制造专业、汽车运用与维修及长期伏案等专业的学生应经常参加排球运动，以提高身体素质。

参加排球练习有利于养成协作配合和遵守规则的良好习惯，有助于学会与同伴友好相处，提高表达和有效沟通的技巧。

（二）场　地

场地地面通常由木头或合成材料制成，但比赛可以在任何不会对救球运动员造成伤害的地面上进行。室内场地必须平坦，而室外场地为了排水可以有一定的倾斜度。

球场上的线标志了场上队员在开球时的位置：后场3名防守球员（包括发球手，可以站在底线以外的任何一点上）和前场近网的3名进攻、拦网球员。（图6-4-1）

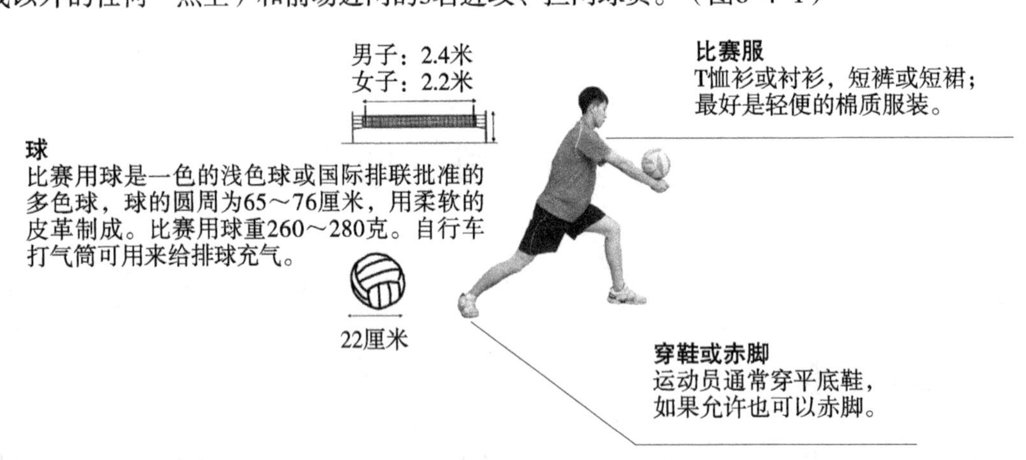

图 6-4-1

（三）基本技巧

排球运动有6种基本技巧：发球、传球、垫球、进攻（扣球或吊球）、拦网和救球。发球

有上手发球和下手发球，也可以跳起发球。任何到达对方半场发球都有效，即便球触网。

扣球（进攻）过程中，球员跳起超过网高，将球大力扣到对方场地内。

一旦球越过中线，拦网球员就聚集到网前，高举双手进行拦网，以防止球在自己半场内造成威胁。

球员扑向地面或将身体压得很低，尽量在球触地前将球救起一定高度，以便队友接到球。

（四）沙滩排球

沙滩排球在沙地上进行，场地比标准排球略小，每队只有两名选手。沙滩排球正式比赛始于20世纪70年代后期，并于1996年成为奥运会项目。沙滩排球与标准排球也有不同之处。例如，沙滩排球使用的球略大，重量也更轻一些。此外，运动员在场上穿短裤或泳装。

二、排球基本技术

（一）准备姿势

半蹲准备姿势动作要领：两脚自然开立，双膝适当弯曲，脚后跟稍提起，两脚微动；收腹，重心前移，两臂自然弯曲，两眼注视来球。（图6–4–2）

移动的步法分为：并步、滑步、跨步、交叉步和跑步等。

1. 滑　步

球距离身体较近、弧线较高时用滑步；右（左）脚先向右（左）迈出一步，左（右）脚迅速并上。（图6–4–3）

2. 跨　步

跨步比交叉步移动距离近，便于接距身体1～2米的低球；移动时步幅较大，身体重心较低，可以向前、向斜前或向侧方。（图6–4–4）

3. 交叉步

来球距身体2米左右，上体稍向右（左）转，左（右）脚从右（左）脚前面向右（左）交叉迈出一步，然后右（左）脚再向右（左）跨出一大步，同时身体转向来球方向，保持击球前的姿势。（图6–4–5）

图 6–4–2

图 6–4–3

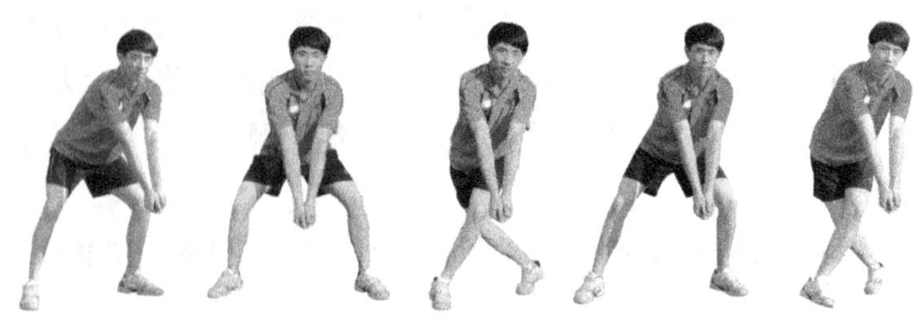

图 6-4-5

（二）发球（以右手发球为例）

1. 正面下手发球

左手将球在身体右侧抛起约20厘米，右手顺势后摆，右脚蹬地发力，右臂加速前摆，用掌根（或者虎口）击球的后下部。

2. 侧身下手发球

侧身下手发球与正面下手发球基本相同，不同的是把握好向左做转体的角度。（图6-4-6）

3. 正面上手发球

左脚在前，左手托球于体前，抛球于体前右肩前上方约50厘米处，右脚蹬地重心前移，以收腹、屈体、挥臂鞭甩击球，手掌击中球的后下部，做到推、包、压，使球向前下旋。（图6-4-7）

图 6-4-6

图 6-4-7

（三）垫　球

准备姿势：两脚开立，稍比肩宽。

正面双手垫球动作要领：双臂伸直夹紧，上下肢协调用力，一插，二夹，三蹬地，四抬臂，击球点在前臂腕关节以上10厘米左右处。（图6–4–8）

垫球部位

图 6–4–8

练习方法：

1. 两手垫固定球。两人一组，一人持球于腹前，另一人用垫球动作击球。

要求：体会击球部位。

2. 自垫高、低球。

要求：体会上下肢协调用力。（图6–4–9）

图 6–4–9

3. 对墙连续垫球。（图6–4–10）

图 6–4–10

4. 垫抛球。一人抛球，一人垫球。抛球到位，左右前后抛球。（图6-4-11）

图 6-4-11

5. 两人相距4～5米，对垫。

（四）传　球

准备姿势：稍蹲，面对来球，双手自然抬起，放松，置于脸前。（图6-4-12）

动作要领：正对来球，两手自然张开与球吻合，蹬地伸臂，于前额上方主动迎球。上下肢协调用力，重心前移。

图 6-4-12

练习方法：

1. 对墙传球。由近到远，近25厘米处体会手指手腕用力；远150厘米处体会上肢配合用力。（图6-4-13）

图 6-4-13

2. 两人对传。两人相距3～4米，对传。

要求：传球有一定弧线，随时准备移动。（图6-4-14）

图 6-4-14

（五）扣　球

动作要领：

1. 先右脚向前走一步（找方向），左脚向前迈出一步（把握好节奏），右脚跨出一大步的同时左脚快速跟上，身体略向右侧身，踏地完成踏跳步（起跳有力）。

2. 挥臂时，以迅速转体、收腹动作发力，依次带动肩、肘、腕各关节成鞭甩动作并向前上方弧形挥动，在右肩前上方最高点击球。以全掌包满球，手腕有推压动作，使球向前下方旋转飞行。

3. 落地时，身体自然下落，缓冲落地，保持平衡。（图6-4-15）

图 6-4-15

练习方法：

1. 扣击固定球。两人一组，一人双手持球举至头顶，另一人挥臂扣击固定球。

要求：体会击球点和手型。（图6-4-16）

图 6-4-16

2. 两人一组，隔网对站，抛球、挥臂、鞭甩，击球反弹过网。

要求：体会手腕及腰背的鞭甩动作。

3. 网前助跑起跳。

要求：掌握助跑起跳步法。（图6-4-17）

图 6-4-17

4. 跳扣固定球或扣固定吊球。

要求：体会跳点、扣球击球点和手型。（图6-4-18）

图 6-4-18

三、排球基本战术

想赢得排球比赛的胜利，必须从接球和防守开始练习，二传是组织进攻战术的核心，也是进攻战术的组织者。因此，了解排球比赛阵容配备、进攻及防守战术是赢得比赛胜利的根本。

（一）阵容配备

1. “四二”配备

4名进攻队员和2名二传队员。4名进攻队员都站在对角位置上。

这种阵容配备的特点：比赛中每1轮的前后排都有1名二传手，2名攻手（即1主攻手和1副攻手）。其作用是便于组织进攻，发挥本队的攻击力量，较容易组成“中一二”与“边一二”进攻战术。此阵容配备多为初学者和一般水平的球队采用。（图6-4-19）

2. “五一”配备

5名进攻队员和1名二传队员。加强进攻拦网的力量，配1名有进攻能力的接应二传，弥补主要二传队员来不及传球时出现的被动局面。

这种阵容配备的特点：比赛中只有1名二传手，其他队员为攻手。其优点是有利于加强进攻和拦网力量，进攻点多而灵活，但是对二传手的要求较高。（图6-4-20）

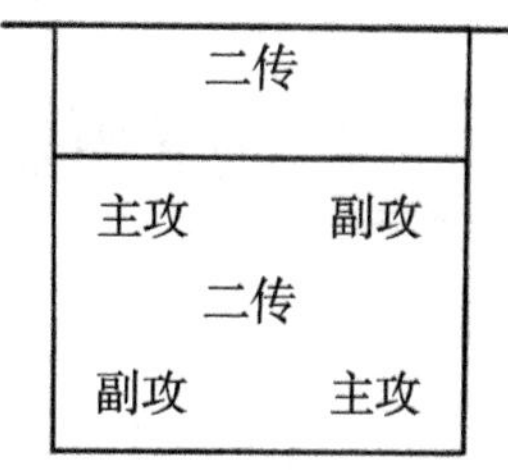

图 6-4-19

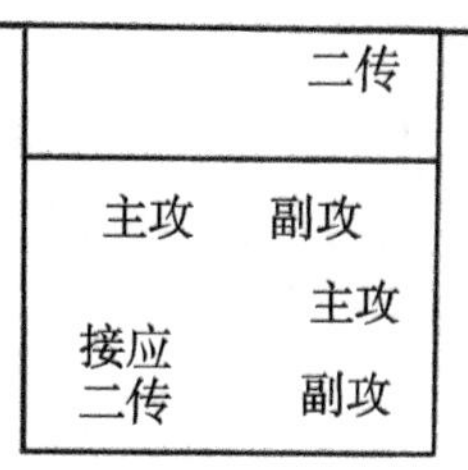

图 6-4-20

（二）进攻战术

1. “中一二”进攻战术

3号位队员做二传，将球传给4号位、2号位队员进攻的组织形式。

特点：二传手居中，易于接应，便于组织进攻。但其只能两点进攻，战术变化少。这种战术适合初级水平球队运用。（图6-4-21）

2. “边一二”进攻战术

2号位队员做二传，将球传给3、4号位队员进攻的组织形式。

特点：两个进攻队员位置相邻，便于相互掩护配合，从而能打出多变的战术球。（图6-4-22）

3. “插上”进攻战术

1号位队员由后排插上到前排做二传，把球传给4、3、2号队员进攻的组织形式。

特点：有利于组织各种进攻战术，进攻点灵活。不足之处是容易让接球队员接一传。（图6-4-23）

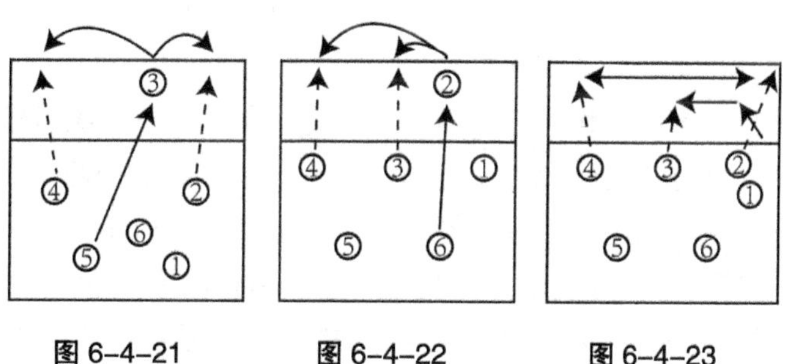

图 6-4-21　　图 6-4-22　　图 6-4-23

（三）防守战术

这里主要介绍接发球阵型。

1. “W”站位阵型

初学者比赛多采用“中、边一二”进攻阵型，大多站成“W”形，也称“一三二”型站位。5名队员分布均衡，前面3名队员接前场区的球，后排两名队员接后场区的球，职责分明。其缺点是后排两名队员接发球压力大。

2. “M”站位阵型

“M”形站位，也称“一二一二”站位，其优点是队员分布更加均匀，分工明确，前面2名队员接前区球，中间队员负责中区球，后面2名队员接后区球。

主题二　平衡训练项目

第五节　华尔兹

一、华尔兹概述

（一）华尔兹的概念

华尔兹，又称圆舞，一种自娱舞蹈形式，是舞厅舞中最早的、也是生命力非常强的自娱舞形式。

华尔兹根据速度分化为快、慢两种之后，人们把快华尔兹称为维也纳华尔兹，而不冠以“维也纳”三个字的即被称作慢华尔兹，它是由维也纳华尔兹演变而来的。作为三步舞的华尔兹，其基本步法为一拍跳一步，每小节三拍跳三步，但也有一小节跳两步或四步的特定舞步。

快、慢两种华尔兹都以旋转为主，因速度慢，除多用旋转外，还演变出复杂多姿的舞步，其中有不少舞步在步法上与探戈、狐步舞和快步舞的同名舞步基本相同，只是节奏和风格不同。再加上四大技巧在华尔兹中得到了全面和充分的体现，所以它被列为学习国标舞的第一舞种。

华尔兹用W表示，也称“慢三步”，摩登舞项目之一。具有优美、柔和的特质，舞曲旋律优美抒情，节奏为3/4的中慢拍，每分钟28到30小节。每小节三拍为一组舞步，每拍一步，第一拍为重拍，三步一起伏循环，但也有一小节跳两步或四步的特定舞步。通过膝、踝、足底、跟掌趾的动作，结合身体的升降、倾斜、摆荡，带动舞步移动，使舞步起伏连绵，舞姿华丽典雅。

（二）华尔兹的发展

华尔兹一词，据考证大约是在1780年前后出现的，最初来自古德文“Walzl”，意思是“滚动”“旋转”或“滑动”。而3个拍子“蓬嚓嚓”节奏的圆舞则很早之前就流行于欧洲，特别是在德国巴伐利亚和奥地利维也纳一带的农民中更为流行。至于华尔兹类型的舞曲，则早在17世纪就演奏于哈普斯堡的皇家舞会上。华尔兹是体育舞蹈中历史最悠久的。

尽管华尔兹这种自娱舞蹈形式早已流行于农村，但它能够成为城市民众的舞蹈时尚，却是有其社会变革和艺术趣味等多方面的原因。18世纪末的法国大革命及其在欧洲各国的激烈影响、工业革命的兴起以及工人阶级的大规模出现等，使人们对自娱性舞蹈风格的要求发生了巨大的改变。曾一度广为流行的小步舞和加伏特舞因其刻板、拘谨的风格而被淘汰。身体轻松自然、风度飘逸洒脱的华尔兹一时间成了人们（特别是法国人）更能自得其乐的方式。

华尔兹的迅速流行自然受到出于种种目的的反对和阻碍。除了教会说它因男女持抱近、动作旋转过快而不道德、不文明，甚至粗俗邪恶、不堪入目外，还被原来靠教授小步舞和其他宫廷舞为生的人们视其为眼中钉、肉中刺。华尔兹的简单易学和自由舒畅的特点，吸引了广大的舞者，常常只要在一旁观看一会儿就能学会。这种舞无须像小步舞那样，必须掌握大量复杂的花样才能登场。

在当时保守的英国，华尔兹甚至被不少人恨之入骨，惧之如虎，并且遭到报界的谩骂。然而，谩骂却使得欧洲人更加热衷于华尔兹。法国革命后的资产阶级立即全面接受了华尔兹。据统计，仅在18世纪末的巴黎，就一下子涌现出了700多家舞厅。

1834年后，华尔兹传到了美国。它在美国的第一个落脚点是波士顿，随即传到了纽约和费城，传说它也曾使上流社会呆若木鸡。但不久之后，到19世纪中叶，华尔兹就在美国的社交圈子里扎下了根。

华尔兹舞的深得人心与其音乐的轻松流畅密不可分，两位奥地利大作曲家弗朗兹·兰纳和约翰·斯特劳斯父子的贡献是华尔兹舞蹈史书中的一个重要部分。他们创造了威尼斯华尔兹舞蹈史中的一个重要部分。由他们创造的威尼斯华尔兹标准节奏是55～60拍 / 分的快速度，非常适合现代人的感受。

美国人对华尔兹舞发展的贡献在于波士顿舞与踌躇舞两种华尔兹的变体。前者节奏徐缓，舞步修长，前后方向的动作较多；后者速度比较缓慢，3拍才跳1步。

专家们认为，在华尔兹舞对整个舞厅舞蹈的发展所作的贡献中，最重要的是使人们逐渐认识到了这样一个事实：唯有自然的身体动作才能持久。这使舞厅舞最后不再像19世纪那样，必须要采用古典芭蕾中脚的五个位置不可了。

二、华尔兹舞步

华尔兹庄重典雅，舞姿秀美潇洒，舞步起伏流畅，舞曲优美、抒情。通过膝、踝、足底、跟掌趾的动作，结合身体的升降、倾斜、摆荡，带动舞步移动，使舞步起伏连绵，舞姿华丽典雅。

（一）握抱姿势（图6-5-1）

摩登舞起舞时，准备姿势大多为合对舞姿。

要点：挺胸、收腹、紧腰、立腰、夹臀，女伴的胸部向外打开多些，自然挺拔，肩下沉，臂肘有外撑感。在整个跳舞的过程保持这种姿势。

图 6-5-1

（二）基本舞步

准备姿势：合对舞姿。

1. 左足并换步（图6-5-2）

第一拍　男：左脚前进一步。女：右脚后退一步。

第二拍　男：右脚横步稍前。女：左脚横步稍后。

第三拍　男：左脚向右脚并步。女：右脚向左脚并步。

图 6-5-2

2. 右足并换步（图6-5-3）

第一拍　男：右脚前进一步。女：左脚后退一步。

第二拍　男：左脚横步稍前。女：右脚横步稍后。

第三拍　男：右脚向左脚并步。女：左脚向右脚并步。

要点：运步时，要掌握跟、掌、尖的滚动，两脚交替过程中脚内侧应相擦而过，移动时两大腿靠近。身体重心平稳。

图 6-5-3

3. 左转步（图6-5-4）

准备姿势：合对舞姿。

第一拍　男：左脚前进一步。女：右脚后退一步。

第二拍　男：左转身1/8，右脚同时横步。女：左转身1/8，左脚同时横步。

第三拍　男：左脚向右脚并步，继续左转1/8。女：右脚向左脚并步，继续左转1/8。

第四拍　男：右脚后退一步，右脚左转1/8。女：左脚前进一步，左脚左转1/8。

第五拍　男：左转1/8，左脚横步。女：左转1/8，右脚小横步。

第六拍　男：右脚向左脚并步，左转1/8。女：左脚向右脚并步，左转1/8。

图 6-5-4

4. 右转步

与左转步方向相反，第一拍男伴右脚前进，女伴左脚后退。

要点：转动时，身体保持平衡，男女舞伴双臂与身体的架形相对稳固。

5. 佛步（图6-5-5）

准备姿势：合对舞姿。

第一拍　男：左脚前进。女：右脚后退。

第二拍　男：右脚向右侧横步稍前。女：左脚向左侧横步稍后。

第三拍　男：左脚在侧行位置交叉于右脚后。女：右脚在侧行位置交叉于左脚后。

图 6-5-5

6. 侧行追步（图6-5-6）

准备姿势：合对舞姿。

第一拍　男：右脚向左方前进。女：左脚向右方前进。

第二拍　男：身体右转，左脚向侧稍前进，右脚快速并向左脚。女：身体左转，右脚向侧稍前进，左脚快速并向右脚。

第三拍　男：左脚向侧且稍前进。女：右脚向侧且稍前进。

要点：男女伴由叉形步的身体打开转向平行，在最高位完成追步，身体保持平稳，不要跳起来。

图 6-5-6

7. 外侧右转（图6-5-7）

准备姿势：合对舞姿。

第一拍　男：右脚前交叉前进于反身动作及侧行位置。女：左脚后交叉前进于反身动作及侧行位置。

第二拍　男：左脚向侧稍前进，身体右转。女：右脚向侧稍前进，身体右转。

第三拍　男：右脚并向左脚。女：左脚并向右脚。

图 6-5-7

（三）练习方式

1. 基本元素练习

（1）身体的升降练习

由直立开始，下蹲和提踵。上拔、挺胸、立腰。体会膝、踝的屈伸和身体升降的稳定性。

（2）左右横移步

左脚向左横步，重心左移，大腿合拢收右腿，右脚尖轻擦地收并左脚，并立达最高点。

右横移步与左横移步方向相反。体会重心从最低向侧渐移直至上升至最高的动作移动过程。

（3）前进后退走步

前进走步当移动向前时，身体应先移动。出腿脚跟先落地。

后退走步与前进走步方向相反。

2. 基本步练习

（1）单人练习：单独进行分解慢做练习，掌握后跟随音乐练习。

（2）双人练习：舞伴之间互相支撑找好各自的重心，配合默契，与音乐和谐。男伴注意引导。

3. 初级套路组合练习

左脚并换步123—右转步123—右转步456—右脚并换步123—左转步123—左转步456—叉形步123—侧行追步123。

（四）舞步特点

1. 华尔兹的前三步的舞步起伏最大、摆荡最明显

男步：左脚前进，① 脚尖着地，脚跟下落，继续下降。注意这时腹与大腿之间（以下简称腹沟）和胸椎及脚尖要在一条垂直线上，下臀部、脚跟、头部保持在垂直线上，右脚膝面抬起脚尖绷直，准备反身和出步。② 左脚发力，在反身动作下用下臀部向前推动右脚前进，右脚落跟，下臀部和头在垂直线上，腹沟向前至脚尖，这时左脚大腿要直，但是左下臀部一定要跟随垂直重心。这时两腿是夹住的，胯位已经转向右，完成第一步。③ 左脚向下，脚尖着地，腿要直，不能屈膝，用脊柱向侧做摆荡，到位后胯位打开并向前，下臀部以上向前并保持身体垂直，这就是摆荡腿的动作。④ 右脚右侧面保持直线条，两脚夹腿合并。这里的关键在于：腹沟、胸椎、胯位打开保持向前，下臀部以上至头顶向上并向前最重要。

女步：女步的关键在左脚的退步。① 右脚下降的与男子的左脚下降一样，② 左脚的膝面先抬起后向延伸大腿，这里特别要注意的是，在延伸大腿时腹沟要向前，胯位要打开，下臀部以上向前向上；第二步的关键在于：女子退步一定要退到位。所谓到位，就是左脚要落跟，下臀部与头部要和脚跟三点要保持在垂直线上，退位后还要保持胯位打开，男子前进步就好做了。

2. 康德拉交换

男进左，女退右，包括侧身和C、B、M、P。注意男伴前脚掌不可先落地。上身稍向左旋转。双方视点同向。

第二只脚向第一只脚并扰，并上升至前脚掌，同时双方视点经上弧线运动向P.P转移，上身稍向右旋转。身体上挺。

形成P.P位，男进左，女进右。在上升运动中前拿运步，呈开放式形态。在最后一刹那落下脚跟，向下发展。

3. 侧行并滑步

节奏表现为：一、二嗒、三，其中第二拍是一次并式滑步。

第一拍在P.P。位上，男进右，女进左。

第二拍前半拍男左、女右横移一步变成C.P位，后半拍男右、女左滑脚并拢。注意这两步既要保持上升的态势，又要保持平稳的滑行，不可跳跃和颠破。

第三拍由C.P位变为P.P位，同时男进左、女进右。在上升运动中前掌运步，呈开放式形态，在最后一刹那落下脚跟，向下发展。

4. O.P式右转

这是基本右转90° 的变形式旋回。由于体位的变化而使脚位出现交叉动作。其余要求不变。

在右外侧（O.P位）男进右、女退左。有侧身和C.B.M.P位。右转90° 男横左、女横右，形成C.L位且有倾斜。双方并脚。（上升和运步的规律不变）。

5. 后退顿滑步

节奏表现为：一嗒、二、三。第一拍就开始出现锁滑形态。

第一拍前半拍男退右，女进左，在肩部引导下出现倾斜，并向O.P发展。后半拍形成0.P位，男左脚锁在右脚前面，女右脚锁在左脚后面。第二拍男退右，女进左，向C.P位变化。

男退左，女进右，回到C.P位。

6. 重倾斜

重倾斜也可以译作过度倾斜，就是被人们称作“下腰”的舞姿。实际上，女伴并不是在“下腰”，而是身体纵轴偏离垂直状态的过度表现。正确的理解是很重要的，因为“下腰”的概念很容易导致舞姿的“走样”或变形。

在第一小节的第一拍或第二拍（依前一个衔接步的形态而定），形成男退左，女进右的开放式位置，然后紧接着在重心转移的同时，开始向左旋转。注意在旋转进行中，既要保持开放式脚位，又要保持C.P的体位。旋转运动的中心点在两人之间，不可以男生为轴，而形成把女伴“甩”过去的形态。

整个第二小节，都应处于舒缓而匀速的过渡性运动中，恰到好处地形成造型。并使这种运动和第三小节的动作连成一气，不要产生中断性间歇。第三小节实际上是一个康德拉交换，不同的只是男左脚和女右脚都不再移动位置，而是合着重拍的音乐，用一个侧身动作，

造成身体的右旋转动律，往下连接。

需要强调指出的是，重倾斜舞姿无论用在什么地方，都必须是男伴面向墙位的，绝对不能在面中央方位上运用，而且必须保持C.P位。

7. 开放式自然转

这是一种退行式标准旋回，从逆L.0.D方位开始，到斜墙位结束。男退左，女进右。当重心移到前掌时，开始右转90°　。男横右，女横左。在面中央位上开始大幅度右旋转，左脚和女右脚在旋转中保持横向张开的开放式造型，旋转度180°　以上。男落左，女落右，继续保持右转。

在左外侧（P.O位）男退右，女进左。有C.B.M.P位和倾斜，开始向左转回旋发展。

男进左，女退右，在左转动作中完成，向C.P位变化。

双方在并脚位上升。

8. 并脚式自然转

这是一种男伴用脚跟旋转的特殊变化。也是只能在男伴逆方位上使用。男退左，女进右。男右脚向左脚并拢，并用脚跟向右旋转；女横左，并在旋转中并脚，但用脚掌旋转。在后半拍男伴也将重心转移到脚掌，身体上挺，重心上升，向P.P位发展。在P.P位上男进左，女进右。

三、华尔兹自娱跳法

临场即兴发挥的自娱性跳法，是建立在随机应变能力之上的。为了具备随意改变体位的“领舞”和“跟舞”的基本能力，我们先从最简单的踌躇步开始，做全方位的体位变化练习。

（一）踌躇步

踌躇步又叫逗留步（Hesitatlon）或平衡步。在自娱跳法中，它可以用来作为交谈、变换动作或方位的过渡性转换、以及在人多拥挤时一边踌躇一边观望寻找合适位置的特殊舞步。这种舞步的变化形式较多，有一步踌躇、两步踌躇和三步踌躇之分。下面以三步踌躇为例进行讲解。

第一拍：男进左，女退右。第二拍和第三拍，双方都在到达的位置上，原地踮脚两次。男先右后左，女先左后右。下一个小节的第一拍：男退右，女进左。第二拍和第三拍，双方回到原来的位置，原地踮脚两次，这里是进左退右的踌躇。请自己再练习一下退左进右的踌躇，并想一下不同的体位会有些什么变化。

1. 体位变化练习

首先由男伴确定一个固定的方向坐标——假如面对L.O.D方位，那么从斜墙位起，顺着逆时针方向，每隔45°　作为一个方位点，到面墙位止共有8个点，现将这8个点分别确定为一种体位关系上的前进或后退的坐标。从起步点开始，每次变化都用踌躇步在两点之间来回运动，这样就构成了一个“米”字形的运动轨迹，依次进行体位变化的进退（或退进）踌躇。

注意体位的变化应在返回起步点的后两个弱拍上进行。每次踌躇（不论进退）都依男左女右的起步习惯循环。

（1）左外侧位的进退。

（2）关位的进退。

（3）右外侧位的进退。

（4）开位的进退。

（5）左外侧位的退进。

（6）关位的退进。

（7）右外侧位的退进。

（8）开位的退进。

当以上练习趋向熟练时，你的体位变化适应性能力就自然地提升到一个新的层次。

这个练习本身也可以当成一种花样来使用，为了增强其趣味性，可以将第八次踌躇稍加变形，成为非标准握持的单拉手式转身前进。男放开右手，用左手引导女伴向反开位的方向转身前进。男进左、女进右，在后两个弱拍的踏步中男左转、女右转。男放开左手，换成右手单拉，引导女伴在上一小节后面的男左转，女右转动律中，转身前进。男进右，女进左。后两个弱拍在踏步中改变体位，形成左外侧位。从头连接反复。

2. 第一锁链步

全方位练习，使我们进入了一个新的层次。锁链步的变化和发展，便是这种进步的必然结果。锁链步，顾名思义，就是舞步的结构形式，犹如锁链一样，每后一个环节都是前一个环节的串联性复制，环环相扣，连续发展。一般锁链都是原理相同而形态各异，锁链步形态的变化也是这样。这里介绍的只是三种常见的简单变化。但只要有了这三种基础性变化的能力，进一步发展是很容易的事。第一锁链步是左、右外侧位的结合，又名交叉舞步（Cross Step），俗称“穿花”，是锁链性变化舞步的鼻祖。只要掌握了这种变化的规律，其他的变化就迎刃而解了。这种变化舞步的内核是踌躇步，第一步要大，后两步要轻盈而飘逸。体位的转换必须在后两步中呈滑翔状盘旋到位。常见的失误是忽略这种盘旋式的滑翔感，形成机械性的“为换位而换位”的横向运动，在练习中应特别注意避免或克服。

第一小节男进左，女退右，在左外侧位上运步。音乐结束时，应基本完成换位。

第二小节男进右，女退左，在右外侧位上运步。音乐结束时，应基本完成换位。依此方法循环前进。第一锁链步也可采用男退女进的向后发展的形态运行。但必须注意，男退左、女进右的第一步，应当从右外侧位上开始，而不能在左外侧位上做男退左、女进右的运步，因为这将违背人体运动的规律，给人以不协调和不优美之观感。

3. 第二锁链步

第二锁链步是由外侧位和开位构成的。向前运动是左外侧和开位的结合；向后发展则是右外侧位和开位的结合。这是不能违背的法则，是不能变通的。

向前运动的第二锁链步，很容易形成一种原地进退的男伴单独忙乱的失误。这是因为男伴“领舞”意识不强或能力不足造成的，在练习中应加以防止。正确的舞步发展形态，应当

是沿舞程线方向做环形的曲线运动。在左外侧位上男进左、女退右，后两拍在盘旋中将体位向开位发展变化。向环形运动的中心点做开位的男进右、女进左。后两拍转换成左外侧位循环练习。

4. 第三锁链步

第三锁链步就体位关系而言，与第一锁链步完全相同，只是因为每一小节都经历了一次自身方向的180° 转体而增加了难度。运动程序是第一小节男进女退，第二小节男退女进。但总的前进运动方向却都丝毫不受影响。在左外侧位上男进左、女退右。后两拍各自侧转（向左180° ）向右外侧位转换。在右外侧位上男退右、女进左。后两拍各自侧转（自右180° ），向左外侧位转换。

（二）左右轴转步

轴转属于旋转性舞步，其审美趣味在于大幅度的旋转。旋转度可根据共舞双方的能力自行决定，但最好不要少于180° 。因为旋转不足将造成“摔跤式”俯仰，不仅会失去这种规定旋回的审美趣味，而且形态十分不雅。初学者可以先从180° 开始，实力较强的舞者，则应练习超量旋转，若能超过360° 者更佳。轴转的基本形态特点是向后运动，退左则向右转，退右则向左转。右转比左转更容易掌握，所以初学者最好先从右转学起。这种旋转在华尔兹里不能连续使用，必须在两次轴转中，加上一个后退基本步，才能换过脚来。男退左、女进右，双方右腿内侧相靠，形成旋转轴心。注意男伴的左脚在方向上稍偏左侧，并且暂不要急于转移重心，造成阻拦女伴前进的格局，后半拍转移重心时，男伴右脚在脚跟不离地的状态下，脚尖向右侧摆动，这种动作既可以是原地的，也可以是移动状态的，此时旋转已经开始。在完成135° 右旋转的情况下，男落右、女落左。注意女伴切不可存在“跨越”男伴右腿的想法，而是在一种前后张开的开放式形态下，自然地转身落脚。双方在继续旋转中并脚，并继续保持重心的上升（男左脚向右脚并拢，女右脚向左脚并拢）。左轴转是右轴转的对称性同义反复，方法要领不变。只是按照男左女右的起步习惯，必须先做一个基本步，然后才能继续进行。

（三）开位同步

在开位同步前进的状态下，每当遇到男进左、女进右的时机，都可以引导女伴跳出此种变化。男出左脚，同时抬高左手并推动右手，形成引导的动力。女伴在其引导下入自然地向右后方旋转360° 。注意脚步要合上节拍，旋转要轻盈流畅。男伴的左手一定要向上领，不可像推磨似地绕颈而转。女伴旋转结束后，回到男进右、女进左的开位同步状态。

上述变化舞步的衔接方式，完全可以随心所欲。只要我们弄清了每一种变化的结构方式及其规律，即使是进行创新动作，也不会觉得困难，不过有两个原则是不能违背的：一是脚步交替的规律不能破坏；二是必须考虑衔接的流畅和通顺。只要你能按照这些要求去做，我相信你一定会以佼佼者的姿态，出现在舞厅之中。

（四）双分点地技术

女士在双分点地过程中向左（逆钟向）拧身表现为胸腰连同头颈做陀螺运动，大凡做不好双分点地造型的女士，有一个重要原因是开始状态没有做好。问题表现在造型完成之时，原因却埋伏在开始之时。许多人没有做好开始状态，到了造型应该完成的时候发觉不符合规范要求，直到最后一刻才来改正。这时就算改正过来，也已经属于“静止地摆姿势”，完全违反了舞蹈常识。不仅是摩登舞，任何舞蹈都不允许“静止地摆姿势”。因为即使在舞蹈中出现了某种姿势的冻结现象，那也只能是一个流畅的动态“流”到那一瞬间而冻结起来的，绝不允许先停止下来然后再摆姿势、布局姿势。

男士左脚向左推出，然后重心转移到左脚，女士右脚向右推出然后重心转移到右脚，这是一个动态过程，是身体（腰胯）的流动过程。这一过程结束的那一瞬间的状态被称为双分点地的开始状态，这时女士头位是向右看的，右大腿外侧被男士左大腿内侧阻挡，好像一股水流在奔涌得正起劲的时候突然遇到障碍，于是就向后溅起水花。

双分点地之前的推步是身体（腰胯）的流动过程。这一流动是由男士引导女士，所以男士身体（腰胯）的流动稍微领先于女士。当女士的底盘流动过来的时候，男士左大腿已经到位，所以这时候女士右大腿外侧一定会被男士左大腿内侧阻挡。紧接着是男士右髋关节向前、向左挤压，在使自己向左（逆钟向）反身的同时，逼迫女士也一起向左（逆钟向）反身。同时，男士的左膝向内扣，导致左大腿内侧有力地保持对女士右大腿外侧的阻挡。

男士这时的感觉是右髋关节向前、向左挤压相当于向内扣，同时左膝也向内扣，因此而形成一个坚固的夹板，把女士夹在中间，使得她无法进退不得不停止在那里。但是，在此之前她的身体（腰胯）是在流动着的，她是那样流动过来的。也就是说，她的身体是具有能量的。而现在猛然间迫使她停下来，她的底盘虽然不得不停止，但是她的身体所具有的能量却不可能在同一瞬间被吸收掉。这些能量要寻找出路，出路已经有了，那就是男士右髋关节向前、向左挤压，在使自己向左（逆钟向）反身的同时，逼迫女士也随着一起向左（逆钟向）拧身。

女士向左（逆钟向）拧身表现为胸腰连同头颈做陀螺运动。为了便于理解和操作，可以近似看作胸腰以中段（中腰）和右大腿为轴做定轴转动，这种转动类似于纺织机中的纺锭那样，是绕自身旋转的。也就是说，女士以她自身的中腰连同右大腿作为旋转中心，她的胸腰（连同头颈）绕这个中心逆钟向旋转。犹如你拿来一枝柔嫩的鲜花，它的花朵有一些重量，导致靠近花朵的那一段位于顶端的花枝会有一些弯曲，现在你用双手的手心去搓这花枝的下段，将会发生什么事情?你会看见靠近花朵的那一段位于顶端有些弯曲的花枝，连同花朵一起在旋转，它们在空中划出一个美丽的“喇叭花”来。这就是双分点地从开始到结束女士的正确表现：她的胸腰（连同头颈）在空中划出半个美丽的喇叭花来。

四、华尔兹花样组合

（一）前进横拉步

1. 男：左脚前进。女：右脚后退。

2. 男：以左脚掌为轴左转45°，右脚刷步右横。女：以右脚跟为轴左转45°，左脚刷步左横。

3. 男；左脚并于右脚。女：右脚并于左脚。

（二）交叉前进步

1. 男：右脚向女伴右外侧前进。女：左脚后退右侧位。

2. 男：以右脚掌为轴右转90°，左脚横进。女：以左脚掌为轴右转90°，右脚横退。

3. 男：右脚并于左脚。女：左脚并于右脚。

4. 男：左脚向女伴左外侧前进。女：右脚后退左侧位。

5. 男：以左脚掌为轴左转90°，右脚横进。女：以右脚掌为轴左转90°，左脚横退。

6. 男：左脚并于右脚。女：右脚并于左脚。

7. 8. 9同1. 2. 3，只是第三拍男伴改为右脚出，以便衔接男女都出右脚的舞步。说明：交叉前进指可接交叉后退（男走女步，女走男步）、前进或后退，小节数可根据舞池情况增减。

（三）左右倾身

1. 男：右脚以右侧稍前为重心身稍右倾，头向右转。女：右脚退向左后方并屈膝，上身左拧左倾，头部后仰左偏。

2. 男：以左脚直立为重心，右脚用脚尖支地，头向左转。女：上身立起，右脚收并左脚，两脚提踵。

3. 男：左脚左旋并屈膝成弓步，上身左转，带动两手将女伴左拧。女：以右脚左旋屈膝为重心，左脚向前伸直，用脚尖外侧支地，上身左转，腰部下弯，头部后仰左偏。

（四）倒步接女伴自转

1. 男：重心移至右脚，左脚用拇趾支地。女：重心移至左脚，上身右转，右脚用拇趾支地。

2. 男：左脚虚并右脚。女：右脚虚并左脚。

3. 男：左脚踏步，右脚稍进，用脚跟着地。女：右脚踏步，左脚稍退，用脚尖点地

4. 男：右脚前进，左手拉女伴右手上举，右手松抱，用手背贴在腰背后。女：右手上

举，左脚成弧形后退，脚跟外撇，身体右转45°。

5. 男：左脚前进。女：以左脚掌为轴继续右转至180°，右脚横退。

6. 男：右脚前并，与女伴成合对位交手握抱。女：再以右脚掌为轴继续右转至360°，左脚并于右脚，与男伴交手握抱。

第六节　毽　球

一、毽球概述

踢毽子是中国一项流传很广，有着悠久历史的民族体育活动。踢毽子起源于中国汉代，盛行于六朝、隋、唐。至清末，踢毽子已达到鼎盛时期，参加的人越来越多，不仅用来锻炼身体，当作养生之道，而且把踢毽子和书画、下棋、放风筝、养花鸟、唱二黄等并提，一些人以会踢毽子为荣。因此，踢毽子的活动更加广泛，特别是青少年参加者更为普遍，当时就有这样的童谣："一个毽儿，踢两半儿，打花鼓，绕花线儿，里踢外拐，八仙过海，九十九，一百。"说明踢毽子已经到了相当普及的程度。

新中国成立后，中国第一次正式踢毽子比赛是由原广州市体委于1956年举办的，并制定了简单的规则。1985年，中国首次举办全国毽球锦标赛，此后每年举办一届。

民间踢毽爱好者更是用功苦练，以口传身授的方法代代相传。经常进行毽球这项活动，能发展弹跳力、速度、灵敏、耐力等身体素质，提高人体中枢神经系统和内脏各器官的功能，增强体质，培养勇敢顽强、机智灵敏、遵守纪律和团结友爱的集体主义精神。

二、毽球主要技术和花毽四种踢法

（一）毽球主要技术（图6-6-1）

脚内侧踢球

脚外侧踢球

脚背踢球

大腿触踢

胸部触踢

头部触踢

腹部触踢

图 6-6-1

1. 发　球

发球动作一般有3种：脚内侧发球、脚背正发球和脚外侧发球。

（1）脚内侧发球：要抬大腿带小腿，用内足弓部位向前上方送髋推踢。其特点是既稳又准，破坏性强。

（2）脚背正发球：绷脚尖，用正脚背向前上方发力挑踢。它的特点是平、快、准。

（3）脚外侧发球：稍侧身站位，绷脚尖，用脚外侧发力扫踢，其发球的特点是既快又狠，攻击力强。发球是比赛的开始，又是一项进攻技术，发球的时候可以采用盯人、找空、压后、吊前等手段发出各种战术球，以达到破坏对方组织进攻或直接得分的目的。

2. 拦　网

拦网是毽球防守中非常重要的技术，是守方的第一道防线，是攻防转换的关键。拦踏球跳起要晚，拦倒挂球跳起要早，远网球跳得要更晚些。拦网绝对不能闭眼，起跳不要过于用力，要根据对手的攻击力情况选择拦网的距网距离。（图6–6–2）

图 6–6–2 踏　球

（二）花毽四种踢法

练习方法：练习时，可采用盘踢的一踢一接的练习方法，但在开始练习时要踢得低一些，一般不超过腰部，再低一些更好，这样能踢的次数可以多一些。为了避免动作出现错误，练习时可面向墙壁或树木，距离约与身体同宽，如练习时踢毽脚碰到了墙或树木，便是错误动作，原因是膝关节没有放松，大腿抬得过高。（图6–6–3）

盘　踢

磕　踢

拐　踢

绷　踢

图 6–6–3

第七节 跳 绳

一、跳绳概述

跳绳是借助绳的旋转并按绳重复回旋的节奏不停跳跃的一项运动。跳绳运动花样繁多，按照绳的长度可分为跳短绳和跳长绳；按照参加人数，可分为单人跳、双人跳和多人跳；按照绳的数量可分为跳单绳、双绳、多绳等。由于跳绳运动具有不受季节、场地、人数、年龄、空间与时间限制的特性，使跳绳运动成为一项开展广泛并深受各年龄阶段人群喜爱的休闲体育活动。

二、跳绳类别和动作技巧

（二）跳短绳

跳短绳分单人跳、双人跳、三人跳和多人跳。

1. 单人跳法

（1）正摇双脚跳：绳子每回旋一次，双脚同时跳过绳。（图6–7–1）

（2）正摇双脚交换跳：绳子每回旋一次，双脚依次交换跳过绳。（图6–7–2）

图 6–7–1

图 6–7–2

（3）跑跳：跳跃动作是在跑动中完成的。（图6–7–3）

（4）高抬腿跳：在跳跃的过程中两腿依次高抬过绳。可原地完成。（图6–7–4）

图 6–7–3　　图 6–7–4

（5）前、后踢腿跳：两脚依次跳过绳后向前或向后做踢腿动作。（图6–7–5）

（6）活编花跳：当绳摇至体前时，两臂在体前迅速交叉，身体从交叉的绳中跳过。（图6–7–6）

图 6–7–5　　图 6–7–6

（7）固定编花跳：两臂在体前保持交叉摇绳的动作不变，身体从交叉的绳中连续跳过。（图6–7–7）

（8）双摇跳：当绳摇至脚下触地瞬间，双脚立即起跳，双手连续摇绳，待绳在脚下通过两次后，双脚同时落地。在正摇双摇跳动作熟练后，可以尝试反摇双摇跳，正、反双摇单脚跳，正、反双摇交替跳。（图6–7–8）

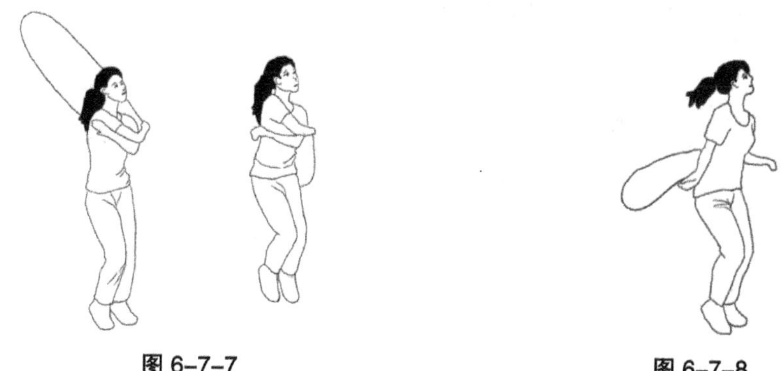

图 6–7–7　　图 6–7–8

2. 双人跳法

（1）原地一带一单摇跳绳：带人的伙伴手持跳绳，当绳摇至脚下触及地面瞬间，两人双脚立即起跳。被带人可站在持绳伙伴的前面、后面、侧面，可以同向站立，也可以异向站立；持绳人可以正摇跳，也可以反摇跳。（图6-7-9）

图 6-7-9

（2）跑进一带一单摇跳绳：一人连续摇跳，另一人尝试从不同角度跑进，与持绳人同跳。（图6-7-10）

（3）一人辅摇一人跳：两人同向站立，用同侧手握绳。跳绳人单手摇跳，另一人辅助摇绳，当跳绳者跳完最后一次后迅速转体90°，同时辅助摇绳者也随之转体90°。此时，原跳绳者变为辅摇绳者，而原辅摇绳者变为跳绳者。（图6-7-11）

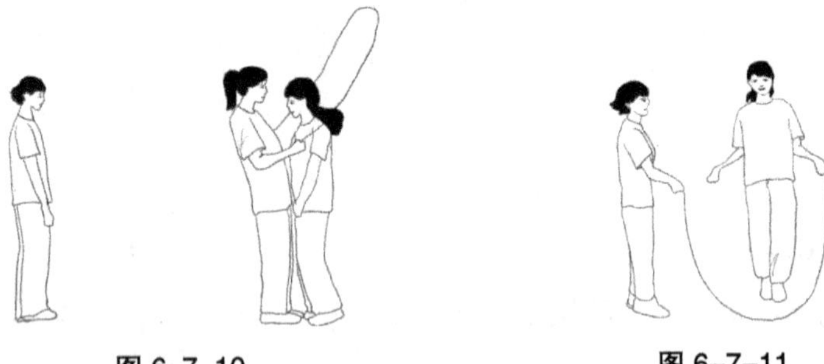

图 6-7-10

图 6-7-11

（4）双人外手摇绳单摇跳：两人分别用外侧手握住绳的两端，当绳摇至脚下时，两人同时跳起过绳。两人可尝试双人同向、异向正摇单摇跳，双人反摇单摇跳。（图6-7-12）

（5）两人双绳交替跳：两人同向并排站立，分别用外侧手握跳绳的一端，内侧手握同伴跳绳的另一端。交替摇绳跳过。（图6-7-13）

图 6-7-12

图 6-7-13

3. 3人或多人跳法

（1）正摇一带二跳：一人持绳，被带人可站在持绳人的身前、身后或一前一后。用正摇跳的方法，3人一起跳绳。动作熟练后，被带人可尝试跑进练习。（图6-7-14）

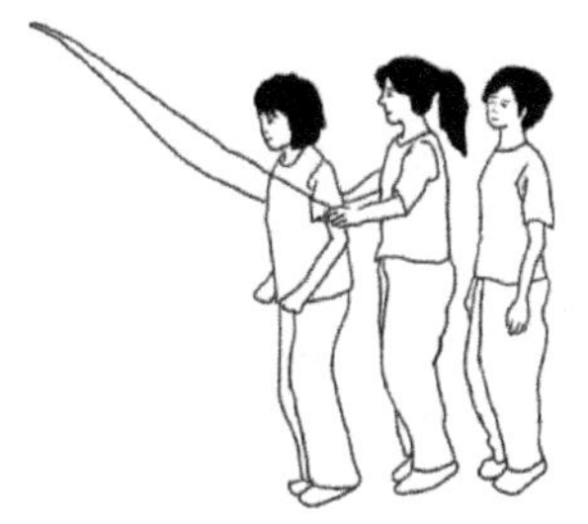

图 6-7-14

（2）原地一人带多人齐跳：被带人站在持绳人的体前和体后，用正摇跳的方法，多人一齐跳绳。（图6-7-15）

（3）双人摇绳带人跳：2人并立，均用外侧手分别握住同一条绳的一端，被带者站于两人前或后，3人协同配合一起跳绳。（图6-7-16）

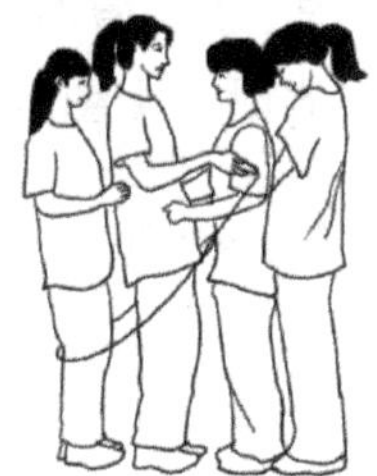

图 6-7-15

图 6-7-16

（三）跳长绳

1. "8"字穿梭跳正绳

当绳摇转向跳绳人时，绳是从上向下转的，称之为正绳。跳绳人按"8"字形路线围绕两个摇绳人连续跑上、跳下、跑出。当绳打地并摇至远离跳绳者一侧时，跳绳者从摇绳者一侧快步跑到两个摇绳者中间。当绳摇转到脚下时，跳起让绳通过。（图6-7-17）

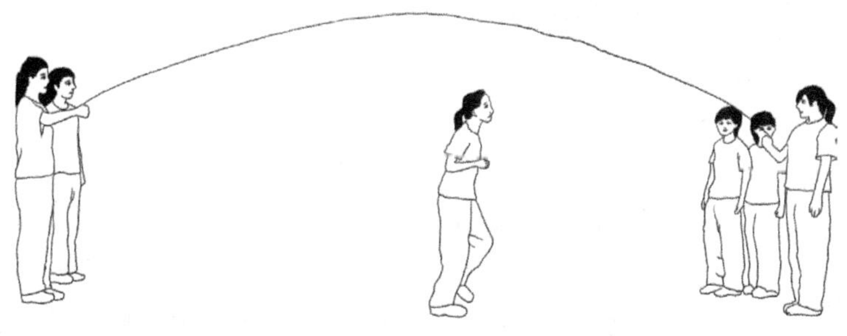

图 6-7-17

2. “8”字穿梭跳反绳

当绳摇转向跳绳人时，是从下向上摇转的，称之为反绳。当绳从面部向上摇转时跳绳者开始上绳。待绳落到脚下，跳起让绳通过。（图6-7-18）

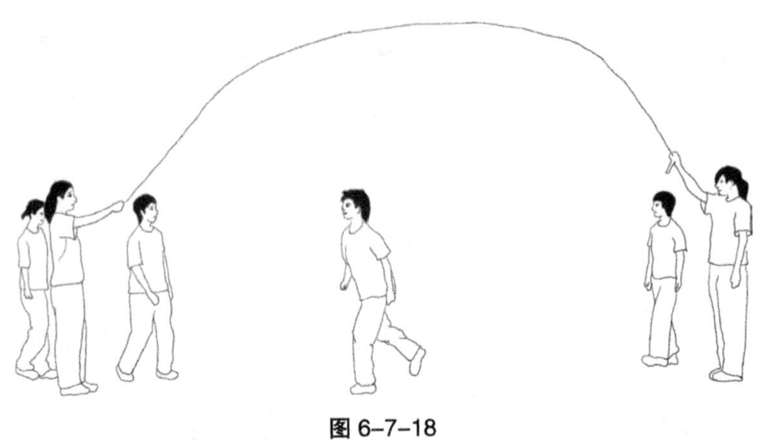

图 6-7-18

3. 跳超级长绳

将绳子加长到15 米以上，20～30个跳绳人原地站成几排（或逐渐增加人数）跳超级长绳。开始摇绳时，先由摇绳人发出信号，当绳快转至脚下时众人齐跳。（图6-7-19）

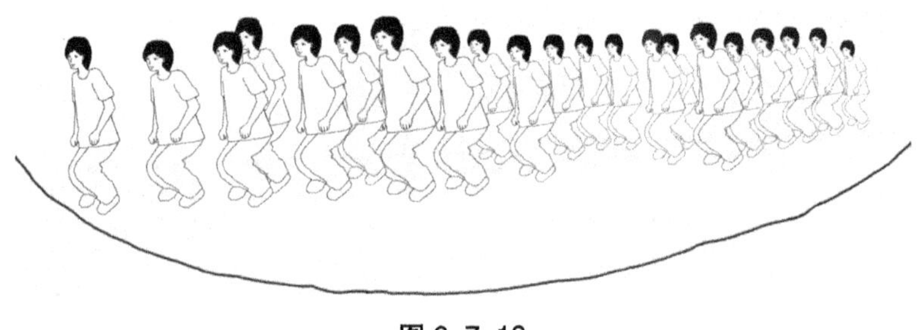

图 6-7-19

（四）跳花绳

1. 跳交叉摇双长绳

（1）摇绳方法：2名摇绳者左手先按顺时针方向摇绳，当这条绳转至最高点时，右手按逆时针方向再摇另一条绳。这样，一条绳摇至最高点，另一条绳恰好摇至最低点，如此两绳一上一下地交错转动。（图6-7-20）

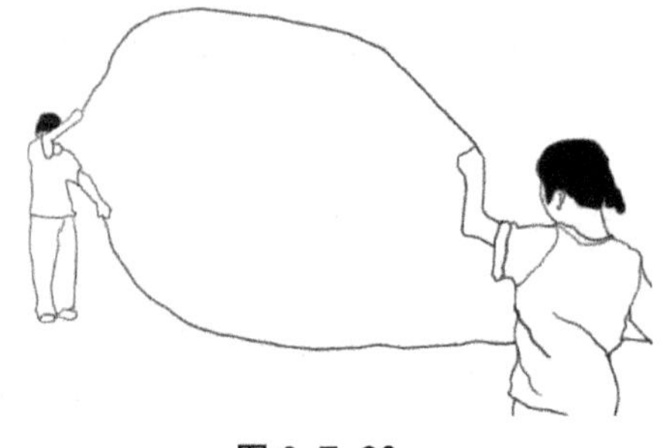

图 6-7-20

（2）跳绳方法：跳绳人在摇绳人左前方。靠近绳转区的位置准备上绳。上绳时只需观察离自己近的这条绳，不用考虑另一条绳。因为另一条绳正好离自己远去。第一跳，跳近绳；第二跳，跳远端转下来的绳；第三跳，仍是第一跳跳过的那条绳。如此反复。

（3）下绳（跑出）方法：下绳的方法如同上绳一样，也应以一条绳为目标，如跳绳次数为单数，可按上绳方向跑出；如跳绳次数为双数，则可从上绳的同侧方向跑出。

2. 跳长绳耍球

摇绳人匀速慢摇绳，跳绳人持球（篮球、排球和足球等）上绳。边跳绳边连续拍球，或脚落地时向上扔球，跳起后在空中接球。可抛高球，也可抛低球，还可以边跳绳边用双手将球在腰部绕环。（图6–7–21）

3. 跳长绳触脚跳

跳绳人在跳长绳的同时，向上跳起，双手触双脚，要求直腿、直臂，连续跳起。（图6–7–22）

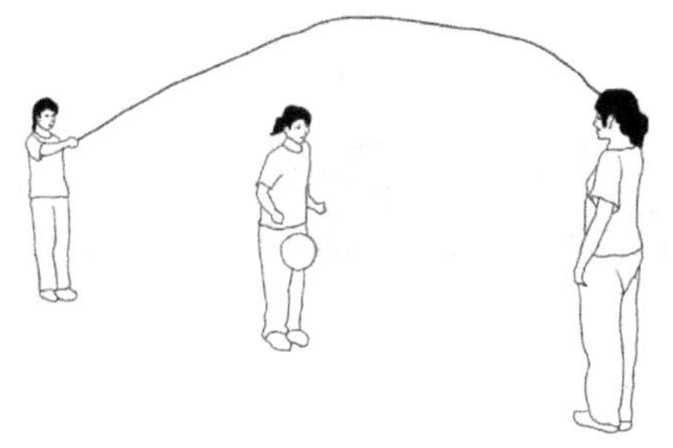

图 6–7–21

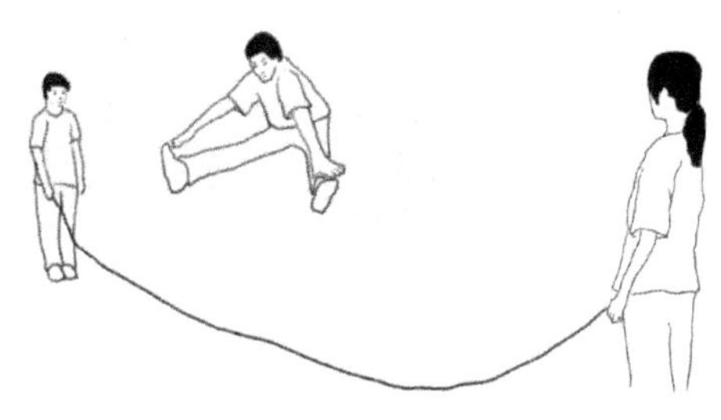

图 6–7–22

4. 跳平行绳

2个摇绳人双手各握2条长绳的一端，匀速摇绳，两绳都要碰地。跳绳人上绳，每次跳起，2绳要同时通过脚下。动作熟练后，可尝试同时跳3条绳、4条绳。（图6–7–23）

5. 跳十字绳

（1）摇绳方法：4人摇两条绳，使2条绳交叉成“十”字形。注意4人同时摇正绳，上边那条绳要比下边这条绳摇得高些，但2条绳都要同时落地。要保证2条绳同时起落，摇速要慢，以一条绳为准，就能把握好节奏。（图6–7–24）

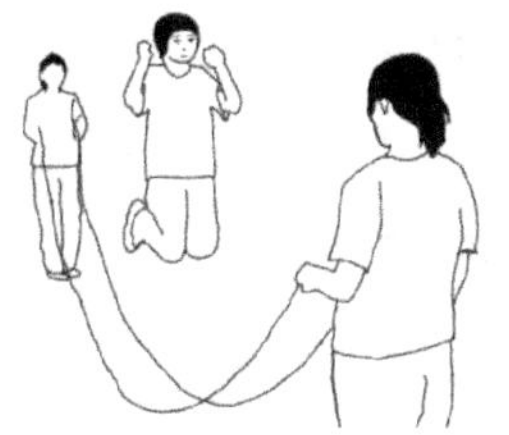

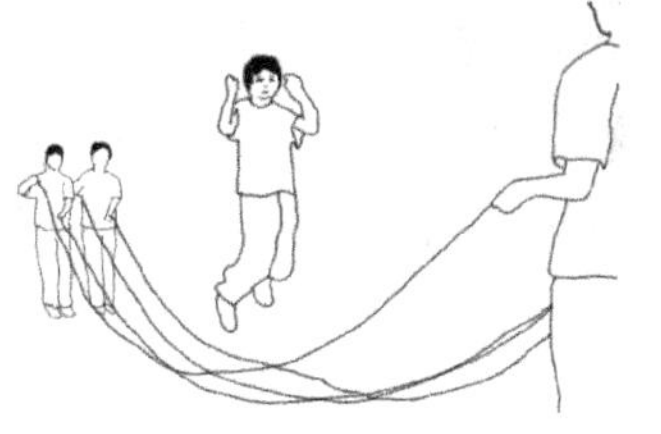

图 6–7–23

图 6–7–24

（2）跳绳方法：跳绳人站在靠近绳转区，准备上正绳，最好上到2条绳的交叉点上。上绳后可连续跳，也可跳一次后向前跑出。

6. 跳绳网

把三四条绳交叉一齐摇转，就像一张网，所以称之为跳绳网。摇绳的人站在对称的六角位置上，摇3条或4条交叉的正绳，同时起落，但以最上边最长的那条绳为准。（图6–7–25）

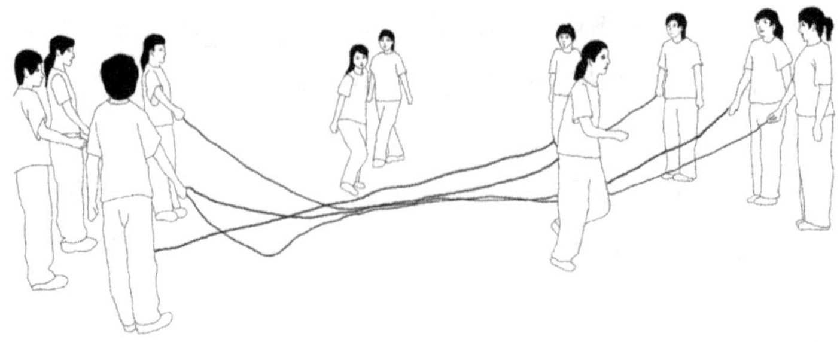

图 6-7-25

主题三　协调训练项目

第八节　羽毛球

一、羽毛球概述

羽毛球运动起源于1873年英格兰格拉斯哥的伯明顿庄园。当时，他们在香槟酒的软木瓶塞上插上鹅羽毛，用简易的球拍开始了这种游戏活动。后来，此游戏很快被英国人广为接受并流传开来。人们以伯明顿（Badminton）这一地名为此项运动命名。1893年英国创立了羽毛球协会，1899年举行了第1届全英羽毛球锦标赛。此后，羽毛球运动逐渐风靡全世界。

（一）锻炼价值

1. 长期坚持这项运动可发展学生的灵敏性和协调性，培养学生对羽毛球运动的兴趣，提高体育文化素养。
2. 有利于加强上、下肢和腰部的肌肉力量，全面改善身体素质，预防现代文明病的出现。
3. 可培养积极乐观的生活态度，顽强拼搏、沉着果断的意志品质。
4. 长期坚持这项运动，对慢性颈椎病和近视眼等有一定的改善和治疗作用。

（二）发　球

发球方和接球方站在以中线为界的斜对角的场地上。发球员必须低手从腰部以下的位置发球，发球员的两脚都必须有一部分与球场接触。换发球时遵守从右发球区到左发球区的顺序。运动员在第一局、第二局之后和第三局中任何一方比分达到11分时，双方交换场地。

（三）场　地

羽毛球场的表面是一层有弹力的地板，通常为胶合板，再覆上一层聚乙烯或处理过的硬木条。场地表面有线标志出单双打的区域。羽毛球飞行速度快但距离短，所以场地紧凑，适合在空间有限的地点开展。（图6-8-1）

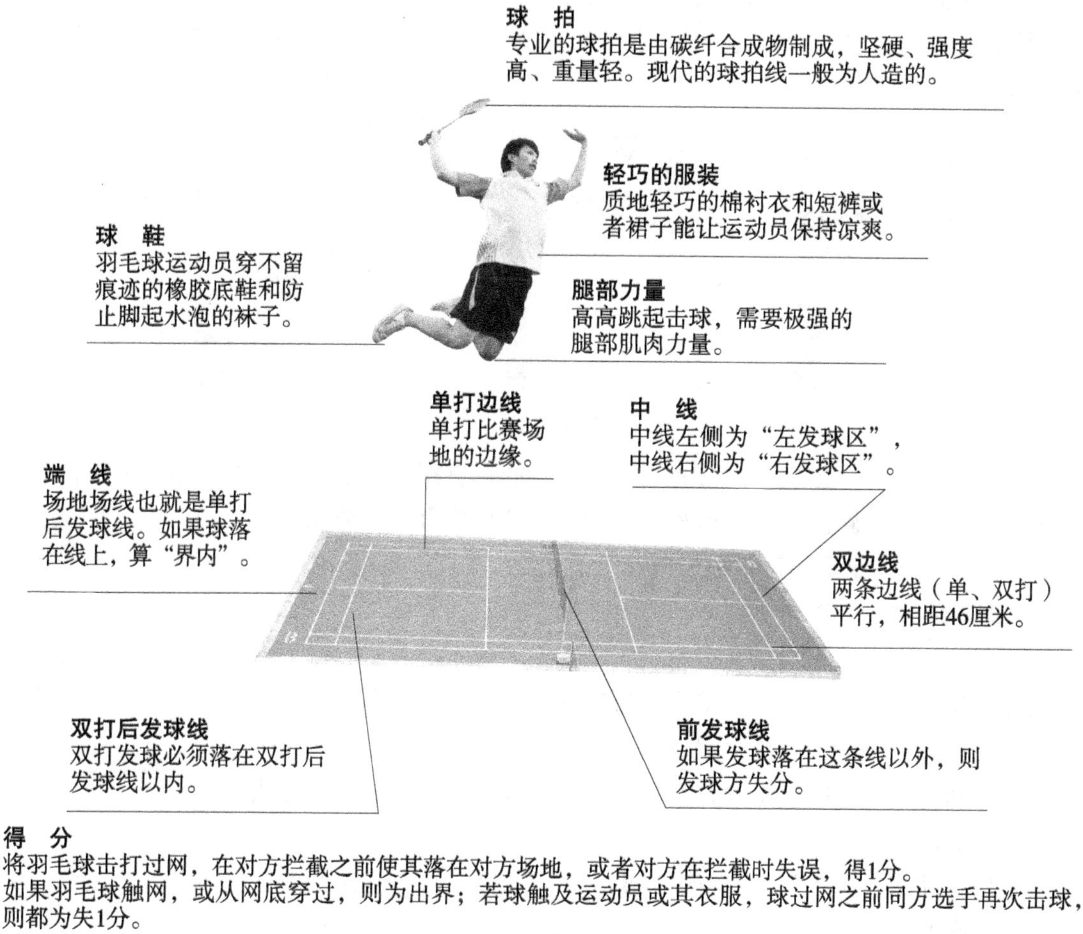

球　拍
专业的球拍是由碳纤合成物制成，坚硬、强度高、重量轻。现代的球拍线一般为人造的。

轻巧的服装
质地轻巧的棉衬衣和短裤或者裙子能让运动员保持凉爽。

球　鞋
羽毛球运动员穿不留痕迹的橡胶底鞋和防止脚起水泡的袜子。

腿部力量
高高跳起击球，需要极强的腿部肌肉力量。

单打边线
单打比赛场地的边缘。

中　线
中线左侧为“左发球区”，中线右侧为“右发球区”。

端　线
场地场线也就是单打后发球线。如果球落在线上，算“界内”。

双边线
两条边线（单、双打）平行，相距46厘米。

双打后发球线
双打发球必须落在双打后发球线以内。

前发球线
如果发球落在这条线以外，则发球方失分。

得　分
将羽毛球击打过网，在对方拦截之前使其落在对方场地，或者对方在拦截时失误，得1分。
如果羽毛球触网，或从网底穿过，则为出界；若球触及运动员或其衣服，球过网之前同方选手再次击球，则都为失1分。

图 6-8-1

二、羽毛球基本技术

（一）基本技术

1. 握拍技术（右手为例）

握拍直接影响羽毛球技术的掌握和提高，在实战中要根据来球的位置和性质，灵活运用不同的握拍方法完成击球动作，以取得更好的击球效果。拍柄截面如图6–8–2所示。

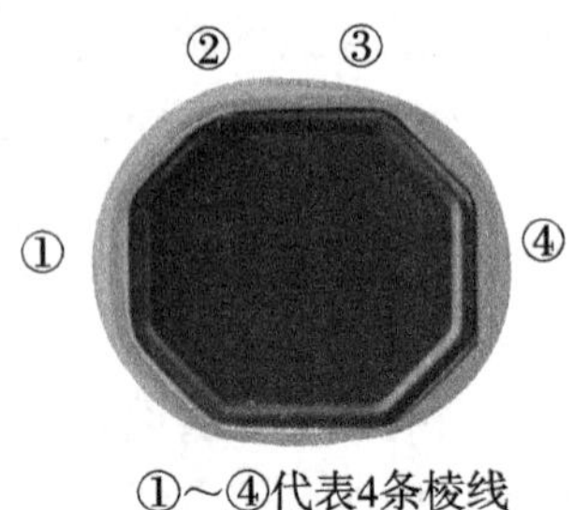

①～④代表4条棱线

图 6–8–2

常用的握柏方法有两种：正手握拍法和反手握拍法。

（1）正手握拍法。张开右手，让虎口对准拍柄斜棱的第二条棱线，拇指和食指成"V"字形（近似握手的方法），相对贴握在拍柄两侧的宽面上，中指、无名指和小指自然地握住拍柄，五指与拍柄成斜形；食指要高于拇指，掌心要留有空隙。（图6–8–3）

图 6–8–3

（2）反手握拍法。在正手握拍的基础上，拇指和食指将拍柄向外顺时针转，拇指稍向上移高于食指，拇指内侧顶贴在拍柄第一条斜棱左边的宽面上，掌心也要留有空隙。击球时一定要注意立腕，这样便于发力。（图6–8–4）

图 6–8–4

2. 发球与接发球技术

（1）发　球

发球代表比赛的开始，其质量直接影响技术和战术的发挥，甚至是直接得分或失分。发球分为正手发球和反手发球。正手发高远球、平高球、平射球和网前小球的技术动作基本一致，关键在于掌握击球点、拍面和击球力量。

发后场高远球，即在正手位将球击出，要求又高又远，到达底线后几乎是垂直下落，给对方回击球造成较大的困难。发后场高远球的动作过程如图6–8–5所示。

反手发球技术在双打中采用较多，特点是：动作小、速度快、变化多和隐蔽性好。

正、反手发球都可以根据需要发出不同弧度和速度的球，包括高远球（正手）、平高球、平射球和网前球。（图6–8–6）

图 6-8-5

（2）接发球

成功的接发球可以后发制人，其决定因素是合理的准备姿势、准确的站位和快速多变的接发球方法。（图6-8-7）

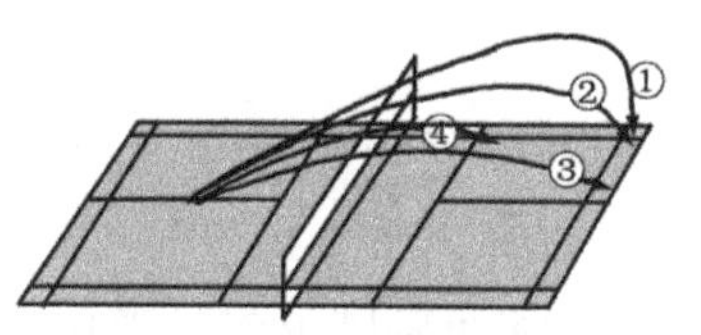

①高远球；②平高球；
③平射球；④网前球。

图 6-8-6

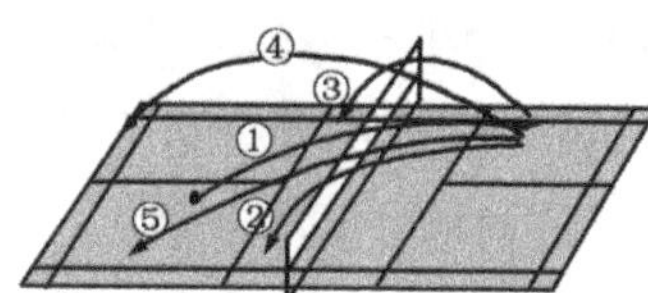

接前场小球的种类
①发前场小球；②勾对角；③搓（放）小球；④推后场球；⑤扑球。

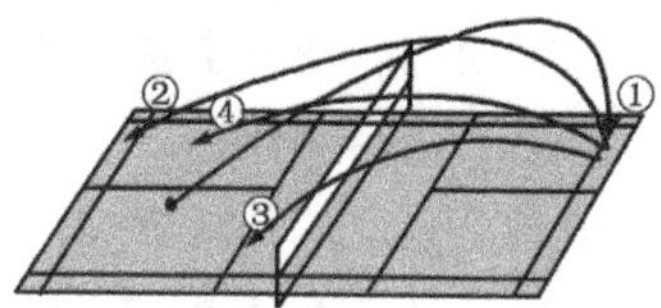

接后场球的种类
①发后场高远球；②回后场球；
③吊前场球；④杀球。

图 6-8-7

3. **击球技术**

（1）后场击球技术

高、吊、杀准备动作和引拍动作必须一致，这样才有更强的隐蔽性和攻击性。

后场击球由于球的位置不同，分为正手、头顶和反手位击球，而每一种击球均可打出直线和斜线两种球路。后场击球技术动作基本一致，关键是击球点和拍面的变化，可击出高远球、平高球、吊球和杀球等。如图6-8-8所示，同样一个动作，在A、B、C、D 4个位置可以分别击出高远球、平高球、吊球和杀球。后场击高远球是后场击球技术的基础，学会打后场高远球后，改变击球点和拍面也就可以完成不同的击球技术。

图 6-8-8

后场击高远球的动作过程如图6-8-9所示。

图 6-8-9

（2）中场击球技术

中场击球技术主要包括平抽快挡和接杀球两种技术。

① 平抽快挡技术。正手抽球技术的动作过程和反手抽球的动作过程如图6-8-10、图6-8-11所示。要求：判断反应快、出手击球快、动作幅度小及攻防转换意识强。

抽挡技术基本相同，挡球不发力，快速将球挡过网即可，而抽球动作幅度较大，力量较强。该技术是双打比赛中争夺主动权的一项常用技术。注意，这项技术要求准备姿势时球拍一定要置于肩上；击球后应迅速收拍，做好回击下一个来球的准备。

图 6-8-10

图 6-8-11

② 接杀球技术。中场接杀球技术可分为接杀放网前球、勾对角球、挑后场球等，每一种技术均可用正手和反手击球。

（3）前场击球技术

前场击球技术包括网前搓或放小球、网前推后场球、网前勾对角小球、网前扑球和网前挑后场球。每一种技术均可用正手和反手击球。相比后场击球技术，前场击球技术要求手法更灵活、细腻。下面重点介绍网前搓球和网前挑球的技术。（图6-8-12）

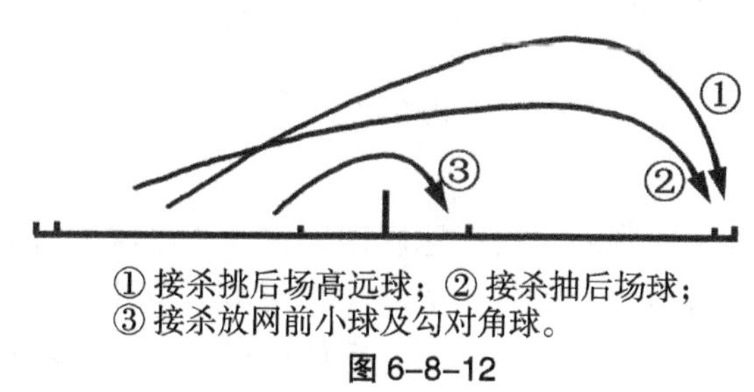

① 接杀挑后场高远球；② 接杀抽后场球；
③ 接杀放网前小球及勾对角球。

图 6-8-12

① 网前搓

快速上网，在高点用手腕和手指捻动球拍包切球的木托，使球在摩擦力的作用下翻转过网，增加对方的接球难度。（图6-8-13）

图 6-8-13

② 网前挑球

正、反手挑后场高远球是一种过渡打法，尽量将球回到对方的底线附近，目的是摆脱被动状态，有较充足的时间回到中间位置，做好反击的准备。（图6-8-14、图6-8-15）

图 6-8-14

图 6-8-15

4. 基本步法

在羽毛球实战中，准确地判断、快速地启动和移动，击球之后的回动构成羽毛球的基本步法。羽毛球的击球步法有蹬步、跨步、垫步、蹬跨步、蹬转步、交叉步、并步、小碎步、腾跳步等几种移动方式，构成前场上网步法、后场后退步法和中场左右移动步法。发球或接发球之后，应迅速回到中心位置上站好。切记：这时右脚在前约半脚，重心基本也放在右脚的前脚掌上，脚跟提起，眼睛注视对方。这是我们开始移动的准备姿势。

（1）上网步法（图6-8-16）

① 正手上网步法。正手上网步法有3种方式。

② 反手上网步法。常用反手上网步法有2种方式。

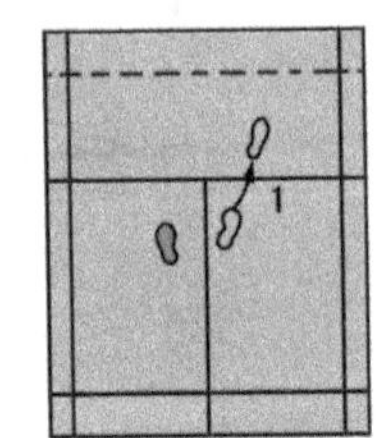

正手一步蹬跨步上网

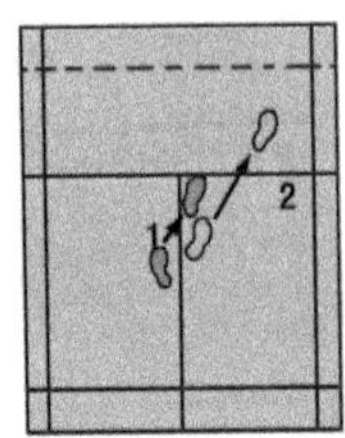

正手前交叉上网

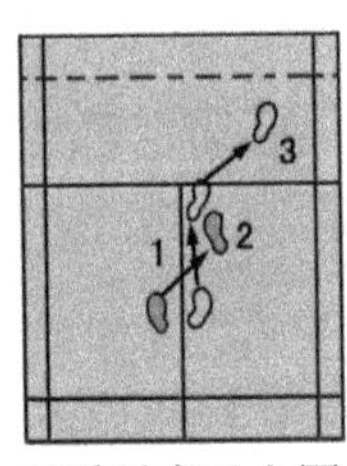

正手后交叉上网

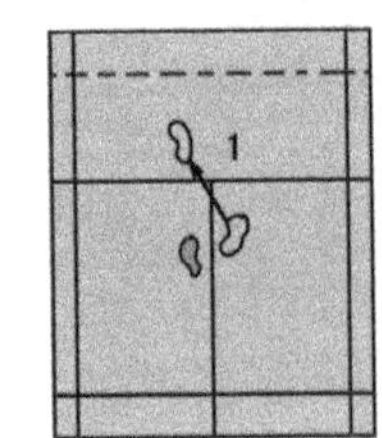

反手一步蹬跨步上网

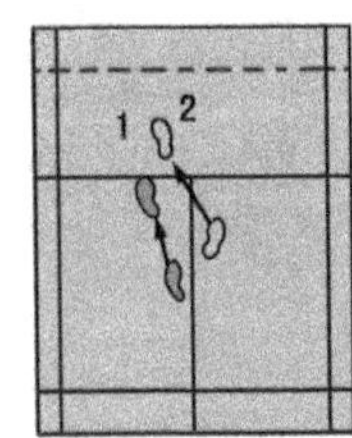

反手前交叉步上网

图 6-8-16

如果侧身蹬转一步就能完成击球动作，即可直接击球；否则就必须按照图上的步法快速移动身体到达后场。不能用身体的后倒代替步法，这样是很被动的。

（2）后场后退步法

正手位置的后场后退步法如图6-8-17所示。

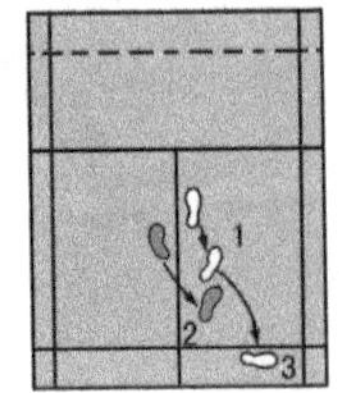

后场交叉步后退

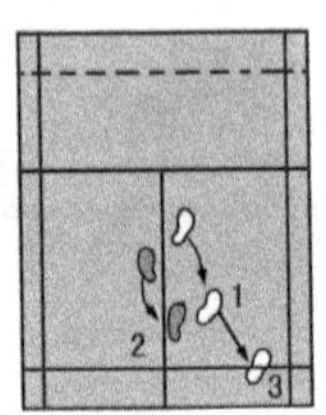

后场并步后退

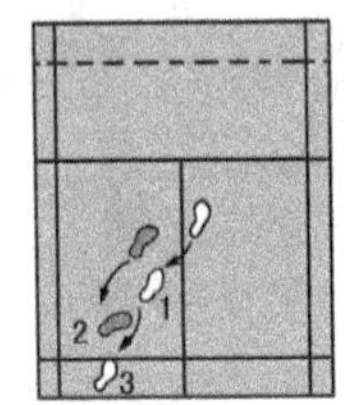

头顶位交叉步后退

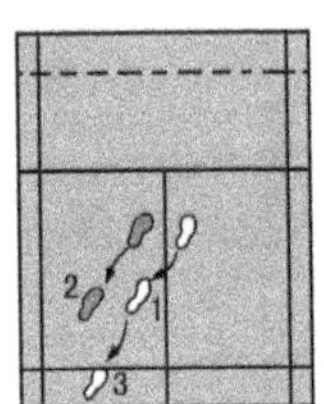

头顶位并步后退

图 6-8-17

（二）练习方法

1. 练习击球技术

（1）挥空拍练习

一般20～30次一组，每次练习3～5组。这是快速掌握每项击球技术和步法的最有效的途径，在训练中常采用。（图6-8-18）

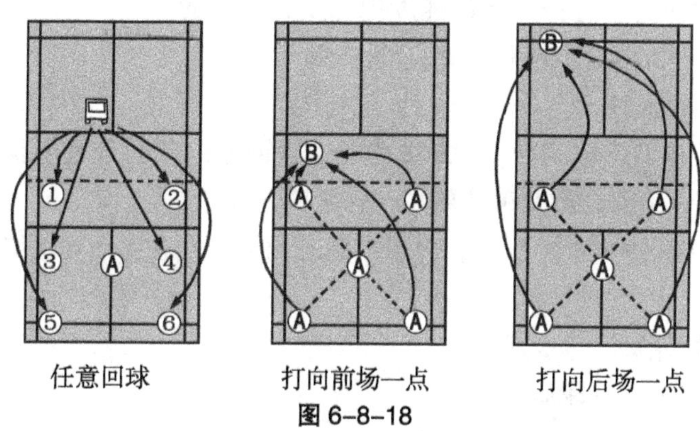

图 6-8-18

（2）击固定球练习

学习初期，动作掌握不熟练，有时甚至要做分解动作，采用这个方法有利于掌握击球技术，效果更好，比挥空拍练习更有成就感，且更容易纠正错误动作。

（3）多球练习

老师或者是同学将球从发球的位置把球发到对方场地的6点上，练习者（A）将球回击到规定的位置（B）上。多球练习可以在较短时间内，使同学们的击球技术和步法大大提高。练习的方式除图中给出的方式之外，老师还可以根据要求自行设计。

（4）固定球路练习

随着击球的能力渐渐提高，可以选择固定球路的练习：一点对一点的底线（对角线）对拉高远球练习、一点对两点（高吊球路）练习和一点对多点练习等，练习方法如图6-8-19所示。

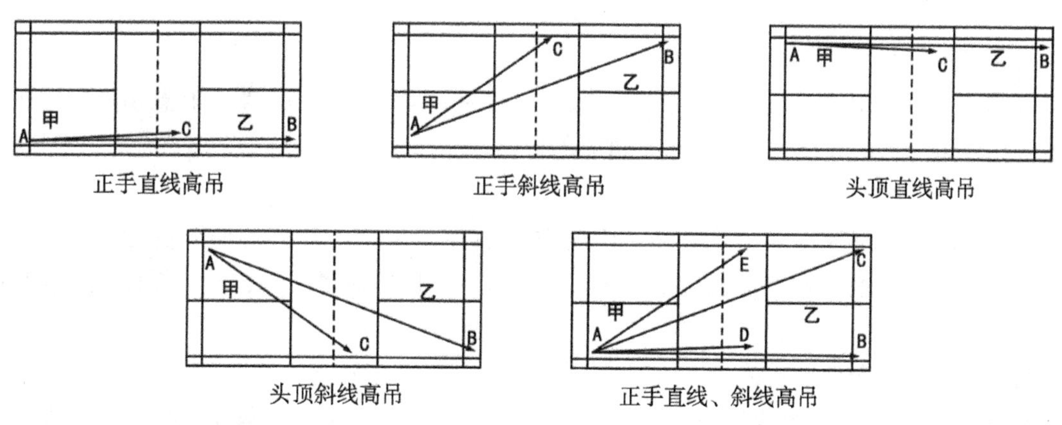

图 6-8-19

2. 培养场上的快速移动能力

（1）全场六点步法练习。同学们可以带着打球的意识，想象出对方出球的落点。在场上的六点不固定地跑动，同时完成击球动作，这样可以快速熟练击球技术和步法。（图6–8–20）

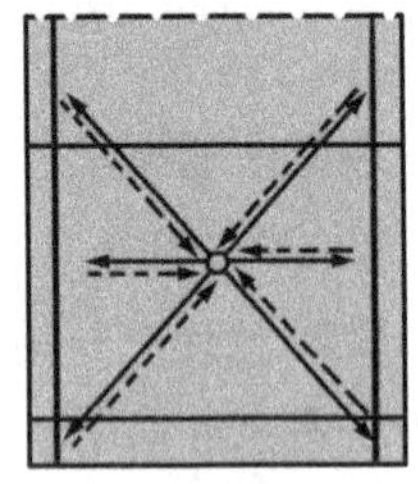
图 6–8–20

（2）全场受控步法练习。练习者可以在老师或同学的手势指挥下进行跑动，也可以通过多球不断完善击球技术和步法。陪练可以依据练习者的能力，选择适当的速度把球发到场上的6个方位，要求练习者准确判断、快速移动并完成击球。

3. 专项身体素质的练习

专项的身体素质在羽毛球运动中的重要性是不言而喻的，但是对于我们一般人来说进行专业训练是不现实的，下面介绍几种简单易行的锻炼方法。

（1）直线进退（要求向前摸球网，向后摸到底线）、左右移动步法练习（两边都必须触及单打边线）。

（2）跳绳：最好能够练习双摇跳。

（3）用球拍练习各种击球动作。

（4）持拍练习步法和击球。

（5）1分钟快速仰卧起坐。

三、羽毛球基本战术

在羽毛球实战中，技术是基础，身体素质是保证，战术的运用是关键。在瞬息万变的比赛场上，运动员能否充分地发挥自己的技术，根据自身条件和特点，针对不同的对手做出相应的变化，以己之长，攻彼之短，把握好比赛的主动权，最终赢得比赛的胜利。战术的运用和变化是非常重要的。因此，学几招实用的战术是非常必要的。

（一）单打战术

1. 发球抢攻战术

此战术是根据对方的站位、反击能力和当时对手的思想状态等因素，有意识地通过多变的发球，争取场上的主动，为自己创造进攻的机会。

2. 压后场（反手）战术

此战术是通过高球、平高球、推球和抽球等技术反复地将球死死地压在对方的底线附近，特别是对方的反手后场区域，造成对方处于被动，回球质量下降，然后抓住机会攻其前场空当。

3. 下压进攻控制网前的战术

此战术是以快速、凶猛的进攻，在速度、力量上将对方控制在网前，再配合平高球突

击对方底线，创造中后场的进攻机会，全力发起进攻。这种战术对付个头高大、步法移动迟缓、网前出手慢、接下手球比较吃力的对手较有效。

4. 打四方球战术

此战术对付步法慢、技术不全面、体力差、情绪易于急躁的对手较为有效。要求击球时落点角度大，线路变化多，才能取得好的效果。

（二）双打战术

1. 二打一（攻人）战术

如果发现对方其中1人技术或心理上比较弱，出现失误比较多，防守时球路比较单调，这时就可以集中力量打他。

2. 攻中路战术

对方左右站位时，力争把球打在2人之间的结合处，以便造成对方2人抢接或让球，彼此不协调，这样有效地限制对方挑出大角度的球路，为自己创造网前的封网机会。

3. 后攻前封战术

后场1人见高球就大力扣杀创造机会，前场另外一人扑球、搓球、勾球、推球控制网前，或拦吊、扑杀封住前半场，使整个攻防连贯而又有节奏的变化。

第九节　武　术

一、武术的概念

武术起源于中国，是5000年中华历史文化的结晶。自古以来传统的武术产生于民间的健身和自卫，还被统治阶级用于部落、国与国、军阀之间的战争，后成为统治阶级镇压人民的工具。在发明枪炮武器之前的冷兵器时代，武术是主要的斗争形式。从春秋战国至民国时期，民间武术健身的结社组织层出不穷，武术的拳种纷呈，流派林立，兵器多样，世代流传，成为民间社交、帮派活动、健身活动的主要形式，武术流行遍布全国。新中国成立以后，武术主要用于科学健身活动，以增强人民体质，提高民族素质为主要目标。近年来，武术走向了世界，吸引了众多外国习武爱好者，并经常举行国际武术比赛。

武术以技击为主要内容，以套路和格斗为运动形式。它注重内气外功兼修，具有古老的历史传统和文化内涵。

二、武术的价值

1. 健身价值：增长肌肉力量，增强关节韧带的柔韧性，提高身体协调和灵活性以及平衡能力。

2. 修身价值：热爱祖国传统武术，培养坚韧、顽强，勇于战胜困难的意志品质和良好的武术道德以及团结、协作的精神。

3. 医疗价值：矫正身体姿态，促进大脑兴奋，提高反应能力，治疗慢性疾病，促进病者康复。

4. 观赏、娱乐价值：提高审美观念，对自身培养健美姿态，观赏表演和比赛，感受力与美的娇姿形神，提高兴趣，陶冶情操。

5. 国防价值：提高军队的擒拿格斗技术、增强身体力量和快速反应战斗力，对国防和社会治安有保障作用。

6. 交流价值：促进社会交往，改善人际关系，互相交流，切磋武术技艺，通过国际比赛，加强国际人民间的友谊、团结，广泛普及武术运动。

三、五步拳

（一）并步抱拳（图6-9-1）

两脚并步站立，两眼平视左方，两臂由体侧屈肘，同时两手抱拳收于腰间，拳心朝上。

（二）拗步冲拳（图6-9-2）

左脚向左迈出一步，成左弓步。同时左手向左平搂并收回腰间抱拳，拳心朝上；右拳向前直冲成平拳。目视前方。

（三）弹踢冲拳（图6-9-3）

重心前移，右腿向前弹出，高度齐腰。同时左拳由腰间向前直冲成平拳，右拳收于腰间，拳心朝上。目视前方。

（四）马步架打（图6-9-4）

右脚落地，随即身体左转90°，两腿下蹲成马步，同时左拳变掌，屈臂上架；右拳由腰间向右前直冲成平拳。头右转，目视拳方。

（五）歇步盖打（图6-9-5）

左脚向右脚后插一步，同时右拳变掌经头上向左下盖，高与胸齐，掌外沿向前，身体左

转90°，左掌收回腰间抱拳。目视右掌。动作不停，两腿屈膝下蹲成歇步，同时左拳向前冲出成平拳，右掌变拳收回腰间。目视左拳。

图 6-9-1　图 6-9-2　图 6-9-3　图 6-9-4　图 6-9-5

（六）提膝仆步穿掌（图6-9-6）

两腿起立，身体左转。随即左拳变掌，手心向下，右拳变掌，手心向上，由左手背上穿出。同时左腿屈膝提起，左手顺势收至右腋下，目视右手。左脚落地成仆步，左手掌指向前沿左腿内侧穿至左脚面。目视左掌。

（七）虚步挑掌（图6-9-7）

左腿屈膝前弓，右脚蹬地向前上步，成右虚步。同时左手向上、向后划弧成正臂勾手，勾顶略高于肩；右手由后向下、向前顺右腿外侧向上挑掌，掌指向上，高与鼻平。目视右掌。

（八）并步抱拳（图6-9-8）

重心前移，身体左转90°。随即左脚向右脚靠拢，成并步。同时左勾手和右掌变拳，回收抱于腰间，两拳心朝上。目视左方。

继续练习，动作相同，方向相反。

要点：五步拳是长拳的主要步型、步法和手型、手法编成的组合练习。

图 6-9-6　图 6-9-7　图 6-9-8

第十节　踏板操

一、踏板操的概念

踏板操作为一种健美操的形式在国际上日益成为时尚的减肥方法。其原因是踏板操是把体能测试中的台阶练习与健美操的动作和步法结合，放在特制踏板上完成，因此，它具备了健美操的所有特点，再加上其高度可以调节，健身者可以根据自身情况很容易地保持运动减肥的有效强度，更有效地提高自身的协调性。另一个原因踏板操安全性较好。由于踏板操主要是在踏板上不停地上下移动，跳跃性动作相对较少，自然使下肢关节具有明显的屈伸和缓冲，这样就能够大大减轻对各关节的冲击，最大程度上避免了长时间跳跃造成的运动损伤。

在健身馆里，最受时尚女性青睐的健身运动当属踏板操了。踏板操是一项中等强度的运动，对练习者的舞蹈水平无太多要求，适宜人群较为广泛，是一种非常适合现代女性改善形体的运动项目。

踏板操，即在踏板上随着动感音乐（120拍 / 分左右）有节奏地上下舞动，进行健美操的动作和步法。它具有健美操的所有特点，同时，由于大部分动作是在踏板上完成，所以能更有效地增强心肺功能及协调性。因其主要针对的部位是下肢和臀部，具有耗能减脂（一节课可以消耗1000～1500千卡热能），提臀美腿，改善女性肌肉线条的功效。

有氧踏板操1968年起源于美国，并很快风靡于世界。踏板操作为一种健美操的形式，在国际上日益成为较时尚的健身、减肥运动。其原因主要是踏板操最根本的运动原理：把体能测试中的台阶练习与健美操的步法组成组合动作，在特定的踏板上进行练习有氧踏板操。

二、踏板操的器材

练踏板操的踏板一般长100厘米，宽35厘米，高8厘米。踏板的高度也可以根据运动水平、踏板技术、膝关节的弯曲度而调节。踏板操的最基本动作就是上板、下板，每周至少做3次操，3个月为一个周期。

三、踏板操的分段

在踏板操的项目中，有固定的12个小节，每一小节都有它固定的目标。

基本热身：运用简单的步法先将身体活动起来。

踏板热身：把这节想成是刚进入踏板学校，学习如何运用它，并进一步将身体活动开来。

目标踏板：这节我们逐渐增加运动的强度和幅度，稍微增加一点推动力。

运动踏板：这节是第一个小高潮，在锻炼心血管系统的同时让你汗流浃背，心率加快，能量爆发，真正体验到踏板练习。

力量训练：本节是下肢的力量训练，我们把重点放在腿部及臀部，及加强它们的力量。

加强部分：我们通过向侧面的移动，来提高心肺功能并加强肌肉的耐力性。

恢复：更多的板上控制，能够提高平衡与稳定性，我们要把重点放在下肢的姿态和造型上。让你的头发飘起来，微笑，并使运动变得更富有乐趣。我们需要不同的主旋律来营造我们的这场盛会。

速度：我们把踏板的高度降低，以确保速度和敏捷性的练习。

最后冲刺：这个小节里有多种强度供你选择，这一部分对你来说绝对是个挑战，你也一定会受到更多的鼓舞，最终会有所收益。

恢复 / 核心部位的练习：通过对呼吸的调节来控制对上肢和腹部的练习。

放松 / 伸展：在全部的运动结束后，一边放松、一边伸展肌肉，然后完成本次的训练。并且需要注意的是很少有人在上课之前就认为它很流畅，重要的是坚持，不要随便放弃，你会越来越觉得顺畅和自然。

四、踏板操的基本动作

（一）识板走步

踏板一般长100厘米，宽35厘米，高10厘米，当然也可以调节高度，高度越高，练习的强度就越大。伴随着动感的音乐（120拍 / 1分左右），在塑料板上有节奏地上下舞动，协调性也会得到提高。

踏板操的最基本动作就是上板、下板。一种叫“基本步”，就是正对着板面上板、下板。还有一种就是“侧点步”，即转体45°。然后上板、下板就对了。

（二）板上招式

1. 第一组

Single Knee（抬腿一次）：单腿抬高，然后点地，触地时间要短。

Single Side（侧踢一次）：侧展髋部，侧踢的腿要伸直。

Single Curl（后屈一次）：上身略前倾，单腿后屈，脚跟尽量往臀部靠拢。

Single Kick（前踢一次）：单腿前踢，腿要伸直。

2. 第二组

Three Knee（抬腿三次）：参照 Single Knee，可以交叉点地。

Three Curl（后屈三次）：参照 Single Side。

V-step（V字步）：上板后两脚分立，与下板后的站位点正好形成V字。

Jumping（分腿跳）：在板下分腿跳跃，有点像广播操中的跳跃运动。

Grapevine（葡萄藤步）：右脚横向向右迈一步，左脚向后退一步交叉于右脚后，右脚再从侧边迈一步，收回左脚并拢。

每组动作可以进行多种组合，如按A＋B→C＋D→A＋B＋C＋D 的顺序反复练习，中间用基本步串联。

主题四　爆发力、速度训练项目

第十一节　篮　球

一、篮球概述

篮球运动起源于19世纪后期的美国，是一种移动迅速并富有激情的综合性体育项目，具有对抗性、集体性、多变性与挑战性的特点。它可以在室内、室外场地进行。在正式比赛中，每个球队有5名队员上场，各队分别有7名替补球员。1976年，篮球运动正式成为奥运会的比赛项目。

（一）锻炼价值

篮球运动是中国最普及的运动之一，通过它可以结识许多趣味相投的朋友。对正处于身体发育中的学生来说，改善其形体效果显著。

对于参与者的力量、速度、耐力、柔韧、灵敏等重要身体素质的提高作用明显。

篮球比赛按照一定的规则进行，是社会活动的缩影。参加这项运动，可以培养参与者按照社会的法律、道德、纪律等社会运行规则待人接物、工作和生活的能力，有利于与他人和谐相处，具备健康的心理品格，提高社会适应性，培养团队精神。

运动场上产生的喜怒哀乐等多种情绪体验，形成发现、理解、承担、怜悯、反省等人性品质，是发展团队合作意识、合作能力的有效疗法。

（二）必需的装备

图 6-11-1

无需多少装备就可以随处打球，这就是篮球的魅力所在。社会大众打球需要的也就是一个球和两个篮筐，或者打半场则只需一个篮筐。如果是锦标赛和职业联赛，队员需穿着正式服装，并在衣服上印有他们选择的号码。比赛中，队员的腿部，特别是脚踝与膝关节部位最容易受伤，所以选择球鞋时要注重舒适性及其对比赛表现的帮助性。除此之外，护腕及发带也是装备之一。

（三）进行比赛

随着跳球的进行，比赛开始。每队通过进攻和防守，以比对手得更多分为目标进行比赛。进攻通常以传球与运球（即一边跑动一边连续拍球）的方式进行，当球员感觉位置适合得分，他们便出手投篮。篮球比赛中会有多次投篮得分。职业比赛中，通常获胜方会累积得分超过100分。

1. 控球后卫

通常为队里跑得最快的球员，组织队员实施事先策划好的进攻方案，控球并制造得分机会。

2. 得分后卫

这个位置的球员身高通常较前锋矮，但跑动较快，主要任务是得分或制造得分机会。

3. 小前锋

小前锋的主要任务是得分，其次是抢篮板球，但这项工作的重要性居于大前锋及中锋之后。他必须是个出色的得分手。

4. 大前锋

这个位置的球员必须在进攻时能够抢好篮板球，尽可能从距篮筐大约2米处投篮得分。

5. 中　锋

这个位置的球员通常是球队中个子最高的，他的主要工作是阻挡对方投篮并抢篮板球。

二、篮球基本技术

从前面的学习中我们已经了解了篮球的文化、规则以及篮球运动中遇到的问题及解决方法，现在你已经跃跃欲试了吧。不过，在进行篮球运动之前，还需要掌握一些基本技术，这些技术会带你进入一个变幻多端、激情四射的篮球世界。

（一）熟悉篮球

1. 手上技巧

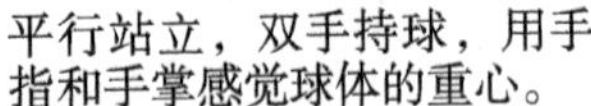

平行站立，双手持球，用手指和手掌感觉球体的重心。

由下向上使球贴着手掌，由指尖向手背滚动。

球从指尖经手腕部位一直滚到前臂中部。

图 6-11-2

2. 轮盘旋转技巧

平行站立，身体前屈，头低下，使肩部成平坦姿势，双手轻抛球，使球落在右手上。

右手微抬，使球产生滚动之力，并沿着手腕、前臂向上臂和肩颈处滚动。

图 6-11-3

3. 胯下运球技巧

双脚平行开立，身体前屈，双膝弯曲，重心下降，低拍球于两腿之间，要用极快的频率，每只手每次只能拍一次球。

球的落点基本固定，但是每拍一次球的手都要换位，由体前换到体后再换到体前。

图 6-11-4

（二）基本技术及练习方法

1. 传接球

（1）双手胸前传球

图 6–11–5

动作要领：手腕急促地由下而上、由内向外翻，同时拇指下压，中指、食指用力拨球将球传出。（图6–11–5）

（2）单手肩上传球

动作要领：肩关节充分外展，传球时，肘关节领先，全身协调用力。（图6–11–6）

图 6–11–6

（3）双手接球

动作要领：伸臂迎接，在手接触球的同时，收臂后引缓冲，持球于胸腹之间，动作连贯一致。（图6–11–7）

图 6–11–7

练习方法如下。

① 原地两人对面传、接球练习。两人一组；对面站立，相距3～5米，反复进行多种传接球练习。

要求：传接球动作要准确，尤其是传球时，手腕、手指发力要正确；传、接球动作要由慢到快，距离由近到远。

② 三角传、接球练习。队员站成三角形，每组4～5人。①传球给②后跑到②组的排尾，②传球给③后跑到③组的排尾。依此类推，按逆时针方向传球和换位。（图6–11–8）

要求：接球人要上步接球。接、传球的动作要连贯，不发生带球跑的违例现象。

③ 两人全场传、接球前进练习。①传球给②后立即起动向前跑接②的传球，②传球给①后立即起动向前跑接①的传球，直到对面篮下上篮，再传球返回上篮。当第一组传球上篮后，第二组开始练习。（图6–11–9）

要求：接、传球动作要连贯，出球要快，手脚动作配合好，不发生带球跑的违例现象。眼的余光看传球目标。

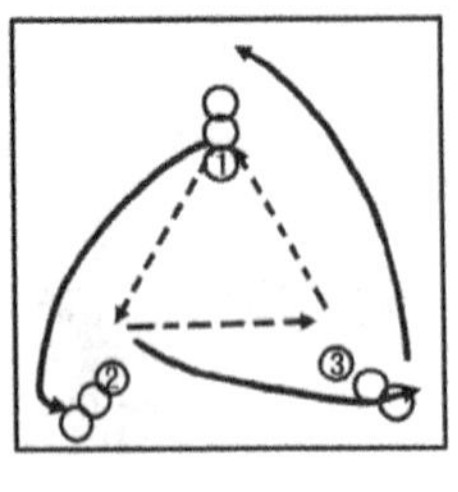

图 6–11–8

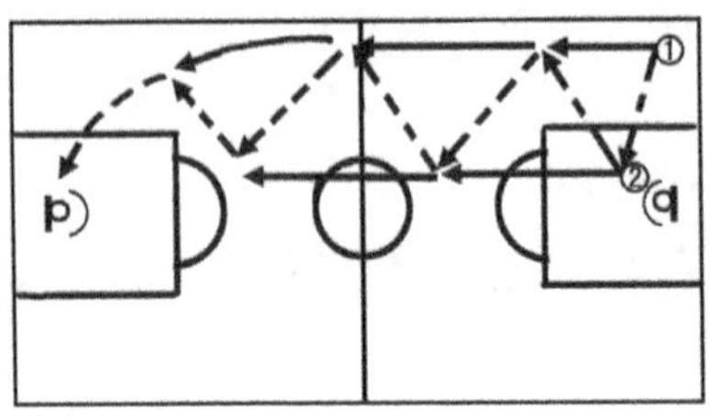

图 6–11–9

2. 运　球

（1）低运球

动作要领：两腿弯曲，降低重心，上体前倾，用上体和腿保护球。同时，用手短促地按拍球，使球从地面向上反弹的高度在膝关节以下，以便更好地控制和摆脱防守继续前进。（图6–11–10）

图 6–11–10

（2）高运球

动作要领：两腿微屈，目平视，手用力向前下方推按球，把球的落点控制在身体侧前方，使球的反弹高度在胸腹之前，手脚要协调配合，使球有节奏地向前运行。（图6–11–11）

（3）运球急停急起

动作要领：在快速运球中，突然急停时，手拍按球的前上方；运球急起时，要迅速起动拍按球的后上方，注意用身体和腿保护球。（图6–11–12）

图 6–11–11

图 6-11-12

（4）体前变向换手运球

动作要领：右手变左手运球时，手与球的配合要合理，变向要及时。（图6-11-13）

图 6-11-13

练习方法如下。

① 直线运球练习。每组一球，听哨音后，各组第一人运球至端线，返回时换另一只手运球，然后交给下一队员，轮流进行练习。（图6-11-14）

要求：拍球动作与步法要协调配合，拍球落地位置和用力大小要适当。

运动中容易造成运动员受伤的物品有戒指、耳饰、项链、眼镜等，因此，在运动中应该将这些物品摘下，以防受伤。

② 换手变向运球练习。队员运球绕圆圈时要换手，始终用外侧手运球。（图6-11-15）

要求：变向运球时注意拍球的部位，要降低重心，保护好球。摆脱障碍物时，变向超越的动作要快，要加速。

③ 不换手变向运球练习。运球到障碍物时做横向运球，随后做变向运球超越障碍物。超越最后一个障碍物后，传球给另一组的队员，轮流进行练习。（图6-11-16）

要求：同换手变向运球练习。

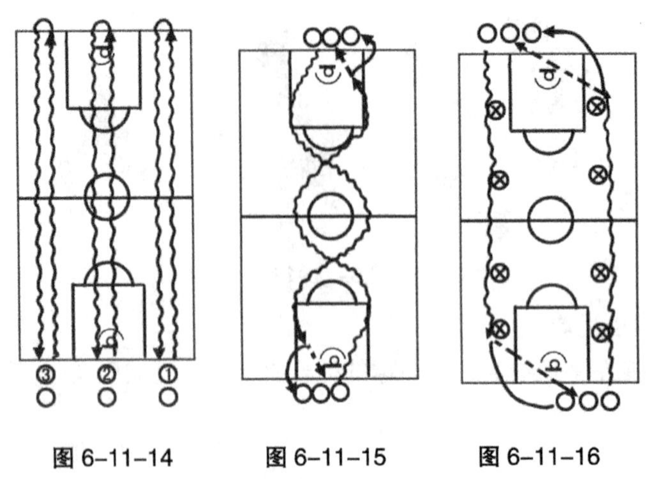

图 6–11–14　　图 6–11–15　　图 6–11–16

3. **投　篮**

投篮是进攻中得分的一种方法，是所有技术、战术运用的最终目的。进攻方的技术、战术运用都围绕着最终投篮命中而努力，防守方则运用必要的防守技术阻挠进攻方投篮并设法得到球，组织反攻投篮。

（1）单手肩上投篮

动作要领：投篮时要自下而上发力、抬肘、手臂上伸，接近垂直时，屈腕拨球，将球投出。（图6–11–17）

图 6–11–17

（2）原地跳起单手肩上投篮

动作要领：跳投的关键是向上举球和起跳动作协调一致，利用身体在空中最高点刹那间的稳定迅速出手。如果一开始就选择比较远的距离进行原地投篮练习，为了能够投球进圈，就会导致投球动作错误或夸张。（图6–11–18）

图 6-11-18

（3）行进间单手低手投篮

动作要领：第一步稍大，第二步要继续加速，腾空时间短，投篮瞬间要控制好身体的平衡。（图6-11-19）

（4）勾手投篮

动作要领：右脚自然高抬保持身体平衡，右手向上伸展单手持球，左手手臂横向协调弯曲护球，当起跳至最高点时利用手指、手腕的力量柔和地出手投篮。（图6-11-20）

图 6-11-19　　图 6-11-20

练习方法如下。

① 原地投篮练习。队员每人一球在罚球线上排成单行，自投自抢，反复进行练习。（图6-11-21）

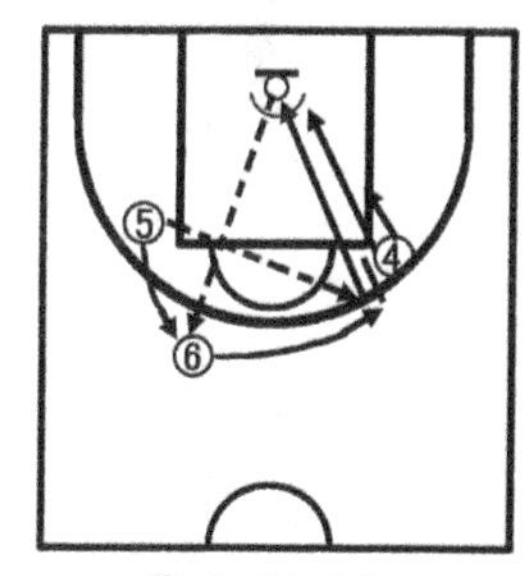

图 6-11-21

要求：持球以基本站立姿势站立，并正确地体会蹬地、伸臂和屈腕拨指等技术细节，特别注意出球的手法和手型要正确。罚球时，在投篮之前球员通常都会深呼吸一次，这使其放松并且集中精力瞄准篮筐。

② 两点移动投篮练习。两人一组用一球，一人传球，一人投篮。规定连投10～20次，或达到规定的投进次数后，交换练习。

要求：传球队员接到篮板球后，接球队员突然移动接球，接球的同时调整重心和步法。

③ 连续投抢练习。3人用两球，④投篮后自抢篮板球，⑥向④的位置移动，⑤传球给⑥投篮，⑥投篮后自抢篮板球，篮下的④将球传给向⑥位置移动的⑤投篮。依此类推，连续进

行。可规定投篮时间或3人共投进的次数。

要求：投篮后争取在空中抢到篮板球。传球要准确，移动要及时，人球要相遇，保持练习的连贯性。

4. 移　动

移动是篮球技术的基础，是比赛中运用最多的一项基本动作。进攻与防守都离不开移动技术。在此，我们着重介绍防守移动。

（1）滑　步

动作要领：重心平稳，移动时做到异侧脚先蹬地，防守时双脚尽量不要交叉，否则会很难迅速起动改变方向。（图6–11–22）

图 6–11–22

（2）后撤步

动作要领：前脚用力蹬地，利用腰部力量带动转胯，后脚的前脚掌要积极碾转蹬地。（图6–11–23）

（3）攻击步

动作要领：后脚猛力蹬地，前脚突然迅速向前跨出逼近对手，落地时中心偏前脚，前脚同侧手前伸做干扰和阻截性防守动作。（图6–11–24）

图 6–11–23　　　　图 6–11–24

练习方法如下。

① 原地转移重心练习。学生看老师手势做原地左右、前后、上下重心转移的练习。

要求：保持身体基本姿势正确和身体平衡，尤其要做到始终抬头观察。另外，动作幅度要大，并跟上老师的指挥节奏。（图6–11–25）

② 原地跨步练习。向同侧左（右）跨步并蹬回；向同侧侧前方跨步并蹬回；同侧步变交叉步蹬回；同侧步蹬回—交叉步蹬回。

③ 直线移动练习。学生直线向前跑，回头看篮筐，到中场线后变后退跑；原地高频移

动，见信号后继续做上一个练习；前手在下的向前攻击步；前手在上的向前攻击步。（图6–11–26）

要求：保持正确身体姿势，动作规范、有力。

④ 原地步法练习：一步向左（右）拖滑步；向左或右的交叉步；向左或右撤步；以上3种脚步综合练习。（图6–11–27）

要求：保持低重心、正确身体姿势和身体水平移动，技术动作规范，动作快速、有力、到位。

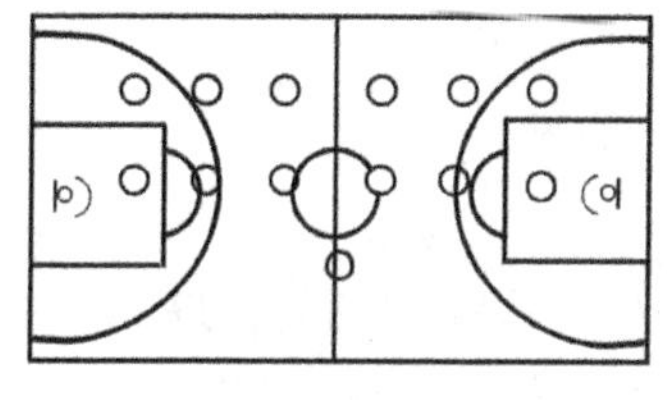

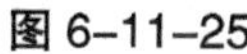

图 6–11–25

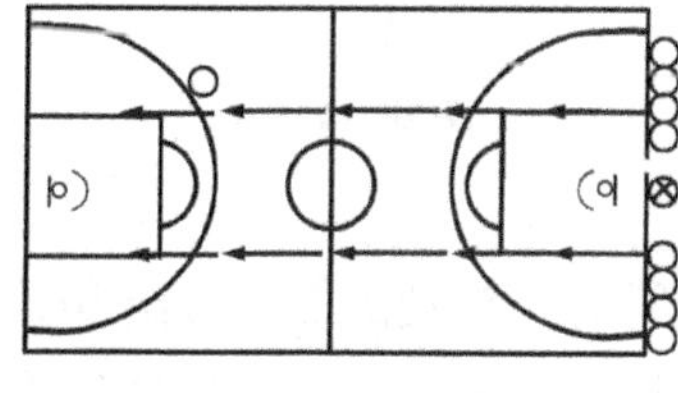

图 6–11–26

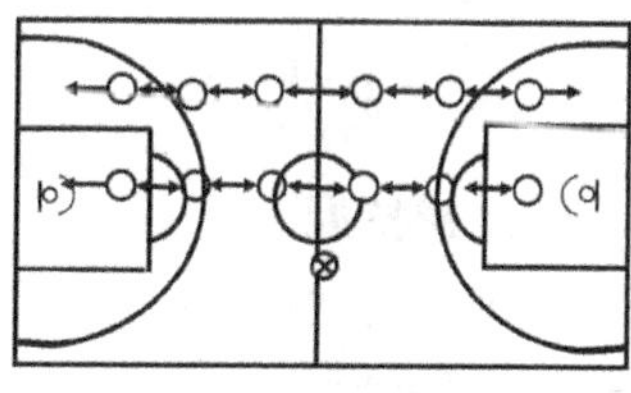

图 6–11–27

三、篮球基本战术

篮球是集体项目，需要每个队员的默契配合。那么，如何才能使大家配合好而赢得篮球比赛的胜利呢？这就需要学习篮球的基本战术，并熟练掌握。

（一）常用基础配合方法

基础配合是指两三个人之间的配合，是整体战术的配合基础，包括进攻和防守两类基础配合。进攻基础配合有掩护、突分、传切、策应等配合；防守基础配合有补防、夹击、关门等配合。以下通过图例展示几种常用的基础配合方法。

1. 侧掩护配合

如图6–11–28所示，⑪传球给⑦后跑到㉒的侧面作掩护；⑦接球后做投篮或突破的假动作，吸引㉒的防守；当⑪掩护到位时，⑦持球从㉒的左侧突破投篮，⑪掩护后及时跟进抢篮板球。

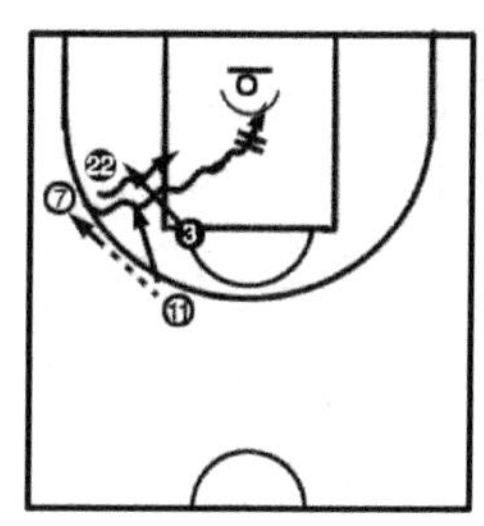

①

②

图 6-11-28

2. 反掩护配合

如图6-11-29所示，④传球给⑥后，跑到的侧后方给⑤做侧掩护（这种跑到与传球相反的方向去做掩护叫反掩护）。⑤要先向下缩，然后突然向右紧贴④的身体，切入篮下接⑥的传球上篮。④掩护后转身切入篮下，接应⑤或抢篮板球。

3. 突分配合

如图6-11-30所示，④持球从底线突破，遇到及时传球给纵插到有利位置的⑤投篮。

4. 关门配合

"关门"是两名防守队员靠拢协同防守突破的配合方法。如图6-11-31所示，当⑤从正面突破时，或进行关门配合。

5. 夹击配合

夹击配合是两名防守队员积极防守一名进攻队员的配合方法，如图所示，④从底线突破，封堵底线，迫使④停球，同时迅速向底线跑去与协同夹击④，封堵其传球路线，迫使其违例或失误。（图6-11-32）

6. 补防配合

补防配合是指防守队员在同伴漏防时，立即放弃自己的对手，去补防那个威胁最大的进攻者，而漏防的防守队员及时进行协同防守变换的一种防守方法。如图6-11-33所示，⑤传球给④后，突然摆脱防守直插篮下，此时放弃对⑥的防守而补防⑤，再去补防⑥。

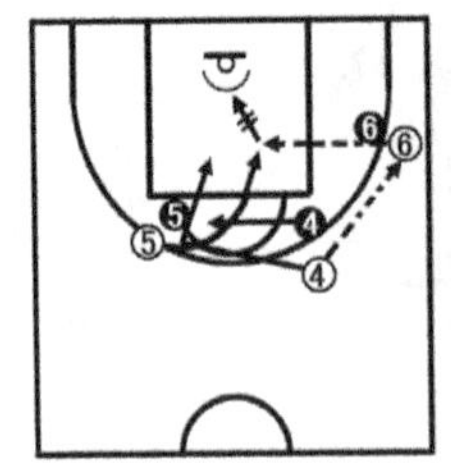

图 6-11-29

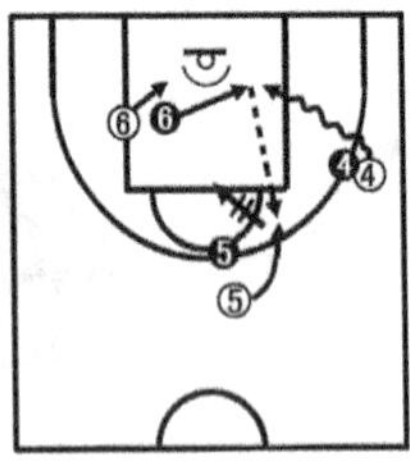

图 6-11-30

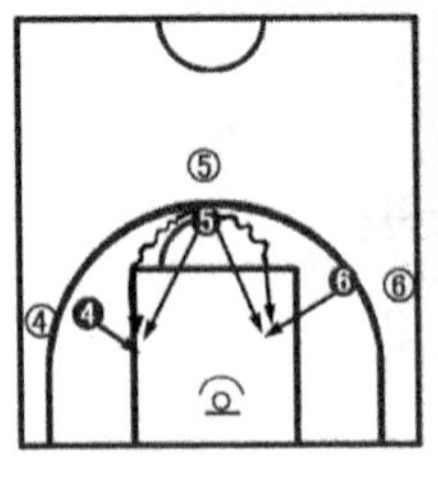

图 6-11-31

图 6-11-32

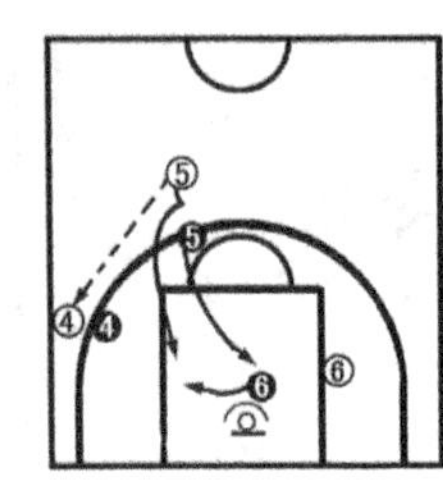

图 6-11-33

（二）三打三篮球比赛

1. 半场三打三练习

方法：进攻队投中后继续进攻，不中或球被对方抢去，防守变进攻，两组攻守交换继续练习。

要求：通过移动、传球、突分、掩护、策应等配合，创造与选择好的投篮时机。投篮要果断迅速，机会不好时不勉强投篮。投篮后积极冲抢篮板球。防守以防接球、防投篮为核心，积极顽强地进行防守。

2. 如何打赢三打三篮球比赛

（1）进攻方法——侧掩护

给球队员作侧掩护（反掩护）：⑤传球给④后，即向相反方向跑动给⑥做侧掩护，当⑤跑至侧面掩护到位时，⑥摆脱防守切入篮下接④的传球投篮。（图6–11–34）

给持球队员作侧掩护：⑤传球给④后跑到的侧面做掩护，④接球后做投篮或突破的动作，吸引的防守，当⑤掩护到位时，④持球从的右侧突破投篮。⑤掩护后及时移动到有利的位置去接球或抢篮板球。（图6–11–35）

（2）防守方法——挤过

全队分成两组，④传球给△后给⑤做侧掩护，在④的掩护到位的一刹那间迅速抢前一步贴近⑤继续防守⑤。按此方法连续练习几次后，两组相互交换攻守角色，分别站在各组的排尾，依次进行练习。（图6–11–36）

图 6–11–34

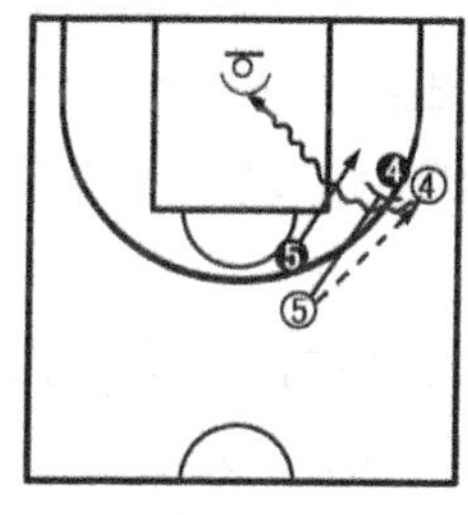

图 6–11–35

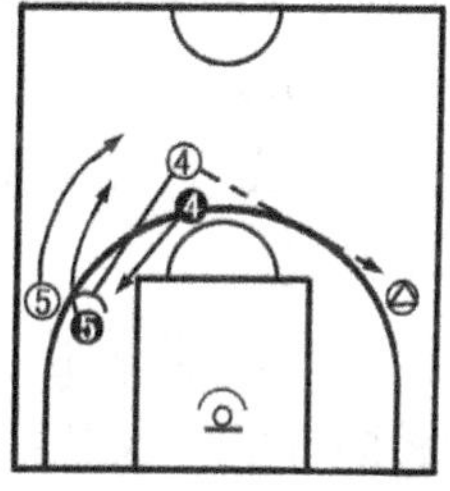

图 6–11–36

（三）如何打赢五打五篮球比赛

1. 进攻方法

（1）进攻半场人盯人

① 单中锋进攻法。如图6–11–37所示，⑤传球给⑥，⑦给⑤作行进间掩护，⑥策应传球给⑤投篮。⑦掩护后，如果对方换人，则应转身切入接⑥的球继续进攻。此时⑧跟进抢篮板球，⑥传球后也要冲抢篮板球。④向中间移动，随时准备退守。

② 反掩护通过中锋策应进攻。如图6–11–38所示，⑧传球给⑦后，为④掩护将带开，中锋⑤向罚球线空挡移动接⑦传球，⑤转身攻击或传球给交叉切入的⑦和④。

（2）进攻区域联防

进攻区域联防站位安排：进攻区域2–1–2联防的最好方法是采用1–3–1阵型，④⑥应该是头脑清楚、战术意识强、技术全面、善于巧妙传球和中距离投篮的队员；⑤应是善于在发球线附近进行策应和转身跳投的队员；⑦应是具有准确的中距离投篮，切入篮下得分和冲抢篮板球的队员；⑧应是具有篮下进攻和抢篮板球能力较强的队员。

具体战术：如图6–11–39所示，④⑤⑥相互传球，调动防守，使对方不能及时地防守，⑥⑦可抓住机会果断地进行中投。

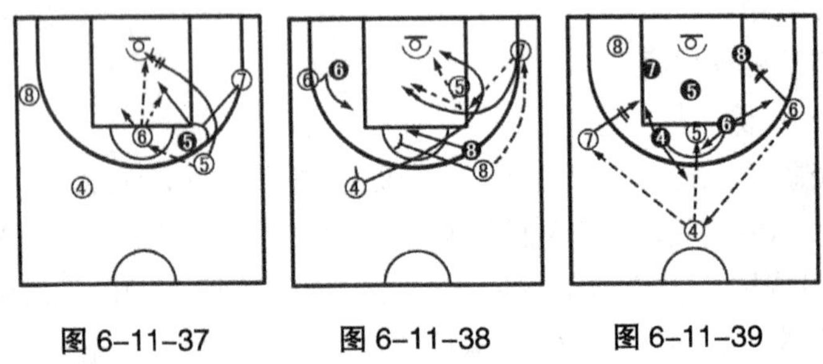

图 6–11–37　　图 6–11–38　　图 6–11–39

2. **防守方法**

防守方法主要分为人盯人防守和联防防守两大类。

（1）人盯人防守

人盯人防守还可以细分成全场和半场人盯人防守，并可再细分。人盯人防守的原则是以盯人为主，人球兼顾；近球侧紧，远球侧松。由于人盯人防守具有分工明确、针对性强、机动性好、对进攻方压力大等特点，成为最常用的防守方法。如图6–11–40所示，球在①的手中，逼近①，②与③位于强侧，因此要错位防守②，不让②接球，要领先防守③。④和⑤位于弱侧，因此要向靠近，协助防止①从中路突破，要向靠近，协助防止③反切篮下。

（2）联防防守

联防，即5个防守队员通过一定的队形站位，每人防守相应的区域，从而形成一张活动的防守网。这种防守的特点是：守区、防人、防球和加强纵深防守；以球为主，人球兼顾。防守队形有“2–3”　“3–2”　“1–3–1”　“2–1–2”等。每种队形都有其针对性，以“2–1–2”队形兼顾性最好，常被采用。

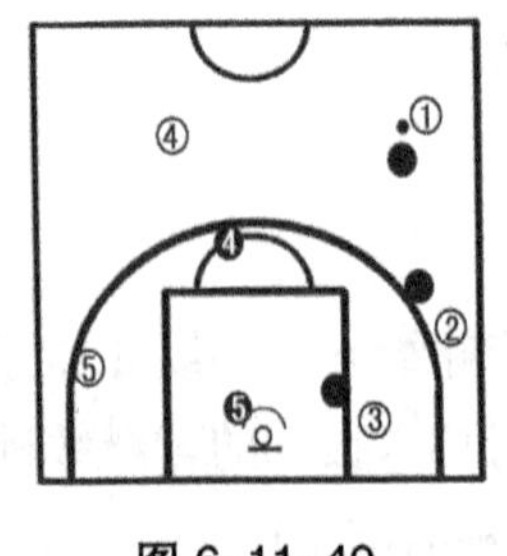

图 6–11–40

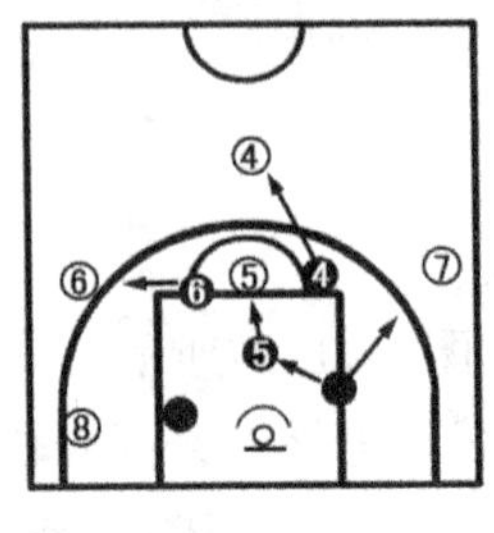

图 6–11–41

2–1–2区域联防：球在外围弧顶时的防守配合。④持球时，应根据对方的进攻阵型和对方

中锋的位置决定两人的防守配合。上去防④，要稍向右移动，协助防守⑤，并准备抢断④传给⑥的球，向上移动防守⑤，向上移动防⑦，并兼顾防守篮下，防守⑧的篮下活动。（图6–11–41）

第十二节　足　球

一、足球概述

足球是分别由11名队员组成的两支球队在同一场地进行攻守的体育运动项目。足球运动是当今世界上最受欢迎的运动之一。

（一）锻炼价值

踢足球需要快速奔跑，是发展速度、耐力的最好运动项目，对于提高心肺功能、增强腿部力量效果显著。

足球比赛中经常发生身体的冲撞、跌倒，因此需要有顽强的意志和勇敢的精神，而这些都是学生在今后的生活和工作中需要具备的。

足球比赛中，每个队员的角色不断变化，时而防守、时而进攻，时而得意、时而失意，就如同人生的舞台。学生通过参加足球运动可以体验社会生活的丰富多彩，也是适应未来工作的预演。

（二）球员位置

一支足球队包括前锋、前卫、后卫和守门员。球队成员根据自身技术特点和风格安排各自的位置。前锋的主要任务是得分，前锋拥有速度、果断灵活的头脑和娴熟的技术，同时射门准确性高；前卫是前锋和后卫的连接中枢，其角色包括进攻和防守；后卫协助守门员保护自己的球门，防止对方得分。足球比赛中允许有替补球员，但是一旦球员被替换下场，则不允许再参加本场比赛。

（三）装　备

对于正式比赛，出场队员的基本着装是有袖的运动衫、运动短裤、长袜、护腿板和足球鞋。禁止佩戴如珠宝首饰之类的可能造成意外的物件。如果运动员的着装不符合要求，裁判员可以要求其离场，直至裁判员确认并同意后才可以再次参加比赛。（图6–12–1）

图 6-12-1

二、足球基本技术

踢球、接球、运控球、抢截球、头顶球、假动作、掷界外球和守门员技术构成了足球的基本技术。要踢好足球，必须熟练掌握足球的基本技术，并得心应手地运用。

（一）练习球感（图6-12-2）

脚内侧使用最多，控球、带球和传球时都可用脚内侧。

脚外侧用于转身带球或将球传向边路。

脚背是最有力的部位，踢球（特别是射门）时用脚背最理想。

脚跟不常用到，但快速往后敲或反向传球时效果甚佳。

用脚尖控球十分困难，尽量不要用它们控球。

用脚掌控球很不保险，但可以用来做假动作。

用脚底轻踩球上部，迅速轻快地向后拉卷球，并用脚背勾挑起来。

不断使球从脚上弹向空中。保持一脚平稳地伸出。若脚尖向上，则可能会失去对球的控制。

训练控球时，把球从一脚传到另一脚，或使它高高地弹起，以便用膝盖颠球。

图 6-12-2

（二）基本技术及练习方法

1. 脚背正面踢球

支撑脚支撑在球的侧面10～12厘米处，以脚背正面击球的后中部，击球后身体及踢球腿随球前移。（图6-12-3）

2. 脚背内侧踢球

斜线助跑与出球方向成45°，支撑脚脚尖指向出球方向，并在球的内侧后方20～25厘米处。在支撑的同时，踢球脚以脚背内侧部位触击球。击球后踢球腿及身体继续随球前移。（图6-12-4）

3. 脚背外侧踢球

支撑脚脚掌在球的侧面10～12厘米处，当腿做爆发式摆动时要求脚尖内转，用脚背外侧击球。（图6-12-5）

图 6-12-3

图 6-12-4

图 6-12-5

练习方法如下。

（1）各种踢球技术动作的模仿练习。

（2）两人一组，一人踩球，另一人做各种踢球技术动作的练习。体会支撑脚站位、摆腿和脚触球的部位。

（3）对墙做各种踢球练习。开始离墙要近、力量要小，然后逐渐加大距离和力量。

（4）两人一组做各种踢法的对踢练习。注意技术动作、踢球的力量和准确性。

（三）接球的基本技术及练习方法

1. 脚内侧接球

支撑脚脚尖正对来球，接球腿提起屈膝，大腿外展，脚底基本与地面平行，脚内侧正对来球并前迎，当脚内侧与球接触的一刹那迅速后撤。（图6-12-6）

2. 脚背外侧接球

接球点在接球腿一侧，接球时提腿屈膝，脚内翻，并对着接球后运行的方向，脚离地面的高度应是球的半径，然后大腿向接球后球运行的方向推送，同时身体随球移动。（图6-12-7）

3. 脚背正面接球

脚背正面上迎下落的球，当球与脚面接触的一刹那与下落球同步下撤，此时大腿膝关节、踝关节、脚趾均保持适度的紧张，脚尖微翘将球接到需要的地方。（图6-12-8）

4. 脚底接球

身体和脚尖正对来球方向，脚尖上翘，一般以前脚掌触球的上部。在触球的一刹那，前脚掌将球停住，也可根据需要在接球同时将球推向前或拉向身后。（图6-12-9）

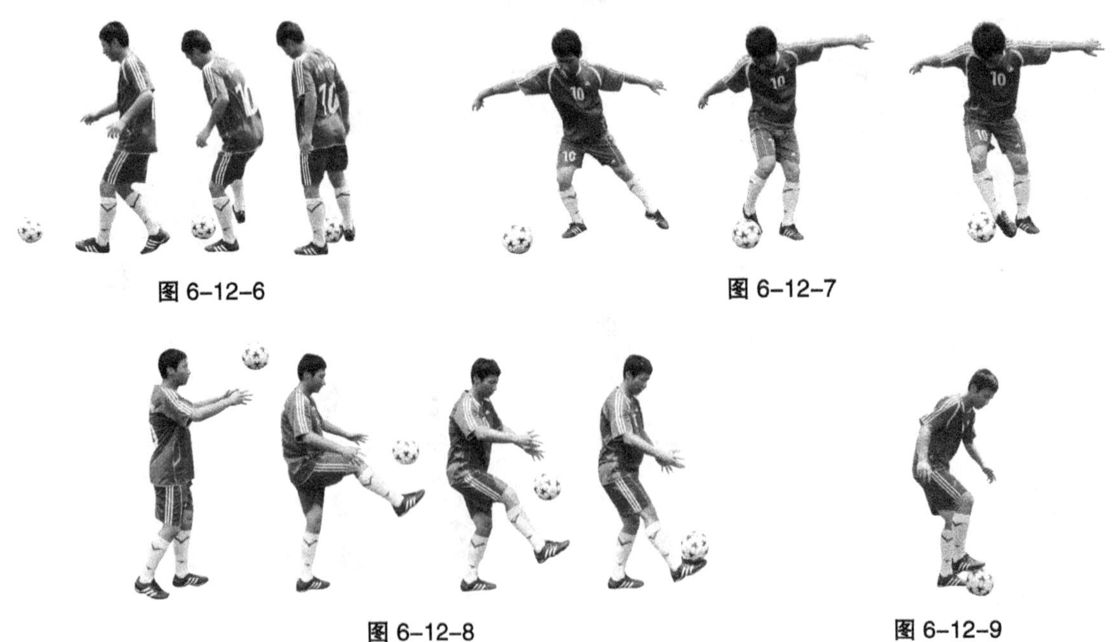

图 6-12-6

图 6-12-7

图 6-12-8

图 6-12-9

5. 大腿接球

面对来球方向，接球腿大腿抬起，当球与大腿接触的一刹那，大腿下撤。

6. 腹部接球

身体正对来球方向跑动，判断好球的落点，身体前倾，腹部对准落地反弹的球，推压球前进。

7. 胸部接球（挺胸式）

面对来球，上体后仰，两臂自然张开。接触球的一刹那，两脚蹬地，膝关节伸直，用胸部轻托球的下部，使球微微弹起。（图6-12-10）

图 6-12-10

8. 胸部接球（收胸式）

面对来球，两臂自然张开，挺胸迎球。接触球的一刹那，收胸、收腹，将球接在体前或转体将球接在体侧。

练习方法如下。

（1）各种接球技术动作的模仿练习。

（2）原地接迎面来的地滚球练习。两人相距6～8米，一人踢地滚球，另一人停球。

（3）跑上去停迎面来的地滚球。两人相距10米左右相对站立，一人踢地滚球，另一人跑上去停球。

（四）控球的基本技术及练习方法

1. 脚内侧运球

在运球前进时，支撑脚始终领先于球，位于球的侧前方，重心放在支撑脚上，另一只脚提起屈膝，用脚内侧推球前进，然后运球脚着地。

2. 脚背正面运球

运球时，上体稍前倾，步幅不要过大，运球腿提起，在着地前用脚背正面触球的后中部，将球推送前进。（图6-12-11）

3. 脚背外侧运球

运球时，上体稍前倾，步幅不要过大，运球腿提起使脚背外侧正对运球方向，在着地前用脚背外侧推拨球的后中部，将球推送前进。

4. 脚背内侧运球

上体前倾，运球腿提起外展，脚尖外转，使脚背内侧正对运球方向，在运球脚落地前用脚背内侧推拨球，使球随身体前进。

图 6-12-11

练习方法如下。

（1）走或慢跑中分别用单脚脚内侧、脚背正面、脚外侧、脚背内侧直线运球。

（2）慢跑中用单脚脚外侧、脚背内侧折线运球。

（3）左脚向外侧扣、左脚向外侧拨，右脚向外侧扣、右脚向外侧拨，双脚交替进行。

（4）拉推练习：右脚踩、拉球转身，右脚内侧向左侧推；左脚踩、拉球，左脚内侧向右侧推。

（5）运球向前，踩球转身180°，另一只脚脚背外侧向前推拨球。

（6）利用上体的左右晃动，用脚外侧变向运球。

（7）运球中，跨过球转身运球。

（8）右脚假踢后，内侧扣球变向，左脚外侧运球。

（五）头顶球技术

1. 额头正面顶球

身体正对来球，上体后仰，顶球时，蹬地、收腹、摆体、顶送发力。（图6-12-12）

2. 跳起额头正面顶球

起跳后，展腹挺胸，顶球时迅速收腹摆体，前额积极迎球顶送发力，落地缓冲。（图6-12-13）

图 6-12-12　　图 6-12-13

三、足球基本战术

（一）足球比赛

比赛开始前，双方在各自半场就位。比赛由开球开始，足球被放置在中心标志上由进攻方开球。比赛开始后，每个队尽力将球踢入对方球门。球员可以利用除了双手和胳膊以外的身体部位触球。获胜者为比赛90分钟后进球数最多的一方。如果比赛结束时双方都没有得分或者得分相同，则为平局，此时如果必须决出胜负，则进行“加时赛”。如果有必要，还可以通过踢点球决胜。

1. 进　攻

比赛中，持球方向对方球门推进被称为进攻，最终目标是进球得分。只有持球者将球尽量盘带到对方球门附近，才有可能射门得分。因此，进攻方的球员必须在场地中传球、盘带球、持球，且防止对方球员抢断。为了越过并攻破防守，进攻方的球员必须跑动到球场上没有防守球员的区域接球。

2. 防　守

防守方主要是阻止对方球员进球得分，或者夺回球的控制权以便发起进攻。防守球员可以通过断球、封锁持球队员或者其他队员的区域、紧逼持球队员或者通过直接铲断得球。球队通过采用各种防守策略阻止对方球队的进攻。例如，区域防守：每个防守队员都有固定的防守区域，相互之间配合；盯人防守：防守队员盯防进攻球员。（图6-12-14）

抢占位置 / 卡位
防守球员首先伸出一只脚滑向足球，但必须接触球而不是持球员。

铲　球
用脚将球从持球员的脚下铲断被称为铲球。滑动的抢断十分有效，但是防守球员必须掌握好时机，否则会有失败的危险。

防守压力
实施紧逼的防守球员总是紧跟着进攻球员。

紧　逼
防守球员紧跟着进攻方球员的移动，可以为防守球员提供抢断的机会，同时造成进攻球员的传球困难甚至失误。

图 6-12-14

（二）战术阵型

足球比赛中，一支队伍的阵型由3或4组数字表示。例如，4-4-2阵型，即此阵型包括4名后卫、4名中场和2名前锋。因为守门员不包括在内，所以数字之和总是10。根据比赛中的情况，队形会发生变化。如果领先的球队需要加强防守，则会使用一个更防守性的阵型。阵型有很多种组合，较常见的有4-4-2阵型、3-5-2阵型和4-3-2-1阵型。（图6-12-15）

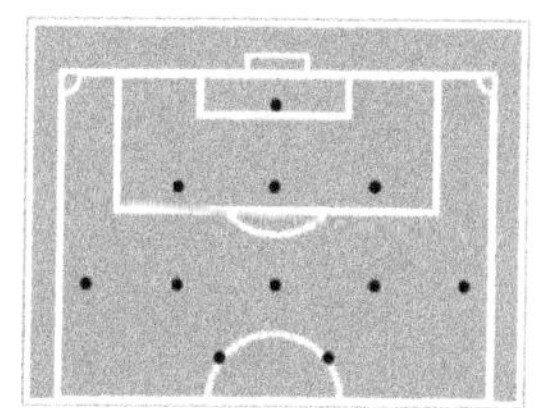

3-5-2阵型

此阵型中左右前卫（左右中场）更多地扮演着进攻的角色，有力地支持锋线队员。而中前卫经常与后卫合作防守，尤其当对方球队反击时，一半球员仍在前场无法返回时。

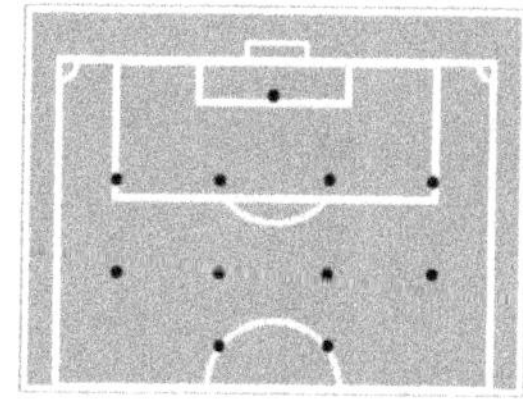

4-4-2阵型

又称之为“一”字形，为目前最常见的一种足球阵型。此阵型通过中场球员与后卫和前锋的紧密合作，可以在比赛中根据需要进行改变。此阵型中，中场球员跳动的次数最多。

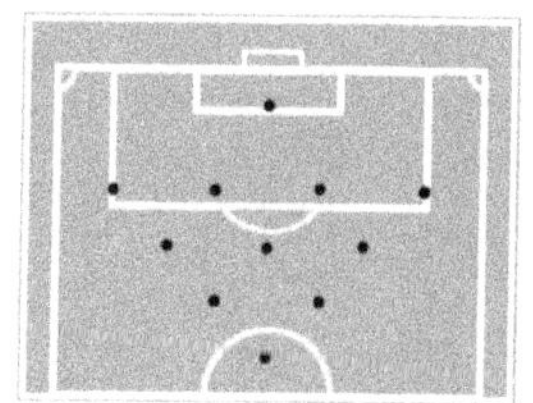

4-3-2-1阵型

此阵型是4-4-2阵型的变体，又被称为“圣诞树”。此阵型中有1名中场球员向前参与进攻，就意味着球队中实际有3名前锋，其中，中间1名前锋站在另外2名前锋之前。

图 6-12-15

此外，在发前场边线球、角球、任意球时，多采用布置好的战术进攻。（图6-12-16）

正确的方法
掷界外球的球员必须用双手将球从头后经头顶用双手掷入场内，双脚不能离地。

界外球
当球的整体越过边线，由最后触球队员的对方掷界外球。

人　墙
守门员指挥防守队员调整人墙的位置，以防止进攻队员直接攻门。

放球位置
球应放在犯规的地点。

“香蕉球”
踢任意球的球员会尽量踢出可以绕过人墙的球。

角　球
当球的整体越过端线，而最后触球者为防守方球员，则需要踢角球。球应放在离球出界处最近的角旗杆的角球弧内，踢角球可以直接进球得分。

目标区域
得分的最佳区域为既高又是角落的位置。

踢点球
防守方守门员必须停留在本方球门柱间的球门线上，面对主罚队员，直至球被踢出。因为罚点球通常可以进球得分，所以主罚队员会有巨大的压力，特别是在平局后的点球决胜时。

足球位置
罚点球应从罚球点上踢出。

手臂伸展
守门员尽量伸展手臂以覆盖球门的区域。

图 6-12-16

参考文献

[1] 钟丹，张向东. 中职体育文化与运动教程[M]. 北京：北京体育大学出版社，2011.
[2] 沈建国，施兰平. 健康体适能[M]. 浙江：浙江工商大学出版社，2013.
[3] 牟少华，杨雪芹. 大学生体适能[M]. 云南：云南大学出版社，2013.
[4] 武斌，朱文杰. 体育与健康[M]. 江苏：苏州大学出版社，2012.